C H V

Rüdiger Safranski

Das Böse

oder

Das Drama der Freiheit

Carl Hanser Verlag

1 2 3 4 5 01 00 99 98 97

ISBN 3-446-18767-7

Satz: Filmsatz Schröter GmbH, München
Druck und Bindung:
Franz Spiegel Buch GmbH, Ulm
Printed in Germany

Ulrich Wanner, dem Freund,
solang ich denken kann

INHALTSVERZEICHNIS

ZWÖLFTES KAPITEL

DREIZEHNTES KAPITEL

VIERZEHNTES KAPITEL

VORWORT

Man muß nicht den Teufel bemühen, um das Böse zu verstehen. Das Böse gehört zum Drama der menschlichen Freiheit. Es ist der Preis der Freiheit. Der Mensch geht nicht in der Natur auf, er ist das »nicht festgestellte Tier«, wie Nietzsche einmal sagte. Das Bewußtsein läßt den Menschen in die Zeit stürzen: in eine Vergangenheit, die ihn bedrängt; in eine Gegenwart, die sich entzieht; in eine Zukunft, die zur Drohkulisse werden kann und die Sorge wachruft. Es wäre alles einfacher, wenn das Bewußtsein nur bewußtes Sein wäre. Aber es reißt sich los, wird frei für einen Horizont von Möglichkeiten. Das Bewußtsein kann die gegebene Wirklichkeit transzendieren und dabei ein schwindelerregendes Nichts entdecken oder einen Gott, in dem alles zur Ruhe kommt. Und es wird den Verdacht nicht los, daß dieses Nichts und Gott vielleicht doch ein und dasselbe sind. Jedenfalls kann ein Wesen, das ›nein‹ sagt und die Erfahrung des Nichts kennt, auch die Vernichtung wählen. Die philosophische Tradition spricht in bezug auf diese prekäre Situation des Menschen von einem ›Mangel an Sein‹. Aus der Erfahrung dieses Mangels entspringen wohl auch die Religionen. Wenn in ihnen Weisheit ist, dann vergegenwärtigen sie einen Gott, der die Menschen davon entlastet, füreinander alles sein zu müssen. Sie können aufhören, ihren Mangel an Sein aufeinander abzuwälzen und sich wechselseitig dafür haftbar zu machen, wenn sie sich fremd in der Welt fühlen. Sie brauchen nicht ganz von dieser Welt zu sein und können deshalb jene Unruhe dämpfen, von der Georg Büchner sagte: »Es fehlt uns etwas, ich habe keinen Namen dafür – aber wir werden es einander nicht aus den Eingeweiden herauswühlen, was sollen wir uns drum die Leiber aufbrechen?«

Das Böse ist kein Begriff, sondern ein Name für das Bedrohliche, das dem freien Bewußtsein begegnen und von ihm getan werden kann. Es begegnet ihm in der Natur dort, wo sie sich dem Sinnverlangen verschließt, im Chaos, in der Kontingenz, in der Entropie, im Fressen und Gefressenwerden. In der Leere draußen im Weltraum ebenso wie im eigenen Selbst, im schwarzen Loch der Existenz. Und das Bewußtsein kann die Grausamkeit, die Zerstörung wählen um ihrer selbst willen. Die Gründe dafür sind der Abgrund, der sich im Menschen auftut.

Dieses Buch bahnt sich einen Weg durch das Dickicht der Erfahrung mit dem Bösen und des Nachdenkens darüber. Das Böse gehört nicht zu den Themen, denen man mit einer These oder einer Problemlösung beikommen könnte. Auf den notwendig verschlungenen Wegen mögen sich da und dort Perspektiven eröffnen, die etwas weiter sehen lassen.

Der Weg beginnt bei einigen Ursprungsgeschichten, Mythen, die von den Katastrophen des Anfangs und der Geburt der Freiheit erzählen (Kapitel 1). Aber kann der Mensch, in dem das Bewußtsein der Freiheit erwacht, sich überhaupt nach sich selbst richten? Das antike Denken traut es ihm zu (Kapitel 2), das christliche nicht. Das Beispiel Augustin zeigt (Kapitel 3), daß es dabei nicht nur um die moralische Bindung geht, sondern um die Frage, wie der Mensch seinem Verlangen nach Transzendenz die Treue halten kann. Der Transzendenzverrat, die Verwandlung des Menschen in ein eindimensionales Wesen, ist für Augustin das eigentlich Böse, die Sünde wider den Heiligen Geist. Das Böse hat also etwas zu tun mit der Verstockung des Geistes und der Trägheit des Herzens. An dieser Einsicht halten auch noch Schelling und Schopenhauer fest (Kapitel 4, 5). Beide erklären: wer das metaphysische Bedürfnis verrät, unterbietet dramatisch die menschlichen Möglichkeiten und liefert sich den sinnverlassenen Selbstbehauptungskämpfen aus. Wie aber kann man den Menschen davor bewahren, daß er sich selbst verrät? Wie kann man ihn vor sich selbst schützen? Augustin vertraut auf die Kirche, die heilige Institution. Doch auch wenn der Gottesbezug sich aufgelöst hat, kann der Glaube an die Institutionen erhalten bleiben, wie das Beispiel Gehlen zeigt (Kapitel 6). Die Institutionen geben den menschlichen Angelegenheiten Dauer, Festigkeit und Grenzen. Auf die Grenzen kommt es an, da zum Drama der Freiheit auch der Wille gehört, sich zu unterscheiden. Unterscheiden heißt Grenzen ziehen. Mit dem Kampf um den Unterschied und die Grenze beginnen die elementaren Verfeindungsverhältnisse (Kapitel 7). Wir und die Anderen, das Reich und die Barbaren – diese Aufteilung bedingt die Dynamik der Geschichte, die darum auch eine Geschichte der Verfeindungen ist. Zu Pflugscharen werden die Schwerter erst, wenn sie ihre Arbeit verrichtet haben. Doch auch der Traum von der friedlichen Einheit des Menschengeschlechtes ist alt (Kapitel 8). Die Geschichte vom mißlungenen Turmbau zu Babel erzählt davon. Kant hat der Vernunft diesen Traum zur Prüfung vorgelegt. Man sollte, sagt er, an der Idee der Einheit festhalten und doch die Fallhöhe zur Wirklichkeit nicht vergessen. Rousseau aber hat mit größerer Hingabe geträumt (Kapitel 9). Er stellt sich die Gesellschaft im Bilde der großen Kommunion vor. Doch da der Andere immer der Andere bleibt, kann das Einheitsverlangen jäh umschlagen in das Gefühl, von Feinden umringt zu sein. So ist es Rousseau ergangen. Er hat die Pluralität nicht als Herausforderung angenommen. Anders die Tradition des liberalen Denkens, dessen Programm gegen das Böse lautet: man wird die Menschen nicht verbessern können, man muß vielmehr in die Vernunft der Strukturen investieren (Kapitel 10). Nicht die Beschaffenheit der Menschen, sondern die Art ihrer Verbindung untereinander entscheidet darüber, ob sich die Geschichte zum Guten oder Schlechten entwickelt. Die einen setzen auf den Markt und die Gewaltenteilung, die anderen auf die Produktionsverhältnisse. Beidemal aber werden die Risiken der Freiheit wohl doch unterschätzt. Es gibt da Abgründe, in welche die imaginären Exzesse des Marquis de Sade blicken lassen (Kapitel 11). An seinem Beispiel läßt sich jenes Böse entdecken, das sich selbst will und schließlich nur noch das Nichts will. Es war die Ästhetik des Schreckens, die jenes verlockende und bedrohliche Nichts erkundete (Kapitel 12, 13), bis dann mit Nietzsche der Nihilismus zum vollkommenen Bewußtsein seiner selbst durchgedrungen ist und der Wille zur Macht und die Arbeit am ›Menschenmaterial‹ zum Sinn von ›großer Politik‹ ausgerufen wird (Kapitel 14). Mit Hitler wurde der finstere Wahn des Jahrhunderts zum blutigen Ernst (Kapitel 15). Hitler ist die letzte Enthemmung der Moderne. Seitdem kann jeder wissen, wie bodenlos die menschliche Wirklichkeit ist. Als man aufhörte, an Gott zu glauben, versuchte man es mit dem Glauben an den Menschen. Nun macht man die überraschende Entdeckung, daß der Glaube an den Menschen womöglich leichter war, als man noch den Umweg über Gott nahm. Das vorletzte Kapitel wendet sich Hiob zu (Kapitel 16), um an seinem Beispiel einer Art der Frömmigkeit nachzugehen, die zu denken gibt. Sie ist grundlos und eben darum eine genaue Entsprechung zur Abgründigkeit der Welt. Sie zeigt auch, welche eigenartige Bewandtnis es mit dem Weltvertrauen hat (Kapitel 17). Braucht es gute Gründe oder gleicht es eher einem Versprechen, von dem man nicht genau weiß, ob man es erhalten oder ob man es gegeben hat?

ERSTES KAPITEL

Der Ursprung und die Katastrophe. Hesiods Götterinferno. Der biblische Sündenfall und die Geburt der Freiheit. Die Genealogie der Verneinungen. Kain und Abel. Die Karriere des Teufels. Die Vertreibung aus dem Paradies und die Flucht in die Zivilisation. Noah. Auch Gott lernt, mit dem Bösen zu leben.

Wenn man in einer unübersichtlichen und gefährlichen Lage nach einem Ariadnefaden sucht, der einen aus dem Labyrinth herausführt, dann wendet man sich den Ursprüngen zu.

Dem Ursprung kann man im doppelten Sinne entspringen. Man entkommt ihm oder man kommt nur von ihm her und entkommt ihm darum gerade nicht. Man kommt nicht von ihm los und wendet sich an ihn, um herauszubekommen, was mit einem selbst los ist. So ist der Ursprung entweder ein Anfang, den man hinter sich gelassen hat, oder einer, der nicht aufhört anzufangen.

Ursprungsgeschichten sind Mythen und in neuerer Zeit theoretische Erklärungen mit suggestivem Orientierungswert.

Im alten Ägypten war die Mythe vom Luftgott Schu lebendig. Er galt als die Personifikation des Staates, da er die Aufgabe hatte, den Himmel hoch über die Erde emporzustemmen, damit er nicht einstürze. Er hält das Himmelsgewölbe den Menschen vom Leibe und hält so zugleich die Verbindung zwischen Himmel und Erde. So befindet sich die Weltordnung in einer heiklen Balance. Sie ist die aufgehaltene Katastrophe. Folglich muß man mit Schu pfleglich umgehen, sonst kann es geschehen, daß er das Ganze einstürzen läßt.

Schu, wie er dasteht und den Himmel stemmt, repräsentiert aus ägyptischer Sicht nicht den ersten Akt des Weltendramas. Er ist lediglich der Ursprung der stabilen Welt. Zuvor, bei dem Ursprung vor dem Ursprung, gab es Chaos, denn die Menschen hatten sich gegen die Götter empört, die mit ihnen lebten. Es gab Aufruhr unter einem Himmel, den es noch nicht gab. So wurde der Himmel emporgewölbt und die Götter hatten sich hinter das Gewölbe zurückgezogen, um Ruhe zu haben vor den Menschen. Würde das Gewölbe einstürzen, müßten die Götter wieder in die Menschenwelt einbrechen – das wäre die Katastrophe. Denn die Götter sind gewaltig und gewalttätig. Davon berichten, einige Jahrhunderte später, die Theogonien des Hesiod.

Dort ist der Anfang vor dem Anfang ein Inferno aus Gewalt, Mord und Blutschande. Der Kosmos, wie ihn das Griechentum kennt, erscheint vor diesem Hintergrund als ein endlich triumphierender Friedensschluß nach einem schlimmen, verwüstenden Bürgerkrieg zwischen den Göttern. Mit der Hesiodschen Theogonie blickten die Griechen in den Abgrund, eine stete Erinnerung daran, welchem Grauen die Zivilisation und der Kosmos wohl abgerungen sind.

Am Anfang gebar, von Eros geschwängert, die »breitbrüstige« Gaia (die Erde) den Uranos, den Himmel. Der bedeckte und begattete sie. Der erste Inzest. Daraus geht die zweite Göttergeneration hervor, die Uraniden. Das sind die Titanen, unter ihnen Okeanos und Kronos, sowie einäugige Zyklopen und einige Hundertarmige. Uranos aber haßte die Titanen, also die Kinder, die er mit seiner Mutter gezeugt hatte. Er stopfte sie zurück in ihren Leib. Gaia will sie nicht bei sich behalten und spricht zu ihnen: »Ihr Söhne, die ihr aus mir und einem Zornigen hervorgegangen seid ..., wir werden den verbrecherischen Frevel eines Vaters rächen, auch wenn er euer eigener Vater ist, denn als erster hat er schändliche Werke geplant.« Kronos übernimmt die Aufgabe des Rächers. Als sein Vater Uranos wieder in Gaia eindringen will, kastriert er ihn mit einer Sichel. Er wirft die Geschlechtsteile – Uranos hat mehrere – ins Meer. Aus dem Schaum, der sich bildet, geht Aphrodite hervor.

Kronos tritt nun an die Stelle seines Vaters. Mit seiner Schwester zeugt er die dritte Göttergeneration, unter ihnen Demeter, Hades, Poseidon und schließlich Zeus. Kronos hatte von seinem Vater erfahren, daß er eines Tages unter den Schlägen seines eigenen Sohnes umkommen werde. Darum verschlingt Kronos seine Kinder, sobald sie zur Welt kommen. Nur Zeus bleibt verschont, denn die Mutter hält ihn auf Kreta in einer unzugänglichen Grotte versteckt. Der zurückgekehrte Zeus zwingt seinen Vater, die aufgefressenen Geschwister wieder auszuspeien. Es entbrennt ein furchtbarer Kampf zwischen Zeus, dem Vater Kronos und den Titanen. Aus dieser Titanomachie geht Zeus schließlich als Sieger hervor. Aber statt seine Widersacher zu vernichten, entschädigt er sie und etabliert ein System der Gewaltenteilung: Das Meer gehört Poseidon, die Unterwelt Hades und er selbst regiert im Himmel, als der Erste unter Gleichen. Der Vater Kronos darf sich auf der Insel der Seligen zur Ruhe setzen, wo er, inzwischen besänftigt, eine milde Herrschaft ausübt. Nun hat Zeus niemanden mehr zu fürchten – außer die Göttin der Nacht, eine Titanide aus der Generation der Uranos-Geschwister. Er weiß, diese Göttin darf man nicht reizen, man muß sie achten, deshalb holt er von ihr bisweilen Rat ein. Die Olympier wissen, daß sie zur hellen Seite der Welt gehören und nicht mehr die Tiefe der Nacht erfüllen.

Irgendwann in diesen theogonischen und kosmogonischen Turbulenzen tauchten die Menschen auf. Sie sind nicht von den Göttern geschaffen, sondern aus der Erde geboren, zunächst ohne Zeugung. Sie mischten sich unter die Gesellschaft der Götter, lebten dahin ohne Betrübnis und »fern von Mühe und Leid« (Hesiod). Das gilt allerdings nur für das erste Geschlecht zur Zeit des Kronos. Als Zeus sich zum Herrscher aufschwang und Kronos stürzte, ging die erste, die »goldene« Generation des Menschengeschlechts unter. Die zweite Generation, die »silberne«, weigerte sich, dem Zeus zu opfern und ward deshalb vernichtet. Die dritte Generation war wild und kriegerisch. Diese Generation des »ehernen Zeitalters« tötete sich gegenseitig bis auf den letzten Mann. Das Projekt Menschheit war zunächst einmal gescheitert.

Darüber, wie schließlich wieder ein neuer Anfang mit den Menschen gemacht wurde, geben die Mythen verschiedene Auskunft. Nach der einen Version soll Prometheus sie aus der Asche der Titanen geformt haben. Zeus war den Menschen zunächst nicht wohlgesonnen, eben weil Prometheus sich ihrer so angenommen hatte. Zeus ließ den Schmied Hepaistos eine schöne Frau aus Ton formen, Pandora, und schickte sie unter die Menschen. Sie öffnete jene Büchse, in die Prometheus vorsorglich alle Übel eingesperrt hatte. In einer großen Wolke entwich, was seitdem die Menschen plagt: Alter, Krankheiten, Geburtsschmerzen, Irrsinn, Laster und Leidenschaften. Der kluge Prometheus hatte auch die trügerische Hoffnung in die Büchse verbannt. So ließen sich die geplagten Menschen davon abhalten, ihrem Leid durch freiwilligen Tod ein Ende zu setzen. Nach einer anderen Version hockten die Menschen dämmernd und tatenlos in ihren Höhlen, denn sie kannten die Stunde ihres Todes. Da kam Prometheus und schenkte ihnen das Vergessen. Zwar wußten sie nun auch weiterhin, daß sie sterben würden, nicht aber, wann. So entstand Arbeitseifer unter ihnen, den Prometheus mit dem Geschenk des Feuers noch zusätzlich anfachte.

Prometheus half den Menschen, aber er verwickelte sie auch in seinen Streit mit Zeus, indem er sie zum Opferbetrug anstiftete. Der Trick war: dem Stier die Haut abziehen und alles Fleisch im Magensack verwahren, die Knochen aber mit Fett umwickeln. Zeus, vom Wohlgeruch des Fettes getäuscht, würde die Knochen wählen und wäre der Betrogene. So geschieht es, und dem Menschengeschlecht wird es fortan übel angerechnet.

Das ist der pessimistische und tragische Untergrund der griechischen Religion, auf den Nietzsche hingewiesen hat. Homer vergleicht den Menschen mit den »Blättern, die der Wind herunterschüttelt«, und der Dichter Mimneros aus Kolophon schließt seine Lebensklage mit der Bemerkung: »Nicht einen Menschen gibt es, dem Zeus nicht tausend Übel gesendet.« Herodot erzählt die Geschichte, wie eine Mutter zu Apollo fleht, er möge ihren Kindern als Dank für ihre Frömmigkeit das größte Gut schenken. Apollo gewährt es. Und die Mutter bittet nun darum, daß die Kinder vom Leben befreit werden und ohne Schmerzen sterben dürfen.

In der griechischen Mythologie sind die Menschen ihren Ursprüngen entsprungen, wie man einer Katastrophe entkommt. Aber sie sind ihr auch noch in jenem anderen Sinne ›entsprungen‹: sie tragen sie mit sich und bewirken sie. Der heimkehrende Odysseus, der vieles hat erdulden müssen, richtet unter den Freiern ein Blutbad an. Es gibt keinen Grund, warum die Angehörigen der Ermordeten nicht Blutrache üben und warum das Morden nicht weitergehen sollte. Nur ein Machtspruch des Zeus vermag die Furie der Gewalt einzudämmen. »Da der edle Odysseus die Freier jetzo bestraft hat, / Werde das Bündnis erneut: er bleib in Ithaka König; / Und wir wollen dem Volke der Söhn' und Brüder Ermordung / Aus dem Gedächtnis vertilgen; und beide lieben einander / Künftig wie vor, und Fried' und Reichtum blühen im Lande!«

Der Macht des Ursprungs entkommt man durch gnädiges Vergessen.

Von einem anderen Ursprungsmythos erzählt die biblische Schöpfungsgeschichte. Auch hier gibt es, wie bei Hesiod, das große anfängliche Chaos. Es wird in der Schöpfungsgeschichte nur angedeutet. Aber doch ist jener Abgrund unheimlich gegenwärtig, aus dem Gott hervorkommt, indem er sich zur Schöpfung durchringt. Es ist, als wäre über diesen Abgrund ein Erzählverbot verhängt. Von den Werken Gottes läßt sich gut erzählen, ordentlich und der Reihe nach, bildkräftig und anschaulich. Doch dasjenige, worüber die Schöpfung triumphiert, bleibt im Dunkeln. Auf die Frage, was Gott tat, ehe er die Welt schuf, antwortete Augustin: Er machte die Hölle für diejenigen, die so vorwitzig fragen. Schelling wird das nicht abschrecken. Er erklärt, auch für Gott gelte, daß man nur durch Handeln dem *horror vacui* entkommen kann. »Im Produzieren aber ist der Mensch nicht mit sich selbst, sondern mit etwas außer sich beschäftigt, und gerade darum ist Gott der große Selige ..., weil alle seine Gedanken immerwährend in dem sind, was außer ihm ist, in seiner Schöpfung.« Gott ist nicht nur, wie die Aristoteliker glauben, ein sich selbst denkendes Wesen. Das wäre auch für Gott nicht zum Aushalten, es wäre ein »peinlicher Zustand«, von dem auch Gott Ursache hat, sich zu befreien – deshalb also die Schöpfung.

Am sechsten Tage hatte Gott den Menschen geschaffen, nach seinem Ebenbild. Er sah ihn zusammen mit der übrigen Schöpfung an und befand, daß alles »sehr gut« war. Aber es erweist sich nun, daß der Mensch doch in die ganze Ordnung eine Störung bringt. Mit dem Sündenfall bekommt die Schöpfung einen Riß, der immerhin so tief reicht, daß Gott in der Noah-Geschichte diese Schöpfung fast wieder zurückgenommen hätte.

In der Sündenfall-Geschichte gibt es einige Merkwürdigkeiten. Im Paradiesgarten steht ein Baum des Lebens sowie ein Baum der Erkenntnis »des Guten und Bösen«. Von diesem zu essen wird dem Menschen, wie bekannt, verboten. Zuwiderhandlung hat zur Folge, daß der Mensch »des Todes sterben« wird. Demnach hat man sich den Menschen als ein ursprünglich unsterbliches Wesen zu denken.

Das Merkwürdige an diesem Verbot ist nun, daß es, wie man heute sagen würde, einen pragmatischen Selbstwiderspruch enthält. Das Verbot schafft die Erkenntnis, die es verbietet. Mit dem verbotenen Baum der Erkenntnis verhält es sich wie mit jenem Hinweisschild, darauf steht: ›Diesen Hinweis bitte nicht beachten!‹ Diesem Hinweis gegenüber kann man nur ›schuldig‹ werden, denn hat man ihn beachtet, kann man ihn nicht mehr nicht beachten. Vom verbotenen Baum der Erkenntnis des Guten und Bösen gilt dasselbe: Indem dieser verbotene Baum unter allen anderen Bäumen steht, ist dem Menschen die Erkenntnis des Guten und Bösen bereits zuteil geworden. Er weiß jedenfalls, daß es etwas Böses ist, von diesem Baum der Erkenntnis zu essen. Noch ehe er also vom Baum der Erkenntnis des Guten und Bösen gegessen hat, ist er durch das Verbot bereits in die Unterscheidung von Gut und Böse eingewiesen worden. Wenn ein Leben jenseits von Gut und Böse – in einer Unschuld also, die von dieser Unterscheidung noch nichts weiß –, wenn ein solches Leben paradiesisch gewesen sein sollte, dann hat der Mensch seine paradiesische Unschuld nicht erst verloren, als er vom Baum der Erkenntnis aß, sondern seit es ihm verboten wurde. Indem Gott dem Menschen freistellte, das Verbot zu akzeptieren oder zu übertreten, hat er ihm das Geschenk der Freiheit gemacht.

Wenn das Bewußtsein der Freiheit ins Spiel kommt, ist es mit der paradiesischen Unschuld vorbei. Von nun an existiert der Urschmerz des Bewußtseins: Bewußtsein geht nicht mehr im Sein auf, sondern geht darüber hinaus und enthält Möglichkeiten, einen ganzen verführerischen Horizont von Möglichkeiten. Denn hinter dem Baum der Erkenntnis steht ja noch, wie wir zu Anfang hörten, der Baum des Lebens. Das Bewußtsein wird zum Begehren, zur Sehnsucht. Es wird verführbar auch durch das, was ihm nicht zukommt. Diese Freiheit schließt noch nicht ein, daß der Mensch auch das ihm Zukömmliche erkennt. Das Problem ist: die Erkenntnis ist der Freiheit noch nicht gewachsen. Aber der Mensch wird lernen, auch durch das Mißlingen. Deshalb deutete Hegel die Sündenfallgeschichte nicht als Absturz, sondern als den Anfang einer Erfolgsgeschichte. Hegels prägnanter Satz, der bereits das ganze Programm seiner Philosophie enthält, lautet: »Erkennen heilt die Wunde, die es selber ist.«

Tatsächlich hatte Gott den Menschen unermeßlich erhöht, indem er ihn wählen ließ. Es ist wohl genau diese Freiheit, die den Menschen gottebenbildlich machte. Deshalb kann Gott nach dem Sündenfall sagen: »Siehe, Adam ist geworden wie unsereiner.«

Gott hatte den Menschen nicht einfach programmiert, sondern hatte seinem Sein eine Offenheit hinzugefügt. Er hatte es um die Dimension des Sollens erweitert und bereichert. Mit einem Schlag war die Wirklichkeit geräumiger, aber eben auch gefährlicher geworden: von nun an gab es das Sein und das Sollen. Diese Ontologie aus Sein und Sollen bricht in die geschlossene Welt des Paradieses ein, wo es auf glückliche Weise eindimensional zuging, weshalb Hegel dieses sogenannte Paradies auch abschätzig als einen »Garten für Tiere« bezeichnet. Im Paradies beginnt die Karriere des Bewußtseins und damit zugleich das Abenteuer der Freiheit: Dabei gewinnt man einiges, aber man verliert auch die fraglose Einheit mit sich und allem Lebendigen.

An diesen Verlust wird man stets erinnert, denn wir haben immer noch jene drei Arten des paradiesischen Gelingens vor Augen, die bis heute unseren Neid erregen: Man beneidet die Tiere, weil sie ganz Natur sind, ohne störendes Bewußtsein. Man beneidet Gott, weil er vielleicht reines Bewußtsein ist, ohne störende Natur. Und man beneidet das Kind, dieses göttliche Tier. Man beneidet damit sich selbst um seine verlorene Kindheit, seine Spontaneität und Unmittelbarkeit. Unsere Erinnerung läßt uns glauben, daß wir alle die Austreibung aus dem Paradies schon einmal erlebt haben – als unsere Kindheit zu Ende ging.

Der Mensch mußte also, als er die Freiheit der Wahl bekam, die Unschuld des Werdens und Seins verlieren. Die richtige Wahl konnte ihm keiner abnehmen, auch nicht Gott. Gott mußte dem Menschen das zumuten, da er seine Freiheit respektierte. Aber diese Freiheit konnte nicht vollkommen sein, denn Vollkommenheit ist nur bei Gott.

Was heißt vollkommene Freiheit? Das ist eine Freiheit, der das Leben gelingt. So aber verhält es sich beim Menschen nicht. Freiheit ist bei ihm nur eine Chance, keine Garantie des Gelingens. Das Leben kann ihm auch mißlingen – aus Freiheit. Der Preis der menschlichen Freiheit ist genau diese Möglichkeit des Mißlingens. Natürlich hätte der Mensch lieber eine Freiheit ohne dieses Risiko.

Die Sündenfallgeschichte zeigt den Menschen als ein Wesen, das von Natur aus eine Wahl hat, also frei ist. Dadurch aber ist der Mensch, wie er aus den Händen des Schöpfers kommt, im gewissen Sinne noch unfertig. Er ist noch nicht festgelegt.

Was Sartre über die Freiheit des Individuums gesagt hat, gilt in der Sündenfallgeschichte für die Gattung insgesamt: Man muß etwas aus dem machen, wozu man gemacht worden ist. Die Sündenfallgeschichte erzählt, wie der Mensch in einer immer wiederholten Urwahl sich selbst macht, sie erzählt, wie der Mensch wählen mußte und sich dann verwählte – verlockt vom Verlangen, die Grenze eines Verbotes zu übertreten.

Bisher gab es nur materielle Wirklichkeiten: Meer und Land, Pflanzen, einen Garten, Tiere und den Menschen. Durch das Verbot kommt eine geistige Wirklichkeit in die Welt. Es ist das verbietende Wort, das ›Nein‹, das nicht so unmittelbar wirkt und darum nicht ebenso mächtig ist wie das schaffende Wort Gottes am Anfang der Schöpfung. Dieses ›Nein‹ ruft die Freiheit des Menschen hervor und wendet sich zugleich an sie. Denn es wird in das Belieben des Menschen gestellt, ob er diesem verbietenden ›Nein‹ gehorcht.

In der Sündenfallgeschichte werden wir Zeugen der Geburt des Neins, des Geistes der Verneinung. Gottes Verbot war das erste Nein in der Geschichte der Welt. Die Geburt des Neins und die der Freiheit gehören zusammen. Mit dem ersten göttlichen Nein, als Kompliment an die Freiheit des Menschen, tritt etwas verhängnisvoll Neues in die Welt. Denn nun kann auch der Mensch ›nein‹ sagen. Er sagt ›nein‹ zum Verbot, er setzt sich darüber hinweg. Die Folge davon wird sein, daß er nun auch zu sich selbst ›nein‹ sagen kann. Nachdem Adam und Eva vom Baum gegessen haben, heißt es: »Da wurden ihrer beiden Augen aufgetan, und sie wurden gewahr, daß sie nackt waren; und flochten Feigenblätter und machten sich Schürzen ...« Plötzlich sieht sich der Mensch von außen, er ist nicht mehr in seinem Leib geborgen, er ist sich selbst auffällig geworden. Er sieht sich, er reflektiert und entdeckt nun, daß auch er gesehen wird. Er steht im Freien. Es beginnt das Drama der Sichtbarkeit. Die erste Reaktion: Zurückkehren in die Unsichtbarkeit. »Und Adam versteckte sich mit seinem Weibe vor dem Angesicht Gottes des Herrn unter die Bäume im Garten.«

Wer vor Scham in den Boden versinken möchte, will nicht nur eine Tat, sondern sich selbst, als ihr Urheber, ungeschehen machen. Er sagt ›nein‹ zu sich selbst. Das ist die erste Spaltung des paradiesischen Selbstseins, das von nun an mit dem Nein infiziert bleibt. Aus Verneinungen werden schließlich Vernichtungen, was die Geschichte von Kain und Abel zeigt. Kains Opfer wurde von Gott zurückgewiesen, ihm gegenüber wurde also ›nein‹ gesagt. Das lastet schwer auf Kain, er sucht Enlastung, indem er das ›Nein‹ auf seinen Bruder abwälzt: er tötet ihn.

Bleiben wir beim Sündenfall. Was ist eigentlich so ›böse‹ an diesem Erkenntnisbaum, daß Gott ihn mit einem solchen Tabu belegt? An der Erkenntnis von Gut und Böse kann doch selbst nichts Böses sein, schon darum nicht, weil Gott dem Menschen diese Unterscheidung bereits zugemutet hat, als er ihn mit etwas Verbotenem konfrontierte. Wollte Gott einen Gehorsamstest durchführen und ist der verbotene Baum der Erkenntnis vielleicht eine Art ›Geßlerhut‹? Jedenfalls provoziert die Sündenfallgeschichte die Frage, ob es das Gesetz wegen der Sünde oder die Sünde wegen des Gesetzes gibt. Es war Paulus, der diese Frage in seiner Kritik des »Alten Bundes« aufgeworfen hat.

Im siebten Kapitel des Römerbriefs stellt er folgende Betrachtung an: Seit jenem ersten Verbot im Paradiesgarten lebt der Mensch unter dem ›Gesetz‹. Das Gesetz aber verlockt zur Übertretung. »Was wollen wir denn nun sagen? Ist das Gesetz Sünde? Das sei ferne! Aber die Sünde erkannte ich nicht, außer durchs Gesetz. Denn ich wußte nichts von der Lust, wo das Gesetz nicht hätte gesagt: ›Laß dich nicht gelüsten.‹ Da nahm aber die Sünde Ursache am Gebot und erregte in mir allerlei Lust; denn ohne das Gesetz war die Sünde tot.«

Das Gesetz verlockt zur Übertretung des Gesetzes. Es weckt bestimmte Vorstellungen, und sie sind es, die in der

Sündenfallgeschichte als Frevel und Sünde gelten. Also nicht die Erkenntnis des Guten und des Bösen ist selbst etwas Böses, sondern böse ist, was sich Adam und Eva davon versprechen. Und was sie sich davon versprechen, ist ihnen von der Schlange zugesagt worden. »Da sprach die Schlange zum Weibe: Ihr werdet mitnichten des Todes sterben; sondern Gott weiß, daß, welches Tages ihr davon esset, so werden eure Augen aufgetan, und ihr werdet sein wie Gott, und wissen, was gut und böse ist.«

So bekommt die Erkenntnis des Guten und Bösen einen neuen Sinn. Sie bedeutet jetzt das Verlangen, sein zu wollen wie Gott – allmächtig: man kann ein göttliches Verbot übertreten ohne böse Folgen. Allwissend: man kennt das Gute und Böse in dem Sinne, daß man alles kennt, was zwischen Himmel und Erde ist. Das göttliche Verbot weist den Menschen in seine Grenzen. Er darf nicht alles tun und darf nicht alles wissen. Darf er nicht oder kann er nicht? Er kann nicht, weil es ihm am Ende nicht zum Guten gereicht. Und weil er sich damit schadet, darf er auch nicht.

Der Mensch darf nicht zuviel wissen wollen, er muß wissen, was sich für ihn gehört. Er darf auch nicht alles sehen wollen, er muß Verborgenes respektieren. Eine spätere Geschichte, die zwischen Noah und seinen Söhnen spielt, handelt ebenfalls von diesem Erkenntnisfrevel. Noah liegt, vom Wein berauscht, in seiner Hütte »aufgedeckt«. Der Sohn Ham sieht seines Vaters »Blöße« und holt seine beiden Brüder herbei. Die aber wissen, was sich gehört. Sie nähern sich dem Vater mit abgewandtem Gesicht und decken ihn zu. Als Noah aufwacht und erfährt, was geschehen ist, verflucht er seinen Sohn Ham, denn dieser hatte sehen wollen, was ihm besser verborgen geblieben wäre.

Die Geschichte Hams offenbart den lüsternen Aspekt im Willen zum Wissen. Der Mensch hat sich etwas versprochen von den Früchten der Erkenntnis. Die Schlange, die es ihm einflüsterte, ist noch keine selbständige Macht des Bösen, noch kein Teufel. Die Menschen werden durch ihr eigenes Verlangen in Versuchung geführt, sie sind zurechnungsfähig. Zur Freiheit gehört Verantwortlichkeit und deshalb auch die Neigung, die Verantwortung abzuschieben. Adam redet sich auf Eva heraus, die ihrerseits die Schlange beschuldigt, was Gott nicht gelten läßt.

Die Sündenfallgeschichte weiß nichts von einer außermenschlichen Macht des Bösen, auf die sich der Mensch hinausreden, als deren Opfer er sich hinstellen und womit er sich entlasten könnte. Der Sündenfall ist – trotz der Schlange – eine Geschichte, die allein zwischen Gott und der Freiheit des Menschen spielt.

Erst später wird aus der Schlange eine eigenständige Macht, eine göttlich-widergöttliche Gestalt. Die Baruch-Apokalypse, eine gnostische Variation über den Sündenfall, erzählt zum Beispiel die folgende Begebenheit:

»Und Gott sprach zu Michael: ›Stoße in die Posaune, auf daß sich die Engel versammeln, damit sie das Werk meiner Hände anbeten, das ich schuf.‹ Und es blies der Engel Michael, und es versammelten sich alle Engel und verehrten Adam nach ihrer Ordnung. Aber Satanael, er betete nicht an und sprach: ›Ich verehre nicht Lehm und Unrat.‹ Und er sprach: ›Ich werde meinen Thron auf den Wolken aufstellen und werde gleich sein dem Höchsten.‹ Darum verstieß ihn Gott von seinem Angesicht und mit seinen Engeln, wie der Prophet sprach: ›Es wurden entfernt von seinem Antlitz alle, die Gott hassen, und von der Herrlichkeit Gottes.‹ Und es befahl der Herr dem Engel, das Paradies zu bewachen. Und sie gingen ein, um Gott zu verehren. Da ging Satanael und fand die Schlange. Und er machte sich zum Wurm und sprach zur Schlange: ›Öffne das Maul und verschlucke mich in deinem Bauch.‹ Und er ging über die Mauer in das Paradies mit der Absicht, Eva zu verführen. ›Ihretwegen ward ich vertrieben von der

Herrlichkeit Gottes.‹ Und es verschluckte ihn die Schlange und er ging ins Paradies ein und fand Eva. Und er sprach: ›Was befahl euch Gott zu essen von der Wonne des Paradieses?‹ Und es sprach Eva: ›Von jedem Baum des Paradieses essen wir, von diesem Baum befahl uns Gott, nicht zu essen.‹ Als dies Satanael hörte, sprach er zu ihr: ›Gott neidete eurem Leben, daß ihr unsterblich seid. Doch nimm und iß, und du wirst schauen, und gib auch Adam.‹ Und es aßen beide, es öffneten sich beider Augen und sie erkannten, daß sie nackt waren.«

Aus frühchristlicher Zeit, als gnostische und manichäische Weltbilder wirksam waren, sind zahlreiche ähnliche Zeugnisse überliefert. Das Böse wird zum Teufel, zum Gegengott, der um die Seele des Menschen kämpft. Der Kirchenvater Irenäus im zweiten nachchristlichen Jahrhundert war einer der ersten, der die Ansicht äußerte, Jesus habe die Menschen durch seinen Tod von der Macht des Teufels losgekauft. Der Zweikampf zwischen Teufel und Jesus wird für den populären Glauben zu einem Motiv der christlichen Erlösungslehre.

Die Personifizierung des Bösen zur eigenständigen Macht jenseits von Mensch und Gott gelangt etwa im 13. Jahrhundert zum Abschluß. Zu diesem Zeitpunkt sind alle wichtigen Züge im Bild des Teufels vereinigt. Der Kanon ist ausformuliert und die einzelnen Elemente lassen sich nun phantasiereich kombinieren.

Der Teufel erscheint in der erregten Natur, in den Stürmen, den Erdbeben, in den Lawinen, die zu Tal donnern, in den brechenden Bäumen, in der springenden Flut. Er erscheint als Hund, als schwarze Katze, als Rabe und Geier, in Menschengestalt mit einem Bocksfuß, in einer Wolke aus Gestank. Manchmal ist er schwarz gekleidet und schlank, dann wieder wälzt er sich wie eine Kugel im Schlamm. Er kann fliegen und kommt durch den Kamin. Als Succubus liegt er unter den Männern und macht, daß sie nicht zeugen können und ihnen die Lust vergeht. Als Incubus liegt er auf den Frauen und macht, daß sie geil werden. Er personifiziert alles Verkehrte: von den Hexen läßt er sich den Hintern küssen, das Vaterunser betet er rückwärts. Der Teufel wird zum Gottesfeind, doch den Gottesglauben beansprucht auch er. Man kann nicht an den Teufel glauben, ohne auch an Gott zu glauben. Dem Teufel begegnet man gewissermaßen auf halber Strecke zu Gott. Er ist der Widersacher, der nach dem Tode Gottes auch von der Bühne verschwinden wird.

In der Sündenfallgeschichte spielt, wie gesagt, der Teufel noch keine Rolle. Hier geht es nur um das Risiko der Freiheit. In dieser Geschichte wird erzählt, woraus Geschichte überhaupt entspringt. Sie beginnt nämlich als Strafe. Geschichte ist offenbar etwas, wozu man verurteilt wird. Dem Weib wird gesagt: »Ich will dir viel Schmerzen schaffen, wenn du schwanger wirst; du sollst mit Schmerzen Kinder gebären; und dein Verlangen soll nach deinem Manne sein; und er soll dein Herr sein.«

Die Hervorbringung des Menschen durch den Menschen wird zum mühsamen und qualvollen Geschäft, bei dem übrigens das Verlangen nach dem Manne als eine Strafe für die Frau gilt. Und die Strafe für Mann und Frau ist die Arbeit. »Im Schweiße deines Angesichts sollst du dein Brot essen, bis daß du wieder zur Erde werdest, davon du genommen bist. Denn du bist Erde und sollst zur Erde werden.«

Die Geschichte beginnt also, wenn man das Beste verloren hat. Es bleibt der Menschheit dann nichts anderes übrig, als Arbeit und Fortpflanzung zu adeln. Sie muß die Flucht in die Zivilisation antreten.

In dieser alten Geschichte über das Anfängliche findet man eine Anthropologie des Bösen: Der Mensch hat sich das Üble, das ihm in einer langen verwirrenden Geschichte widerfährt, selbst zugezogen. Das Böse – was immer es im einzelnen sein mag – ist durch ihn in die Welt gekommen. Die Geschichte beginnt mit einem Betriebsunfall der Freiheit und setzt sich dementsprechend fort. Kain, der Sohn Adams und Mörder seines Bruders, wird zum zweiten Urvater des Menschengeschlechtes, und was seine Nachkommen dann anrichten, übertrifft die schlimmsten Erwartungen Gottes. »Da aber der Herr sah, daß der Menschen Bosheit groß war auf Erden, und alles Dichten und Trachten ihres Herzens nur böse war immerdar, da reute es ihn, daß er die Menschen gemacht hatte auf Erden, und es bekümmerte ihn in seinem Herzen. Und er sprach: Ich will die Menschen, die ich geschaffen habe, vertilgen von der Erde, vom Menschen bis auf das Vieh und bis auf das Gewürm und bis auf die Vögel unter dem Himmel; denn es reut mich, daß ich sie gemacht habe.«

Gott schickt die Sintflut und nur mit Noah und den Seinen macht er eine Ausnahme. Dieser eine Gerechte darf überleben und wird daher zum dritten Urvater des Menschengeschlechtes.

Noch einmal ein Anfang. Aber mit Gott hat sich nun eine Wandlung vollzogen. Er findet sich mit der Tatsache ab, daß es im Menschen »das Böse« gibt. Gott ist vom Fundamentalisten zum Realisten geworden. Er hat sein Geschöpf von Grund auf kennengelernt und ist zum Anthropologen geworden. Er wandelt sich, er ist nicht nur mächtig, er wird auch gnädig. Er hat ein Einsehen mit dem Menschengeschlecht und verspricht: »Ich will hinfort nicht mehr die Erde verfluchen um des Menschen willen. Denn das Dichten des menschlichen Herzens ist böse von Jugend auf.«

Nach der Sintflut gilt auch für Gott der Grundsatz: Man muß lernen, mit dem Bösen zu leben. Das Böse gehört, jedenfalls alttestamentarisch, von nun an nicht nur zur *conditio humana*, sondern auch zur *conditio divina*. Vielleicht hat der göttliche Welterhalter im Spiegel des Menschen sogar gelernt, den bösen Anteil in sich selbst zu entdecken. Das ist die umgekehrte Formulierung des Satzes: daß die Menschen Gott erfanden, indem sie das Böse als Möglichkeit ihrer Freiheit entdeckten und nach einem Weg suchten, damit leben zu können.

Der Umgang mit dem Bösen macht erfinderisch. Gott schließt einen Bund mit den Menschen: Er verspricht die Bestanderhaltung der Welt, und der Mensch verspricht die Gebote einzuhalten, die ihm Gott nach der überstandenen Sintflut gibt (eine Vorform der ›Zehn Gebote‹). Er delegiert das Strafrecht an die Menschen, und selbst für die schlimmste Gebotsübertretung – den Mord – wird das Gericht der Menschen zuständig. »Wer Menschenblut vergießt, des Blut soll durch Menschen vergossen werden.« Zur Erinnerung: als Kain den Brudermord beging, hatte sich Gott ausdrücklich das Strafrecht vorbehalten: »Und der Herr machte ein Zeichen an Kain, daß ihn niemand erschlüge, wer ihn fände.«

Mit dem Strafrecht müssen sich die Menschen nun selbst voreinander schützen. Sie sollen auch weiterhin in der Gotteskindschaft stehen, aber untereinander sind sie erwachsen geworden und müssen ihre Selbsterhaltung in eigene Regie übernehmen. Gott garantiert verläßliche Rahmenbedingungen: es wird keine Sintflut mehr geben.

Nach der Sintflut kommt es also über den Abgrund des Bösen hinweg zu einem Gottesbund, der zugleich ein Gesellschaftsvertrag ist. Das ist die zweite Schöpfung. Die erste Schöpfung zähmt das Chaos, die zweite Schöpfung das Böse im Menschen. Es zeigt sich, wie grundlegend das anfängliche Chaos und das Böse zusammenhängen. Beide fordern eine Schöpfung im Sinne einer Überwindung. Zuerst die Schöpfung der Welt, dann die Schöpfung der Gesellschaft.

ZWEITES KAPITEL

Kann der Mensch sich nach sich selbst richten? Das antike Selbstvertrauen. Die Macht der Tradition. Sokrates sucht neue Wege. Platons Philosophie des gelingenden Lebens. Die Ordnung der Seele und die Ordnung der Stadt. Darf man aus der Welt fallen?

Die Sündenfallgeschichte erkundet die Natur des Menschen und entdeckt, daß der Mensch nicht auf eine zwangsläufig wirkende Natur festgelegt ist. Er ist frei, kann wählen und kann sich auch verwählen. Er schafft sich selbst sein Schicksal.

Auch die Sündenfallgeschichte findet mit der Frage nach der ursprünglichen Natur des Menschen keinen festen Grund. Die Natur, die man in sich findet, ist offen und wirft einen zurück in den Tumult der menschlichen Angelegenheiten, denen man mit der Frage nach der wahren Natur des Menschen gerade entkommen wollte. Die menschliche Natur, die man befragt, gibt einem die Frage zurück. Das ist bei der übrigen Natur nicht so. Alles, was ist, folgt seiner inneren Teleologie. Das gilt für die unbelebte Natur, die Pflanzen, die Tiere. Nur im Menschen wirkt dieser Naturtrieb nicht in gleicher Weise. Beim Menschen bricht er sich im Medium der Erkenntnis und des freien Willens. Und deshalb ist es ihm aufgegeben, sein Wesen und seine Bestimmung erst noch zu finden. Aus den Händen des Schöpfers ist er auf eine erhabene Weise unfertig hervorgegangen: er muß selbst noch schöpferisch Hand an sich legen. Wonach soll er sich dabei richten?

Für Augustin und die christliche Tradition, die er begründet, ist die Antwort klar. Auf jeden Fall darf er sich nicht nach sich selbst richten. Der Mensch ist die offene Frage, wie sollte er Antwort geben können? Deshalb erklärt Augustin: »Lebt also der Mensch nach der Wahrheit, lebt er nicht nach sich selber, sondern nach Gott.« Es ist des Menschen Natur, sagt Augustin, zwischen Gott und der übrigen Natur zu stehen. Die übrige Natur ist vollkommener Ausdruck des göttlichen Schöpfungswillens. Sie gründet in ihm. Der Mensch aber hat einen aus seiner Freiheit entspringenden Eigenwillen, der ihn zu dem Hochmut verführt, der Grund seiner selbst sein zu wollen. Nun ist aber der Grund der Schöpfung das Nichts. Das Werk Gottes war ja eine *creatio ex nihilo*. Wenn des Menschen Eigenwillen in sich selbst gründen will, kommt er in Berührung mit diesem Nichts. Gottes schöpferischer Wille hatte das Nichts besiegt. Aber dem menschlichen Willen kann das nicht gelingen. Er kann vom Nichts verschlungen werden, wenn er stirbt, aber auch, wenn er sein Wesen verfehlt und seine Möglichkeiten unterbietet. Das macht die prekäre Situation des Menschen aus. Die Natur ist auf ihre Weise vollkommen, sie ist, was sie ist. Der Mensch aber muß erst noch werden, was er ist. Er kann abstürzen, so wie er schon einmal abgestürzt ist – beim Sündenfall. Seitdem lebt er mit der Erbsünde wie mit einem Neigungswinkel, der ihn immer wieder fallen läßt. Seinen Grund findet er also nicht in sich, aber auch nicht unter sich – in der Natur, die ja schon fertig ist; der Mensch aber muß erst noch fertig werden. Er kann den Grund nur über sich finden – in Gott. Er muß von sich aus den Eigenwillen in Gottes Willen aufgehen lassen. Gefährlicher Hochmut ist es, wenn er sich dem eigenwillig verweigert. »Denn das ist falsche Hoheit, vom Urgrund sich zu lösen, dem der Geist eingewurzelt sein soll, um gewissermaßen sein eigener Grund zu werden und zu sein. Das geschieht, wenn der Geist sich selbst zu sehr gefällt.«

Das war Augustins Kritik am antiken Denken, dem er

diese Selbstgefälligkeit vorwarf. Dabei hatte sich das antike Denken in seinen verschiedenen Ausprägungen durchaus an jenem Grundsatz orientiert, den auch Augustin als verbindlich ansieht. Dieser Grundsatz lautet: Man muß herausbekommen, was man kann, damit man fortan nur noch das will, was man kann. Es geht darum, das eigene Können kennenzulernen, damit man das Richtige will – also das, was man kann. Genau in diesem Sinne definiert Augustin den paradiesischen Zustand. Dort konnte der Mensch auch nicht alles, aber er wollte auch nicht alles, und so konnte er alles, was er wollte. Wenn das Wollen und das Können umfangsgleich sind, kann auch das Begrenzte vollkommen sein. So aber verhält es sich beim Menschen nicht. Wollen und Können sind nicht mehr synchronisiert. Der Mensch will mehr und anderes, als er kann, und kann mehr und anderes, als er will. Es fehlt ihm an Bekanntschaft mit sich selbst: Er kennt noch nicht einmal seinen eigenen Willen, und sein Können erkennt er oft erst dann, wenn ihm etwas mißlungen ist.

Der Mensch ist ein Schauplatz großer Verwirrung. Zuerst hat er Gott nicht gehorcht und jetzt kann er noch nicht einmal sich selbst gehorchen. Der Pansexualist Augustin illustriert das am Beispiel der Erektion. Das eine Mal will der Mann und kann nicht, das andere Mal ist es umgekehrt.

Tatsächlich ist das antike Denken, anders als Augustin, davon überzeugt, daß der Mensch sich nach sich selbst richten kann und muß. Deshalb muß man zuerst herausfinden, was und wer der Mensch eigentlich ist.

Wonach richtet man sich nun, wenn man sich nach sich selbst richtet? Wie wird man, was man ist? Soll man sich auf die eigene Vernunft verlassen oder auf die Tradition der Gemeinschaft, zu der man gehört?

Sokrates trifft sich mit seinen Freunden im Hause des angesehenen, reichen und hochbejahrten Kephalos. Dort entwickelt sich das Gespräch über die Gerechtigkeit und das ideale Gemeinwesen, die POLITEIA. Aber bevor das Denken zum Zuge kommt, hört man auf den weisen, alten Mann, den man ehrt. Seine Einsichten hat er nicht durch philosophisches Nachdenken gewonnen, sondern durch die Erfahrungen, die er in einem langen Leben in der Stadt gesammelt hat. Kephalos repräsentiert das gelingende Leben unter dem Schutz des Angestammten.

Sokrates befragt ihn. Bedrücken ihn die Gebrechen des Alters? Nein, denn sie sind natürlich, sie gehören zu diesem Lebensabschnitt. Wenn man sich damit abfindet, läßt es sich ganz gut aushalten. Und wie steht es um die Liebeslust, die Begierden? »Wie gern bin ich davon losgekommen, als käme ich von einem tollen und wilden Herrn los.« Ruhe und Freiheit sind der Gewinn des Alters. Aber braucht man dazu nicht auch Besitz und Vermögen? Gewiß, das erleichtert manches, aber doch nur für den »Wohlgesinnten«. Jeder andere wird auch im Reichtum kein Glück finden. Ihm jedenfalls, so Kephalos, bereite der Reichtum das beruhigende Gefühl, keinem etwas schuldig geblieben zu sein, weil er jedem das geben konnte, was ihm zusteht. »Denn daß er nicht leicht wider Willen jemanden übervorteilt oder hintergeht oder auch einem Gott irgend Opfergaben oder einem Menschen Geld schuldig bleiben und so in Furcht davongehen muß, dazu kann ihm der Besitz des Reichtums gar vieles beitragen.«

Die Freunde, die um Sokrates versammelt sind, können es nicht erwarten, daß endlich das eigentliche Gespräch beginnt. Aber für Sokrates ist die Unterhaltung mit Kephalos bedeutsam, denn sie läßt ein gelingendes Leben erkennen, das die philosophische Reflexion noch nicht benötigt, weil es durch Tradition geschützt und gut geregelt ist.

Wenn der philosophische Diskurs beginnt, zieht sich Kephalos zurück. »Ich übergebe euch nun die Rede, denn ich muß jetzt für die heiligen Dinge Sorge tragen.« Sagt's und geht, um den Göttern und Ahnen ein Opfer zu bereiten. Die Stunde der Philosophie ist das Ende der Tradition. Wenn sich die Art und Weise des richtigen Lebens nicht mehr von selbst versteht, dann erst ist die Philosophie gefragt.

Kephalos tritt ab, doch er hinterläßt das anschauliche Bild eines Lebens, das mit sich selbst übereinstimmt. Solche innere Übereinstimmung verwirklicht die Idee des Guten. Und damit ist Platon bei seinem Thema. Das Gegenteil des Guten ist der Aufruhr, die zerrüttete Ordnung, der Bürgerkrieg – im Einzelnen wie auch im Gemeinwesen. Platons Philosophie widmet sich dem Problem, wie diese Ordnung bewahrt, und wie sie, nach ihrer Zerstörung, wiederhergestellt werden kann. Es ist die Voraussetzung des Gedankengangs, daß eine solche Ordnung, anders als bei den Naturdingen, nicht von sich aus besteht, sondern vom Menschen gestaltet werden muß. Das kann durch Tradition geschehen, wie das Beispiel des Kephalos zeigt. Wenn aber die Kraft der Tradition nachläßt, tritt der philosophische Gedanke in sein Recht. Doch es bleibt eine Spannung im Verhältnis von Philosophie und Tradition bestehen. Es könnte ja auch sein, daß die Philosophie nicht nur auf die Tradition folgt, sondern sie zerstört. Das war der Vorwurf der Stadtgemeinde gegen Sokrates: Er verderbe die Jugend und untergrabe das Ansehen von Sitte und Glaube. Platon möchte Sokrates rehabilitieren. Deshalb zeigt er ihn im Kampf mit dem Sittenverfall und dem bösen Denken.

Kaum hat sich Kephalos, der Mann der guten Tradition, zurückgezogen, tritt als Verkörperung des Zeitgeistes der Sophist Thrasymachos auf, ein Zyniker des Machtwillens, dessen Grundsatz lautet: gut ist, was dem eigenen Wohlergehen nützt. Und da es nun einmal von Natur aus Starke und Schwache gibt, so wird sich der Starke, um sein Wohlergehen zu verteidigen, gegen die Schwächeren, die hochkommen wollen, mit Macht schützen müssen. Je mehr

Macht er in seiner Hand vereinigen kann, um so besser. Am besten ist die unbeschränkte Macht, die Tyrannei. Sie ist, so Thrasymachos, die gerechte Ordnung vom Standpunkt der Starken.

Sokrates weist in seiner Erwiderung darauf hin, daß diese Ordnung nur der latente, bestenfalls aufgeschobene Bürgerkrieg ist. Die Verfeindung zwischen Herrschenden und Beherrschten schwelt weiter, weil zu den Beherrschten nicht nur die Schwachen und zur Herrschaft nicht Befähigten zählen, sondern auch die Konkurrenten um die Macht. Sie werden ihre Klientel aufstacheln, um selbst an die Macht zu gelangen. Und so wird der Machthaber keine ruhige Stunde erleben. Mißtrauisch gegen jedermann, wird er bestrebt sein müssen, seine Macht ins Grenzenlose zu erweitern und wird am Ende doch gestürzt werden. Weder ist das Gemeinwesen, das er beherrscht, in einem Gleichgewicht, noch wird ihm selbst das Glück der inneren Ausgeglichenheit zuteil. Er wird ein gehetzter, unruhiger, unglücklicher Mensch sein. Eine Gemeinschaft wollte er beherrschen und hat sie doch zerstört; seinem Wohlergehen wollte er nützen und wird doch Schaden nehmen an seiner Seele. So lautet die Argumentation des Sokrates, der in zahlreichen Varianten diesen einen Gedanken durchführt: Das auf den ersten Blick Angenehme – die Macht, der Genuß – ist nicht identisch mit dem, was für den Menschen gut ist. Die sinnfällige Analogie, auf die Sokrates gerne zurückgreift, lautet: Die Medizin ist nicht angenehm, sie schmeckt nicht gut – und doch ist sie gut für den Körper. So wie der Arzt die Natur des Körpers kennen muß, um zu wissen, was gut für ihn ist, so muß der Mensch seine Natur insgesamt kennen, um zu wissen, was gut für sie ist.

Wie und woran läßt sich diese ›Natur‹ des Menschen erkennen? Soll man die Natur des Menschen am empirischen Durchschnitt oder an den vollkommenen Exemplaren ablesen? Aristoteles und selbstverständlich auch die modernen Wissenschaften bevorzugen den ersten Weg. Platon (und später auch Nietzsche) den zweiten. Das ist eine entscheidende Option. Platon nimmt in den Begriff des Menschen die Idee seiner Selbstvervollkommnung auf. Das ist nicht Idealismus im gewöhnlichen Sinne. Die sogenannte Idee des Menschen schwebt nicht über der Wirklichkeit, sondern sie ist der anschauliche Inbegriff dessen, was der Mensch im Sinne des Gelingens aus sich selbst machen kann. Das anschauliche Modell dieses Gelingens ist für Platon die Harmonie der Sternensphäre und die mathematische Ordnung der Musik. Wahrhafte Lebenskunst und menschlicher Rang bedeuten: Leib und Seele und die Seelenteile untereinander – Vernunft, Gefühl und Mut – in einen harmonischen Ausgleich zu bringen. Der Mensch steht hinsichtlich seines Ranges um so höher, je mehr er sich selbst genügt und das Begehren ihn nicht aus sich heraustreibt – wenn er mehr zu verschenken als zu verlangen hat, wenn er weniger braucht, als er gibt. Die Unstimmigkeit im Menschen verbraucht zusätzliche Kraft und vergrößert deshalb die Abhängigkeit von außen. Platon hat mehrere Bilder für dieses als Stimmigkeit verstandene Gutsein der Seele gefunden, wie das des Wagenlenkers zum Beispiel. Wenn die Bewegung der Pferde nicht gut koordiniert ist, wird es nicht richtig vorangehen oder der Wagen wird umstürzen. Das großformatige Bild der guten Seelenverfassung ist die ideale Polis.

Das Gute ist für den Menschen erreichbar. Er kann es aus eigener Kraft verwirklichen. Erforderlich ist Einsicht in das Menschenmögliche, keine transzendente Gnade. Die Philosophie kann zu solcher Einsicht verhelfen – vorausgesetzt, sie wendet sich den menschlichen Dingen zu.

Diese Zuwendung ist alles andere als selbstverständlich – sie bedeutet eine Revolution, für die der Name Sokrates steht. Er hat die Philosophie vom Himmel auf die Erde geholt. Wenn man weiß oder zu wissen glaubt, wie der Kosmos angefangen hat, und wenn man die Grundelemente, woraus er besteht, zu kennen glaubt – ob es nun Wasser, Feuer, Luft oder Atome sind –, dann weiß man immer noch nicht, wie man leben soll und was man aus seinem Leben machen kann.

Sokrates wendet sich gegen die Naturwissenschaften seiner Zeit. Sie geben davon Kunde, was ist. Aber das Problem des Menschen liegt darin, daß er immer erst werden muß, was er ist. Ob er nun aus Feuer, Wasser oder Luft besteht und ob am Anfang ein Materiegestöber sich zu Gestalten zusammengeklumpt hat, ändert nichts daran, daß der Mensch sein Leben führen muß. Der Ausspruch des Sokrates, ›Ich weiß, daß ich nichts weiß‹, bezieht sich darauf, daß das Wissen von der Natur noch kein Wissen darüber einschließt, wie das eigene Leben zu führen ist. Das Natur-Wissen ist in dieser Hinsicht ein Nichtwissen. Aber auch die in der Stadt zirkulierenden Ansichten über das richtige Leben – über Gerechtigkeit, Glück, Tugend – sind ein Gemisch aus Wissen und Nichtwissen. Sokrates erhebt sich nicht einfach über die Meinungen, sondern er prüft sie im Gespräch, er will zu besser fundierten Meinungen aufsteigen, doch ohne sich einzubilden, die Meinungen könnten in einer absoluten Wahrheit zur Ruhe kommen. Der Logos der menschlichen Dinge ist zunächst immer das, was von ihnen gesagt wird. Durch das Gestrüpp der Meinungen bahnen wir uns den Weg zum Verständnis der menschlichen Angelegenheiten. Man kann die Welt der Meinungen nicht verlassen, man kann sie nur reinigen. Deshalb endet das Platonische Höhlengleichnis mit der Rückkehr in die Höhle. Man muß es ertragen, daß die Wahrheit – wenn man die Sonne geschaut hat – wieder zur Meinung wird. In den menschlichen Belangen haben aber nicht alle Meinungen denselben Rang. Zwar leben sie alle von der Idee der Wahrheit – nur weil sie Wahrheit beanspruchen, werden sie geäußert –, aber sie unterscheiden sich nach ihrem Beitrag für die Arbeit an der Selbstgestaltung. Eine Meinung wird nur zur Wahrheit, wenn sie den Menschen *wahr macht* und das heißt: ihn dem Guten entgegenführt. Das Kriterium der Wahrheit ist die Verbesserung des Menschen.

Der Mensch muß sich nach sich selbst richten, aber jenes ›Selbst‹ ist ihm nicht vorgegeben, sondern aufgegeben. Er muß es im Nachdenken, Prüfen, Handeln und im Gespräch entwickeln, finden, erfinden. Sokrates setzt auf die Philosophie, die er, als frommer Mann, zugleich als Gottesdienst versteht. Er dient dem Gott Apoll, der in Athen auch als »Übelabwehrer« verehrt wird. Die Philosophie vereinigt zwei für den Kult des Apoll wichtige Funktionen: die Medizin und die Mantik. Sie ist der Arzt der Seele, sie lokalisiert die Erkrankung, die Unstimmigkeit, und schlägt eine Therapie vor. Und sie ist eine »mantische« Kunst, sie ist also seherisch. Weil sie tiefer in die Seele hineinblickt, kann sie jene Schicksale erkennen, die sich die Seele aufgrund ihrer Verfassung selbst bereiten wird und in Folge davon kann sie auch Entwicklungen erkennen, die dem Gemeinwesen der Stadt drohen.

Ob jemand gut oder böse handelt, ist – im sokratischen Sinne – eine Frage der zureichenden oder unzureichenden Erkenntnis. Niemand, sagt Sokrates, will freiwillig und wissentlich etwas Übles und Böses. Das könnte als Entlastung der Verantwortlichkeit verstanden werden. Aber so ist es nicht gemeint. Unfreiwillig das Böse wollen, bedeutet vielmehr: Jeder will das, was für ihn gut ist, aber nicht jeder weiß, was für ihn gut ist. Mangelnde Erkenntnis des Zukömmlichen hat zur Folge, daß man sich versieht und vergreift. »Jeder, der etwas falsch macht, bezweckt damit etwas ihm fälschlicherweise gut Scheinendes.« Deshalb steht bei Sokrates die Selbsterkenntnis im Mittelpunkt. Das Selbst kann sich nicht erkennen, ohne sich dabei zu verwandeln. Im Selbstverhältnis ist Erkenntnis ein hervorbringender Akt. Deshalb hat sich Sokrates auch häufig als Geburtshelfer bezeichnet. Er entwickelt eine Meisterschaft in der Enthüllung der mannigfachen Irrtümer über Gut und Böse. Mit solcher Beseitigung von Hemmnissen leitet er die Geburt ein. Alles übrige muß »die Natur vollbringen«. Weil des Menschen Natur unfertig ist und von sich aus durchaus nicht über das ihr Zukömmliche Bescheid weiß, muß der Logos des Menschen seiner Physis beistehen.

Sokrates und ihm folgend Platon lehren keinen Dualismus in dem Sinne, daß etwa die Seele gut und der Leib böse ist. Der Körper und seine Begierden bedürfen der Lenkung und Integration durch die Seele. Kommt es zum Aufstand des Körpers gegen die Seele und sucht das Begehren sein Wohl auf eigene Faust, dann ist Zerrüttung die Folge, und auch das losgelassene Begehren wird am Ende das Wohlergehen nicht finden, das es gesucht hatte.

Das alles ist schwierig: sich mit dem eigenen Körper gut stellen. Und dann gibt es da auch noch die Angelegenheiten der Stadt. Soll man sich darum auch noch kümmern?

Es gehört zum platonisch-sokratischen Nachdenken über das gute Leben, zwei verlockenden Träumen nachzusinnen. Dem Traum eines Lebens fern vom Getriebe der Stadt und dem eines Lebens fern vom Treiben des Körpers. Der erste Traum bezeichnet das kontemplative Leben, den *bios theoretikos*. Der zweite Traum bezeichnet die Sehnsucht nach leibfreier Souveränität, nach Unsterblichkeit der Seele.

Im Höhlengleichnis muß der zum Licht Befreite nicht zwangsläufig als Befreier in die Höhle zurückkehren. Er könnte sich damit zufriedengeben, zur Wahrheit erlöst zu sein, die höchste Form des Lebens, den *bios theoretikos*, erreicht zu haben. Warum mengt er sich wieder unter die Leute, warum will er dort sein Befreiungswerk verrichten, warum kehrt die Weisheit wieder auf den Markt des Politischen zurück? Praktische Philosophie und Philosophie der Erlösung stehen sich gegenüber. Der Philosoph kann wählen. »Die nun … gekostet haben, was für eine süße und herrliche Sache (die Philosophie) ist, und auf der anderen Seite die Torheit der Menge deutlich genug einsehn, und daß … an keinem etwas Gesundes ist von denen, die den Staat bewirtschaften … – dies alles wohl zu Herzen nehmend, wird ein solcher sich ruhig verhalten und sich nur um das Seinige bekümmernd, wie einer im Winter, wenn der Wind, Staub und Schlagregen herumtreibt, hinter einer Mauer untertritt, froh sein, wenn er die Anderen voll Frevel sieht, nur selbst frei von Ungerechtigkeit und unheiligen Werken dieses Leben hinzubringen, und beim Abschied daraus in guter Hoffnung zu scheiden.«

Diese Möglichkeit der Selbsterlösung durch Philosophie bleibt für Platon stets eine Verlockung, eine Alternative zur politischen Ethik. Es ist aber eine Versuchung, beinahe im Sinne einer Sünde. Denn beim Polisbewohner Platon regt sich der Verdacht, daß eine solche Selbstgenügsamkeit etwas Böses sein könnte, so als wollte man sich gegen den Kosmos auflehnen. Denn die Stadt ist der Spiegel des Kosmos. Man muß sich davor hüten, aus der Welt fallen zu wollen. Die platonische Akademie blieb bis zu ihrem Ende eine Einrichtung der Stadt.

Und wie verhält es sich mit dem anderen Traum, dem von der Befreiung vom Körper und der Unsterblichkeit der Seele? Wird hier nicht dem Wunsch nachgegeben, aus der Welt zu fallen? Dem Traum von der körperfreien Souveränität ist Sokrates in seinen letzten Gesprächen, ehe er den Schierlingsbecher trinkt, nachgegangen. Philosophieren, so haben wir gehört, hilft der Seele, den Körper richtig zu bewohnen. Aber die geheime Verlockung und vielleicht auch das Versprechen der Philosophie, besonders wenn sie von der Angst des Todes herausgefordert wird, ist ein Rückzug der Seele aus der »Gemeinschaft mit dem Körper«. Sie ist der Versuch und die Versuchung, noch im Zustand der Vermischung von Körper und Seele die »Seele für sich allein zu haben«. Doch was hat man, wenn man in dieser Weise die Seele für sich allein besitzt?

Xenophon berichtet, wie Sokrates einmal während eines Militärlagers, zu dem er eingezogen worden war, vierundzwanzig Stunden ohne Bewegung an einem Ort stehen blieb, tief in Gedanken versunken. Er habe, so Xenophon, auch sonst die Gewohnheit gehabt, »seinen Geist auf sich selbst zu richten«, den Kontakt mit anderen bisweilen abzubrechen und, wo er sich gerade befand, »taub gegen die nachdrücklichste Ansprache« zu werden.

Das gehört auch zum Leben des Geistes. Sokrates war etwas eingefallen oder aufgefallen, was ihm zu denken gab, und so war er aus seiner Wirklichkeit herausgefallen. Das Denken hatte ihn in ein Nirgendwo versetzt, wo er aber auf seltsame Weise heimisch zu sein schien. Nach allem, was wir von Sokrates wissen, war diese Erfahrung des Geistes eine Voraussetzung seines Triumphes über die Angst vor dem Tode. Der vom Denken ergriffene Sokrates wird zu einem Unberührbaren. Sie werden seinen Leib töten können, sein Geist aber wird leben. Für den platonischen Sokrates und für die nachfolgende rationale Metaphysik, die nicht der göttlichen Gnade bedürftig ist, liegt die Gewißheit der Unsterblichkeit der Seele in dieser Selbsterfahrung des Geistes. Sie liegt primär in der Erfahrung des Denkens selbst und nicht darin, was man sich im einzelnen ausdenken kann, um die Unsterblichkeit der Seele zu beweisen. Diese Selbsterfahrung des Geistes ist jene Merkwürdigkeit des Bewußtseins, dem es schlechterdings unmöglich ist, sein eigenes Nicht-Sein, den eigenen Tod also, zu denken. Bewußtsein kann sein eigenes Aufhören nicht denken.

Das Leben des Geistes wagt also die Wette gegen das

große Übel, den Tod. Man würde diese sokratische Selbsterfahrung des Geistes – »die Seele für sich alleine zu haben« – gründlich mißverstehen, wenn man sie mit unseren heutigen Begriffen von Innerlichkeit und Äußerlichkeit interpretieren wollte. Sokrates versinkt nicht in einer Innerlichkeit, sondern in einer Universalität. Es ist der Körper, der uns abtrennt und vereinzelt. Wenn man demgegenüber auf die Seele zurückkommt, so tritt man mit einem universellen Sein in Verbindung, von dem der Körper, als vereinzeltes und darum minderndes Sein, uns trennt. Wenn man sich also derart in die Seele zurückzieht, wird man nicht weltlos, sondern im Gegenteil: erst wenn man sich zur Seele sammelt, kommt man richtig zur Welt, kommt man in die richtige Welt. Aber diese richtige Welt gleicht dem guten Leben in der Stadt zum Verwechseln. Denn Sokrates, so stellt er es sich vor, wird fortfahren, das Gespräch zu suchen. Der triumphierende Geist bleibt ein öffentlicher Geist.

Platons Darstellung vom Tode des Sokrates soll beweisen: Es ist einfach nicht wahr, daß jeder für sich allein stirbt. Der sterbende Sokrates ist in mehrfacher Hinsicht nicht allein. In der Selbsterfahrung des Denkens vergewissert er sich eines Seins, das ihn trägt, dem er zugehört auch über den individuellen Tod hinaus.

Das gilt für das Innenverhältnis dieses Denkens, aber auch für seine äußere Inszenierung. Denn Sokrates stirbt auch in einem sehr konkreten Sinne nicht allein. Es gibt keinen Rückgang in die Weltlosigkeit, keine Höhle der Innerlichkeit. Auch in der Todesstunde bleibt das Philosophieren eine öffentliche Angelegenheit. Sokrates, von der Gemeinschaft getragen, auch wenn sie ihn zum Tode verurteilt, übernimmt, gleichsam als Dank, Verantwortung für die Gemeinschaft – auch noch im letzten Augenblick. Es könnten ja, so erklärt er am Ende des Gesprächs, seine Gedanken zur Unsterblichkeit der Seele falsch sein, dem

Gemeinschaftsleben werden sie dann trotzdem gedient haben. »Wenn es für die Toten nichts mehr gibt, werde ich doch wenigstens diese Zeit noch vor dem Tode den Anwesenden weniger unangenehm sein durch Klagen.«

Das griechische Denken bei Sokrates und Platon bleibt trotz allem noch ganz in dieser Welt und von dieser Welt. Es ist ein Denken, von dem Augustin sicherlich zu Recht gesagt hat, daß darin der menschliche Geist versucht, »sich selbst zu gefallen«. Und das also wird für Augustin etwas »Böses »sein, denn der Mensch darf sich nicht nach sich selbst richten wollen.

DRITTES KAPITEL

Max Webers Theorie der religiösen Weltablehnung: das Leid sucht die Transzendenz. Augustin aber ist gottessüchtig. Das Böse als Transzendenzverrat. Der eindimensionale Mensch. Einsteins Warnung vor der Perversion der Wissenschaft. Die Sünde wider den Heiligen Geist.

Platon kannte die Versuchung, dem Getriebe der Stadt und dem Treiben des Leibes entkommen zu wollen. Mit dem *bios theoretikos* und dem Verlangen, »die Seele für sich selbst zu haben«, denkt er sich über die empirische Welt hinaus und rückt sie in eine Distanz. Für Augenblicke wenigstens erscheint die Welt als Höhle und das Denken als Höhlenausgang. Der philosophische Gedanke experimentiert auf der ersten Stufe der Weltablehnung, aber die Brücken werden nicht abgebrochen. Bei Platon wird die ekstatische Erfahrung ausbalanciert durch den Willen zur Wiedereinbürgerung.

Max Weber läßt die religiöse Weltablehnung beim Leiden an der Ungerechtigkeit, der Verfeindung, der Vergänglichkeit, der Unsicherheit und den enttäuschten Sinnerwartungen beginnen. Solche Mißlichkeiten kompensiert das Bewußtsein mit Hilfe der Religion. Religionen sind für Max Weber Anstiftungen zur Weltdistanz bis hin zur akosmischen Weltüberwindung in mystischen Gefühlen oder innerweltlicher Askese. Der Schwerpunkt des inneren Menschen wird so verlagert, daß ihn die Übel der Welt, wiewohl sie fortbestehen, nicht mehr in gleicher Weise angreifen: »Tod wo ist dein Stachel, Höll wo ist dein Sieg!«

Doch bei einem Virtuosen der Weltüberwindung wie Augustin zeigt sich der umgekehrte Fall. Das Ungenügen an der Wirklichkeit setzt die Erfahrung eines Überschusses voraus. Weltablehnung muß nicht mit dem Leiden beginnen, sondern kann auch ihren Ausgang nehmen bei einer Glückserfahrung, für die es in der Welt zu eng wird.

Augustin liebte das Leben maßlos, und deshalb konnte es ihm nicht genügen. So entdeckte und erfuhr er Gott, weil nur Gott lebendig genug ist, das grenzenlose Verlangen zu stillen. Augustin war gottessüchtig, daher seine Weltablehnung. Er war nicht bescheiden genug für das antike Ideal der Ausgeglichenheit. Sein leidenschaftliches Gottesverlangen war etwas Primäres, keine Kompensation, wie eine entgeisterte Psychologie glauben machen möchte. Er selbst sagte von sich, die Liebe sei das größte Gewicht in der Waagschale seines Lebens und es sei dieselbe Liebe, die sich zunächst den irdischen Dingen zugewandt habe und dann Gott, weil sie schließlich nur in Gott Genüge finden konnte.

Augustin, 353 in wohlhabendem Hause im nordafrikanischen Thagaste geboren, erhielt den ersten Unterricht durch seine christlich gesinnte Mutter Monica, deren Einwirkung jedoch der heidnische Vater abschwächte. Zur Vollendung seiner Ausbildung wurde Augustin nach Karthago geschickt, wo sich der lebenslustige Jüngling den Freuden der Welt hingab. Über diese Zeit schreibt er im Rückblick der BEKENNTNISSE: »Doch darin hab ich gesündigt, daß ich nicht in Gott, sondern in seinen Geschöpfen, in mir und in den andern, Freude, Erhabenheit und Wahrheit suchte.«

Er hat sein Glück bei den anderen gesucht: bei Freunden und in zahlreichen Liebesgeschichten. Er war ein schöner junger Mann. Sein Vater sah ihn einmal nackt im Bade in seiner »werdenden Manneskraft« und freute sich der »kommenden Enkel«. Seine Sünden, sagt Augustin später, sproßen aus »fettem Erdreich«. Er wurde nicht keusch, weil ihm die Trauben zu hoch hingen: er hat sie alle genossen.

Er hat sein Glück in sich selbst gesucht. Zunächst war das antike Ideal der Selbstvervollkommnung für ihn verbindlich. Begierig nahm er das Wissen seiner Zeit auf und genoß die Künste, das Theater, die Musik, den Tanz. In seinen eigenen Disziplinen, der Rhetorik, Philosophie und Rechtswissenschaft, glänzte er. In seinem Milieu war man philosophisch gesinnt und verachtete darum das Christentum, das als »arm und niedrig« galt. Die philosophische Weisheit konnte sich nicht anfreunden mit der Vorstellung eines gekreuzigten Gottes. Das war ein Glaube für die kleinen Leute. »Ich aber verschmähte es, zu den Kleinen zu zählen ...«

Noch in Karthago wurde er zum gefragten und gut bezahlten Lehrer. Sein Wunsch, Karriere zu machen, führte ihn nach Rom und von dort nach Mailand. Er verkehrte in eleganten Kreisen und suchte die Nähe zum kaiserlichen Hof. Das Geld, die Macht, der Ruhm, die Liebe waren die Gründe für eine lustvolle Weltbindung, die auch in der naturalistischen Weltsicht Augustins ihren Ausdruck fand. Denn Augustins Manichäismus der ersten Jahre lief auf einen solchen Naturalismus hinaus. Der Manichäismus, wie ihn Augustin aufgriff, sah die Welt als Schauplatz guter und böser Mächte, die materiell fundiert sind und den Freiheits- und Verantwortungbereich des Menschen drastisch einschränken. Das mußte als Entlastung wirken, denn man brauchte das böse Handeln nicht sich selbst zuschreiben, man konnte es auf eine ›böse Natur‹ abschieben. »Und damals war ich noch des Glaubens, nicht wir seien es, die da sündigten, sondern es sei ich weiß nicht welche andere Natur in uns, die sündige, und mein Hochmut freute es, außer der Schuld zu sein.«

Augustin überwand den Manichäismus nicht mit Hilfe des christlichen Glaubens, sondern indem er sich in das

Mysterium der menschlichen Freiheit vertiefte. Deshalb erschien ihm schließlich das manichäische Wegerklären der Freiheit als »Märchen«, ausgedacht zum Zweck der Entlastung. Augustin suchte nun nicht etwa selbstquälerisch die Belastung, aber er wollte sich auch nicht zufriedengeben mit einer Interpretation, für die der Abgrund der menschlichen Freiheit verdeckt bleibt. Sein Verlangen nach Intensität und Entgrenzung bejahte nicht nur die Lust des Leibes, sondern wollte auch die ganze ungeheure Geräumigkeit des menschlichen Geistes kennenlernen und ausmessen. Und dazu gehört eben auch die Freiheit. Als Jugendlicher, so erinnert sich Augustin, hatte er einen Birnbaum geplündert. An diesem Beispiel überprüft er, was der Manichäismus und die antike Philosophie über den Ursprung des Bösen vorbringen. Gegen den Manichäismus argumentiert Augustin mit dem Hinweis auf die vollkommene Freiwilligkeit und das Absichtsvolle des Handelns. Es ist Selbstbetrug, sich auf eine unpersönliche Macht des Bösen hinauszureden.

Gegen die antike Philosophie, wonach man auch in der bösen Handlung das für einen selbst Gute will, es aber nicht erkennt und sich deshalb vergreift – diese Interpretation bestreitet Augustin, indem er darauf beharrt, daß er damals die Birnen nicht etwa raubte, um sie zu genießen. Er wollte nicht eines Genusses wegen stehlen, sondern weil ihn der Gesetzesverstoß lockte. Er wollte das Böse, weil es das Böse war. »Ich stahl, weil die Gerechtigkeit mich ekelte und mich die Sünde reizte.«

Augustin wählt eine recht harmlose böse Handlung als Beispiel, er hätte sicherlich noch ganz andere Verstöße schildern können. Doch es kommt ihm auf die Struktur an, und diese läßt sich am gewählten Beispiel zureichend demonstrieren. Was er zeigen will und was seine Erfahrung widerspiegelt, ist diese Eigenart der menschlichen Freiheit, durch die eine Ordnung des Seins verwirrt werden kann.

Augustin vertieft sich in die Freiheit des Geistes und entdeckt dabei die Abgründe des Bösen. Offenbar kann man das Böse um seiner selbst willen wollen. Es ist aber dieselbe Freiheit, die an diese Abgründe führt und andererseits die ekstatischen Seelenaufschwünge möglich macht. Es geht seltsam zu im inneren Universum, dessen Erforschung sich Augustin zur Aufgabe macht. Er experimentiert mit dem Plotinismus. Es ist der Versuch, in der eigenen Seele das Göttliche zu erfahren, sich emportragen zu lassen durch das geistige Urprinzip, das die plotinsche Mystik »das Eine« nennt. Bei diesem »Aufgehen im Einen« ist der manichäische Dualismus und Materialismus zwar überwunden, und doch kann Augustin darin nicht sein Genügen finden. Er hat von sich selbst genug, er will über sich hinaus, doch beim plotinschen Seelenaufschwung begegnet er immer nur sich selbst. »Und wollte ich dort meine Seele niederlegen, daß sie Ruhe fände, so glitt sie ins Leere und fiel wiederum auf mich, und mir selbst war ich ein unseliger Ort, wo ich nicht sein und den ich doch nicht lassen konnte.«

Die Selbsterhebung führt ins Leere; außerdem baut man auf dem Treibsand der wechselnden Gefühle. Wie sollte man dort Halt finden? Hatte nicht Plotin selbst eingestanden, daß er nur zweimal für kurze Augenblicke ganz im »Einen« aufgegangen war? Wenn es wirklich Gott wäre, den sich die Seele bei ihrem Aufschwung einbildet, dann müßte das ja ein wandelbarer, augenblicklicher Gott sein. Aber Gott ist doch unwandelbar und ewig. So will es das Verlangen. Also kann es noch nicht Gott sein, den man in solchen ekstatischen Augenblicken erlebt.

Was verlangt man, wenn man Gott verlangt? Der Augustinermönch Luther, von Schuldgefühlen geplagt, verlangte einen gnädigen Gott. Augustin ist noch nicht von Schuldgefühlen geplagt, das kommt später, nachdem er seinen Gott gefunden hat. Einstweilen verlangt es ihn nach einem Gott des gesteigerten Lebens, der Fülle und der lebendigen Ruhe. Der Gottesbezug aber soll eine vollkommene und dauerhafte Wandlung des inneren Menschen mit sich bringen. Nicht nur ein lichterloher Augenblick, sondern ein neuer Zustand. Augustin ist auch in spirituellen Dingen unbescheiden genug, die ganz große Verwandlung zu wollen. Aber solches Geschehen muß doch auch den entscheidenden Augenblick durchqueren. Augustin nennt ihn den »spitzen Augenblick« der Bekehrung. Man muß seine Schilderung dieses Augenblicks wirklich verstanden haben, wenn man begreifen will, was Augustin mit seiner Behauptung meint, daß der Mensch böse wird, wenn er sich nach sich selbst richtet. Denn dieser Satz wird erst einleuchtend aus der Perspektive der Bekehrung, wenn man die Fülle des Seins, wofür der Name Gottes steht, erfahren hat und bemerkt, daß der eigensinnige Selbstbezug einen aus dieser Fülle herausfallen läßt und daß deshalb der Transzendenzverrat das Schlimmste ist, was sich der Mensch antun kann, eine Selbstberaubung, ein Absturz in den unendlichen Mangel an Sein.

Eines Tages bekommen Augustin und sein Freund Alipius Besuch von Pontitianus, einem hohen Offizier im Hofdienst. Dieser erzählt, wie er zum Christ geworden sei. Er war es durch die Erzählung eines anderen Freundes geworden, der in einem Kloster bei Trier eine Schrift des heiligen Antonius gelesen und einen frommen Mann getroffen hatte, der nach klösterlicher Regel ein asketisches Leben führte. Indem er diesen Menschen sah und diese Schrift las, spürte er das »Wehen eines neuen Lebens« und seine Seele »löste sich von dieser Welt«. Es war ihm sofort klar, daß ihm nun ein »Turm des Heiles aus gutem Steine« gebaut war. Dieser Freund des Pontitianus blieb im Kloster, »das Herz im Himmel«, und Pontitianus kehrte in den Palast zurück, das »Herz auf Erden schleppend«. Nach inneren Kämpfen hat sich dann auch Pontitianus zu Gott gewandt.

Soweit die Erzählung des Pontitianus. Er geht davon, Augustin bleibt zurück und merkt, wie auch ihn das »Wehen eines neuen Lebens« berührt hat. Die Kraft des Glaubens durcheilt die Reihe der Menschen, die sich erzählen, was ihnen begegnete. Der Freund erzählt es dem Freund, der es dem Freund erzählt. Die Gnade der Offenbarung wirkt durch Hörensagen. Nun ist es Augustin, der mit sich kämpft. Das gewandelte Leben – er sieht es vor sich, er weiß auch alles darüber, was man wissen kann. Man muß jetzt nur noch den Weg »gehen wollen«. Aber was ist der Wille? Die Seele gebietet dem Leib und er gehorcht. Aber wenn die Seele sich selbst gebietet, findet sie Widerstand. Sie ist sich selbst offenbar nicht zu Willen. Es muß etwas geschehen und es geschieht. Wieder ist es ein Augenblick des Weitersagens.

Augustin hält sich in seinem Garten auf. Die Erzählung des Pontitianus hat ihn berührt, er erkennt: Du mußt dein Leben ändern! Da hörte er eine Stimme vom Nachbarhaus herüber, singenden Tons, ein Knabe oder ein Mädchen. In dem Singsang vernimmt er die Worte: »Nimm, lies! Nimm, lies!« Diese Stimme bestimmt ihn. Er geht ins Haus zurück. Die Briefe des Apostels Paulus liegen auf dem Tisch. Er schlägt das Buch auf und die Stelle, auf die zuerst sein Auge fällt, lautet: »Nicht in Fressen und Saufen, nicht in Kammern und Unzucht, nicht in Zank und Streit, sondern ziehet den Herrn Jesum Christum an und pflegt das Fleisch nicht zur Erregung eurer Lüste.«

In diesem Augenblick dreht sich die innere und äußere Bühne seines Lebens. Er hat gefunden, was er suchte, und weiß im selben Augenblick, daß es das Gesuchte war, was ihn gefunden hat. Er gibt seinen Rhetorik-Lehrstuhl auf und begründet eine klösterliche Lebensgemeinschaft, zunächst in der Nähe von Mailand und später, nach Nordafrika zurückgekehrt, im heimatlichen Thagaste.

Nicht weil Augustin einem Elend, einer Zerknirschung

und Verzweiflung entkommen will, wendet er sich dem Gott der Heiligen Schrift zu. Es ist umgekehrt: Seine überströmende Liebe sucht jenes Gefäß, in das sie sich ergießen kann, und es kann nur ein Gott sein, weil nur Gott geräumig genug ist. Und je näher er dem Augenblick rückt, da diese Liebe endlich ausströmen und zugleich sich »erfüllen« kann, desto nachhaltiger empfindet er die »Armut« seines Wesens und er fühlt sich elend und verzweifelt.

Augustin hat in seiner späteren Theologie großen Wert auf die Feststellung gelegt, daß es nicht die Verfeindung mit dem Leben und seinen Genüssen ist, die zu Gott führt, sondern die grenzenlose Liebe zum Leben, die deshalb auch nach einem entgrenzten Leben sucht. Das findet die Seele nicht nur im Glauben an das ewige Leben am Ende der Zeiten. Entgrenzt ist das Leben schon jetzt, in dem Augenblick, da man sich Gott zugehörig fühlt.

Augustin illustriert die mystische Erfahrung des Glaubens am Beispiel eines Hirsches, der nach einer Quelle sucht. Unterwegs hat er mit Schlangen zu kämpfen. Sie versinnbildlichen die Bosheit, den Geiz, die Selbstsucht, den Stolz, die sinnlichen Begierden. Doch es hätte gar keinen Sinn, diese Schlangen zu bekämpfen, wenn es nicht eines höheren Gutes wegen geschehen würde. Das Verlangen soll nicht aufhören, es soll gesteigert werden. Bestimmte Arten des Verlangens werden bekämpft, um freien Raum zu schaffen für das größte Verlangen. Der Hirsch, wenn er die Schlangen getötet hat, wird nicht stehenbleiben »wie einer, der gar kein Verlangen mehr hat«. Er wird nun ungehindert zur Quelle eilen. Darum hatte er sich ja die Schlangen vom Halse geschafft.

Man tötet den Menschen, wenn man sein Verlangen tötet. Deshalb muß man, um den Menschen lebendiger zu machen, sein Verlangen steigern. Die Seele will sich über sich selbst hinausheben. Sie verlangt nach Gott. »Aber ist der Gott der Seele etwas von ihrer eigenen Art?« Augustin weist diese Frage zurück. Zwar wird Gott nur mit der Seele geliebt und begriffen. Aber er wird nicht so begriffen, wie die Seele sich selbst begreift. Gott ist nicht die Einbildung der Seele. Wären Gott und die Seele von gleicher Art, müßte auch von Gott gelten, was von der Seele gilt: »Sie wächst und nimmt ab, sie weiß und weiß doch nicht, sie erinnert sich und vergißt, bald will sie und bald will sie nicht. Eine solche Veränderung aber kann Gott nicht zukommen.«

Gott ist, modern gesprochen, weder Subjekt noch Objekt. Er ist nicht Subjekt, weil er nicht von der Art menschlicher Subjektivität ist und nicht vom Subjekt imaginiert wird. Er ist aber auch kein Objekt, weil er keine abgetrennte, für sich bestehende Wesenheit ist, sondern das Umgreifende, das Ein und Alles.

Er ist vielmehr Subjekt und Objekt zugleich. ›Subjektiv‹ an ihm ist seine Lebendigkeit, ›objektiv‹, daß er für die Seele zum Gegenüber wird. Gott ist in bezug auf den Menschen zugleich das Innerliche und das ganz Andere, das Vertraute und zugleich das vollkommen Fremde. Ich hebe diese Ambivalenz in der Gotteserfahrung hervor, weil sie maßgeblich ist für Augustins Begriff der kirchlichen Institution und für seine Unterscheidung zwischen Weltstaat und Gottesstaat, wovon gleich noch die Rede sein wird.

Die religiöse Erfahrung verwickelt in ein Problem, das bei Augustin besonders einprägsam formuliert und durchgearbeitet wird. Wer für Augenblicke wenigstens »in Gott« eingegangen ist, der erfährt eine Öffnung seines Wesens, die unvergeßliche Spuren hinterläßt. Jetzt erst bemerkt er, wie sehr er in sich verschlossen war. Er hat von der Fülle des Seins »gekostet« und nun kann er nicht umhin, seinen gewöhnlichen Zustand als einen unendlichen Mangel an Sein zu erfahren. Von jenem »spitzen Augenblick« der Gottesbegegnung aus entdeckt er eine Dimension des Bösen, die primär nichts mit Moral zu tun hat. Der Mensch, der nicht zu Gott hin geöffnet ist, unterbietet auf dramatische Weise sein eigenes Seinkönnen. Er begeht Transzendenzverrat. Um Verrat handelt es sich, weil die Öffnung zur Transzendenz zum Menschen gehört. Der Mensch ist ein Wesen, das über sich selbst hinausweist und hinausgeht. Augustins Satz, der Mensch dürfe sich nicht nach sich selbst richten, ist eine Warnung vor dem Selbstverrat, verstanden als Preisgabe der Möglichkeit zur Selbstüberschreitung. In religiöser Rede heißt das: Abfall von Gott. Der Religionsphilosoph Othmar Spann nennt es: »Ent-Ekstatisierung«.

Wie auch immer die Ausdrücke lauten mögen, gemeint ist eine Art Dummheit im metaphysischen Sinn. Der Mensch wird eindimensional, früher sagte man, er ist verstockt. Er gehört zu Gott und merkt es nicht mehr. Er gehört zum Sein und läßt sich nicht mehr von ihm erfüllen. Das Böse ist dieser Mangel an Sein. Daraus erst folgen Handlungsweisen, die dann auch im engeren moralischen Sinne als ›böse‹ gelten. Der Ursprung davon aber ist, wie schon gesagt, die Verweigerung und der Verlust der Gotteserfahrung. Und wie kann es zu solchem Abfallen von Gott kommen? Wie kann der Wille sich von Gott abwenden und eigenwillig, d. h. auf sich selbst gerichtet, zum ›bösen Willen‹ werden?

Die platonische Tradition würde die Antwort nahelegen: es sind die losgelassenen körperlichen Begierden, die Natur in uns, die solches verursacht. Aber das kann Augustin nicht akzeptieren. Denn ist nicht die Natur aus den Händen des Schöpfers hervorgegangen? Wie sollte aus dieser gottgeschaffenen Natur der böse Wille hervorgehen? Aber wenn er nicht aus der Natur hervorgeht, woher dann? Ist der böse Wille etwas, wovon nicht Gott, sondern der Mensch Ursache ist? Aber wie sollte das möglich sein, da doch Gott die Ursache von allem ist?

Die Lösung des Problems scheint für das Denken aussichtslos zu sein – vorausgesetzt, man hält an dem Schema von Ursache und Wirkung fest. Denn wenn man nach der wirkenden Ursache des bösen Willens fragt, kommt man unweigerlich wieder auf Gott zurück. Augustin überwindet die Schwierigkeit, indem er zwischen wirkender und versagender Ursache unterscheidet. Die versagende Ursache ist dasjenige, was eine Ursache in ihrer Wirkung beeinträchtigt. Sie bringt nichts hervor, sondern verhindert. Sie ist eine Art Medium, worin die wirkende Ursache abgeschwächt und gemindert wird oder schließlich ganz aufhört.

Augustin erläutert das am Beispiel der Finsternis. Sie hat keine eigene Ursache, sondern ist Abwesenheit der Wirkung des Lichts, die Grautöne sind Folge der Minderung der Wirkung. Wie die Finsternis, so hat auch das Böse kein eigenes Sein, sondern ist ein Mangel an Sein, ein Mangel an Licht, ein Mangel am Guten. Wie aber kommt solcher ›Mangel‹ in die Welt? Gott, dieser Inbegriff des schöpferischen Seins, hat die Welt aus dem Nichts geschaffen. Es muß einen Unterschied geben zwischen dem Schöpfer und dem Geschaffenen. Im Unterschied zu Gott bleibt im Geschaffenen eine Spur dieses Nichts zurück, aus dem es hervorgerufen wurde. Dieser Anteil von Nichtigkeit im Geschaffenen bedeutet, daß im Unterschied zu Gott nichts in der Natur ewige Dauer hat, sondern vergänglich ist. Und im Menschen bedeutet es darüber hinaus, daß er vermöge seiner Freiheit mit Bewußtsein, absichtsvoll und eigenwillig von Gott abfallen kann. Dieser Abfall ist darum böse, »weil er sich gegen die Ordnung der Natur vom höchsten Sein zum geringeren Sein abwendet«.

Die übrige Natur erfüllt trotz der ihr anhaftenden Nichtigkeit, also Vergänglichkeit, vollkommen ihr Wesen. Sie ist in Ordnung. Beim Menschen ist das anders. Da er Freiheit besitzt, also die Möglichkeit zum Eigenwillen, ist ihm die Ordnung nicht einfach vorgegeben, sondern aufgegeben. Der Eigenwille ist mächtig, aber – und das ist die entscheidende Erfahrung für Augustin – er ist nicht genügend zentriert. Der Mensch ist ein vielstrebiges Wesen, dem die Übereinstimmung mit sich selbst nicht gelingen kann. Er erreicht sie nur, wenn er sich von dem bestimmen läßt, worin er enthalten ist, ohne es doch selbst zu sein. Er muß, mit anderen Worten, seinen Eigenwillen in Übereinstimmung bringen mit Gottes Willen. Augustin nennt das den Gehorsam gegen Gott. Der Mensch kann den Gehorsam verweigern, dann aber gerät alles in Unordnung. Der Mensch, der Gott nicht gehorcht, kann auch sich selbst nicht mehr gehorchen. Erst in diesem Augenblick geraten Seele und Körper in ein verfeindetes Verhältnis. Das menschliche Wesen befindet sich in innerem Aufruhr, es tobt eine Art Bürgerkrieg. Der Mensch will nicht, was er kann; er kann nicht, was er will. Er erblickt etwas Schönes, doch kann er sich nicht daran erfreuen und es sein lassen. Er begehrt es und muß es sich einverleiben. Er liebt etwas und zerstört es, weil er es beherrschen will. Er ängstigt sich vor sich selbst. Er sucht den Mitmenschen und macht ihn sich zum Feind. Das selbstgeschaffene Werk belastet und erdrückt ihn. Er irrt in einer verkehrten Welt herum und der Horizont, auf den er zugeht, weicht zurück. Er findet die Ruhe nicht.

Der Abfall von Gott ist ›Sünde‹. Sünde ist nicht die einzelne moralische Verfehlung, sondern die Zerrüttung der menschlichen Natur infolge der Abwendung von Gott. Sie ist Mangel an Sein infolge eigenwilliger Selbstabschließung gegen Gott. Sünde ist die höhere Dummheit der Realitätstüchtigen. In der Sünde verrät und verspielt der Mensch sein transzendierendes Vermögen.

Das ist natürlich modern formuliert. Augustin hätte nicht von ›Transzendenz‹ gesprochen. Transzendenz ist die modern-philosophische und säkularisierte Bezeichnung jenes ›Ortes‹, auf den hin Leben und Denken des Menschen gerichtet sind und wo er heimisch werden kann.

Ein ›Ort‹, der etwas repräsentiert, das mehr und etwas anderes als das bloß ›Menschliche‹ ist. Transzendenz ist der abstrakte Ausdruck für jenes Etwas, wonach der Mensch sich richten soll, statt sich nach sich selbst zu richten. Die moderne Rede von Transzendenz aber läßt diesen Ort leer, wenngleich sie zugesteht, daß es den Akt des Überschreitens gibt. Bei Augustin ist dieser ›Ort‹ nicht leer. Das Bild Gottes, das in dem konkreten Offenbarungsgeschehen des Alten und Neuen Testaments Gestalt gewonnen hat, erfüllt diesen ›Ort‹. Deshalb ist für Augustin ›Sünde‹ nicht nur Transzendenzverrat – das wäre ein zu unbestimmter Ausdruck für das Gemeinte –, sondern Abwendung von diesem konkret offenbarten Gott. Deshalb auch ist das Böse nicht nur der unbestimmte Verlust einer Dimension, sondern die Verstocktheit gegen Gott, und ist die Sünde etwas anderes als eine moralische Verfehlung. Sünde führt in die Orientierungslosigkeit und daher auch zu moralischer Verfehlung. Im Kern aber ist Sünde die Sünde wider den heiligen Geist. Und bei dieser Sünde folgt die Strafe nicht auf dem Fuße, sondern diese Sünde selbst ist schon Strafe: eine dramatische Verarmung des menschlichen Wesens. Dabei aber wird das menschliche Wesen so definiert, daß es sich erst erfüllt, wenn es über sich hinausgeht.

Es ist etwas anderes, über eine Religion zu sprechen, statt aus ihr. Die ›Sünde wider den Heiligen Geist‹ scheint es nur für die religiöse Erfahrung zu geben. Aber das ist eine Täuschung. Die Religion formuliert hier die Erfahrung einer geistigen Selbstmarginalisierung, die auch dem säkularisierten Menschen nicht fremd ist.

Daß es diese ›Sünde wider den Heiligen Geist‹ auch noch in der Moderne gibt, darauf hat Albert Einstein hingewiesen, als er vor der Perversion der Wissenschaft warnte. Der Geist der Wissenschaft, so erklärt er, entspringt der Fähigkeit des Menschen, über seine Grenzen und seine selbstsüchtigen Interessen hinauszugehen, und das Ganze der

Natur, zu der er gehört, in den Blick zu nehmen. Die Wissenschaft versündigt sich gegen ihren Geist, wenn sie nur noch eigensüchtigen, materiellen Zwecken dient. »Ein menschliches Wesen«, schreibt Einstein, »ist ein Teil des Ganzen, das wir ›Universum‹ nennen, ein in Raum und Zeit begrenzter Teil. Es erfährt sich selbst, seine Gedanken und Gefühle als etwas von allen anderen Getrenntes – eine Art optische Täuschung seines Bewußtseins. Diese Täuschung ist für uns eine Art Gefängnis, das uns auf unser persönliches Verlangen und unsere Zuneigung für einige wenige uns nahestehende Personen beschränkt. Unsere Aufgabe muß es sein, uns aus diesem Gefängnis zu befreien.«

Für Einstein ist das ›Ganze‹ die Einheit von Natur und Geist, und jeder Versuch, den Geist aus der Natur zu vertreiben, sperrt das menschliche Bewußtsein in ein Gefängnis. Die Natur wird zum Ding und schließlich wird der Mensch auch sich selbst zum Ding, das sich manipulieren und als Mittel zu allen möglichen Zwecken gebrauchen und mißbrauchen läßt.

Augustin erklärte, der Mensch soll sich nicht nach sich selbst, sondern nach Gott richten. Einstein erklärt: der Mensch soll sich aus dem Gefängnis seiner Selbstbezogenheit befreien. Er kann es, denn er muß nur damit aufhören, seinem intuitiven Bewußtsein der Zugehörigkeit zum Ganzen zuwiderzuhandeln und es zu verraten. Das ist Einsteins Formulierung der Sünde wider den Heiligen Geist. Auch bei Einstein bedeutet diese Sünde zugleich die Strafe: Naturzerstörung, Menschenfeindschaft, Selbstverrat.

Wenn die moderne Zivilisation auch weiterhin den in sich selbst gefangenen Menschen begünstigt und zur Voraussetzung hat, wird sie, so Einsteins düstere Prognose, in der Selbstzerstörung enden müssen, und zwar deshalb, weil die geistige Verarmung des Menschen – der Transzendenzverrat – einhergeht mit einem ungeheuren Wachstum seiner technischen Fertigkeiten. Bei Einstein ist die Transzendenz die Idee des Ganzen, verstanden als Einheit von Natur und Geist.

Vor Einstein, aber viele Jahrhunderte nach Augustin, wurde ein hochspekulativer Versuch unternommen, die Sünde wider den Heiligen Geist, den Transzendenzverrat also, als Gottesgeschichte, als Naturdrama und als ein in seinem Ausgang noch offenes Drama des Menschengeschlechts zu beschreiben. Friedrich Wilhelm Joseph Schelling hat solches versucht, wobei das Böse zum zentralen Thema werden mußte: das Böse in Gott, in der Natur, im Menschen.

VIERTES KAPITEL

Schellings Geschichte des Transzendenzverrats. Das Böse in Gott und das kosmische Drama. Die Evolution des Bewußtseins. Der Mensch als Komplice des Nichts. Der Staat zwischen Anarchie und Ordnungsterror. Warum die Welt eine Offenbarung nötig hat. Dem Geist die Treue halten.

Schelling argumentiert in seiner Schrift ÜBER DAS WESEN DER MENSCHLICHEN FREIHEIT kosmo-theologisch: Der schöpferische Grund – die *natura naturans* als Bedingung der *natura naturata* – läßt die Welt entspringen und kann sie auch wieder in sich zurückziehen. In dieser retraktiven Bewegung wird der schöpferische Grund zum Abgrund. Eine uns inzwischen vertraute Vorstellung: am Anfang die unvorstellbare Materieverdichtung, der Urknall, die Explosion, das auseinanderfliegende Universum, dann die Umkehrung, das ins Zentrum zurückstürzende Universum. Der Grundrhythmus: Explosion – Implosion; Ausatmen – Einatmen.

Es handelt sich auch um den Gegensatz von Chaos und Ordnung. Da gibt es die Ordnung der Natur, wie wir sie erblicken und erkennen. Und indem wir sie erkennen, begreifen wir auch die Ordnung unseres Verstandes. Alles ist »Regel, Ordnung, Form«. Aber da gibt es auch noch die Ahnung des »Regellosen« am Grunde der Dinge. Das schöpferische Chaos, aus dem alles hervorging, und worin es vielleicht wieder eingeht. Dieses Chaotische nennt Schelling die »unbegreifliche Basis der Realität«.

Diese »Basis«, diesen »Rest«, der sich nicht im Verstand auflösen läßt, nennt Schelling auch den »Grund« der Existenz. Schelling verwendet den Ausdruck in einer doppelten Bedeutung, im Sinne von Ursprung und Substanz. Der unbegreifliche Rest findet sich in beiderlei Hinsicht: im Ursprung und in der Substanz. Dunkel bleibt, wie alles angefangen hat und was das eigentlich ist, das da angefangen hat. Diese beiden Rätselhaftigkeiten, die des ›Warum‹ und des ›Was‹, hängen miteinander zusammen und verdichten sich schließlich in der Frage nach Gott.

Für Schelling ist der Inbegriff des ganzen Seins Gott. Deshalb bezieht er die Frage nach dem Grund auch auf Gott. Nicht so, daß er nach unseren Erkenntnisgründen für Gott fragt, sondern nach dem Grund in Gott. Wenn Gott das Absolute ist, so kann er keinen Grund in etwas anderem haben. Und doch muß er einen Grund haben, in diesem doppelten Sinn von Ursprung und Substanz. Dieser Grund kann nichts anderes sein – als er selbst.

Aber nun kommt die kühne Wendung. Schelling sagt: Gott muß seinen Grund in sich selbst haben. Aber er hat seinen Grund in dem, »was in Gott selbst nicht Er Selbst ist«. Gott muß sich erst noch aus dem dunklen Grund, der er ist, entfalten zu dem Gott der Verklärung, der Helligkeit. Auch er durchläuft gewissermaßen eine Entwicklung vom Bewußtlosen zum Bewußten.

Diese Gedanken kann man als verstiegene metaphysische Spekulation abtun, wenn man nicht begreift, daß es sich hier um den Versuch handelt, den Naturprozeß als Prozeß der Evolution des Bewußtseins in der Natur zu verstehen. Bewußtsein ist bewußtes Sein. Das Sein hat im Menschen die Dimension der Selbstwahrnehmung erreicht. Die Bewußtwerdung der Natur und die »Personalisierung Gottes« sind für Schelling derselbe Vorgang. Auch für Gott gilt: »Das Dunkel geht vor ihm her, die Klarheit bricht erst aus der Nacht seines Wesens hervor.«

Der Abgrund Gottes ist der noch unfertige Gott, das dunkle, verschlossene Sein, das noch nicht zur Selbstdurchsichtigkeit vorgedrungen ist. Der Abgrund in Gott ist die Potenz. Die Potenz ist das Ermöglichende, aber sie bleibt zugleich eine Bedrohung. Sie kann, als Grund, das Seiende entspringen lassen, zur Ordnung gestalten – sie kann es aber auch in sich zurückschlingen: das Regellose, Chaotische kann, als Abgrund, wieder hervortreten.

Die Evolution der Natur ist mithin ein dramatischer Prozeß. Und dieses Drama muß im Menschen – dort also, wo die Natur sich zum höchsten Bewußtsein durchgerungen hat – ausgetragen werden. In ihm kann der negative Aspekt der Potenz – das Regellose, Chaotische – bewußt und zur freien Tat werden. Darum gibt es in der menschlichen Freiheit die Option des Nichts, der Vernichtung, das Chaos. Der Mensch ist eingelassen ins Sein, aber er kann das Verlangen verspüren, sich davon loszureißen, es zu zerstören. Und das ist das Böse. Vermöge seiner Freiheit kann der Mensch zum Komplicen des unfertigen Gottes werden. Der Abgrund in Gott und der Abgrund des Bösen in der menschlichen Freiheit sind miteinander verbunden. Der Mensch ist mit Gott verbunden, aber es gehört zu seiner schwierigen Erbschaft, auch mit dem nächtlichen Prinzip dieses Gottes, mit seiner chaotischen Unfertigkeit, verbunden zu bleiben.

Schellings metaphysische Spekulationen sind Erzählungen aus Begriffen. Das Unvordenkliche läßt sich offenbar nur narrativ bewältigen. So erzählt er die Geschichte, wie die Natur im Menschen die Augen aufschlägt und bemerkt, daß sie da ist; wie mit diesem Dasein des Bewußtseins die Natur eine Bühne bekommt, auf der sie erscheinen kann. Er erzählt uns auch von einem Gott auf der Suche nach sich selbst. Ein Gott, dessen Selbstwerden zugleich ein Wahrwerden der Natur ist, ein Aufgehen der Natur zu ihrer vollendeten Gestalt – so wie eine Blume ›aufgeht‹. Die Schöpfung also ist nicht an ihrem Anfang bereits gut, sie wird es erst. Und dabei gilt das Prinzip: »Ein Gutes, wenn es nicht ein überwundenes Böses in sich hat, ist kein reelles lebendiges Gutes.« Das kann auch nicht anders sein, denn diese Selbstwerdung Gottes und der Natur ist ein freier Prozeß, der das Böse als Überwundenes in sich enthalten muß, weil Freiheit stets die Option des Bösen einschließt.

Diese große Erzählung Schellings über die Selbstwerdung Gottes hat Schopenhauer, von dem noch die Rede sein wird, zu der bissigen Bemerkung veranlaßt, Schelling stehe offenbar mit Gott auf vertrautem Fuß, »da er uns sogar dessen Entstehung beschreibt; nur ist zu bedauern, daß er mit keinem Wort erwähnt, wie er denn zu dieser Bekanntschaft gekommen sei«.

Zu seiner Bekanntschaft mit Gott ist Schelling nicht anders gekommen wie Schopenhauer zu seiner Bekanntschaft mit dem Universalprinzip des Willens. Schelling ist – wie Schopenhauer – tief ins menschliche Freiheitsbewußtseins eingedrungen; dort hat er das Spiel von Grund und Abgrund erfahren. »Nur wer Freiheit gekostet hat«, schreibt Schelling, »kann das Verlangen empfinden, ihr alles analog zu machen, sie über das ganze Universum zu verbreiten.«

Schelling vertieft sich in das Drama der Freiheit, bei dem der »Eigenwille« und der »Universalwille« miteinander im Kampf liegen, und er entgrenzt diesen innermenschlichen Vorgang: er wird zum Schauplatz der Polarität des ganzen Weltprozesses.

Alles Leben bewegt sich für Schelling in einer Polarität. Zwei Grundprinzipien sind bestimmend.

Das erste Prinzip ist die Selbstheit. Jedes individuelle Wesen hat seinen inneren Schwerpunkt, sein Zentrum, seinen ›Egoismus‹. Ein Teil der Lebenskraft ist nach innen gebunden und wird gebraucht zur Selbsterhaltung. Das Lebendige hat das Bestreben, in sich und bei sich zu bleiben. Eine kontraktive Bewegung. Schelling reflektiert sie im Gottesbegriff. Gäbe es in Gott nur diesen Aspekt des Seins, so würde es keine Schöpfung gegeben haben. Kein Licht wäre nach außen gedrungen. Die ganze ungeheure Kraft bliebe in sich gesammelt. Gott wäre in sich verschlossen, heute würden wir sagen: er wäre ein ›schwarzes Loch‹ geblieben. Jedes individuelle Wesen folgt der inneren Tendenz, seine Gestalt und damit seine Abgrenzungen zu bewahren. Das ergibt die spezifische Verschlossenheit, das »Finstere, Dunkle« in jedem Wesen. Die unbelebte Materie ist noch ganz verschlossen, finster. Sie ist nichts anderes als der »bewußtlose Theil von Gott«. Diese verschlossene Dunkelheit der Materie manifestiert sich in der Schwere, Gravitation, Dichte, in den Kräften des Zusammenhaltens und Zurückhaltens. Aber gerade darum ist die Materie auch der haltgebende Grund, die Unterlage, das Gegengewicht zu allen Prozessen des Hervorbringens und Aus-sich-Herausgehens.

Damit ist das zweite Grundprinzip benannt: das Expansive. Das materielle Wesen geht aus sich heraus, überschreitet sich. Das sind die ersten Schritte der Selbsttranszendenz. Auf elementarer Stufe gibt es Kommunikation, einen Weltbezug, wenn auch noch unbewußt. Wo das Prinzip der Expansion geistig wird, nennt Schelling es »Liebe«. Doch man muß es sich auch ganz elementar vorstellen. Es handelt sich um die zentrifugalen Kräfte. Dieses Prinzip läßt auch das Bewußtsein als eine eröffnende Kraft entspringen. Offen für anderes und für sich selbst bemerkt das Bewußtsein, daß es in einer Welt ist, umgeben von einem Universum möglicher Bezüge und Handlungen. Bewußtsein ist immer über sich hinaus, es transzendiert sich, es überschreitet sein eigenes Sein und erschließt sich andere Räume und andere Zeiten. Es gibt das Hier und das Dort, die Gegenwart und Vergangenheit und Zukunft. Erst mit dem Bewußtsein findet das in Raum und Zeit erstreckte Sein die Bühne, auf der es erscheinen kann. Das Bewußtsein eröffnet die Spielzeit der Welt.

Schelling hat Schwierigkeiten, diese beiden Prinzipien des Lebens auf einen kurzen Begriff zu bringen. Ihm bieten sich an: das Bewußtlose und das Bewußte, das Reale und das Ideelle, Materie und Geist, die Selbstheit und die Liebe. Schließlich entscheidet er sich für den Begriff des Willens: »Wollen ist Ursein«. Darin enthalten bleibt die polare Spannung zwischen Eigenwille und Universalwille.

»Das Prinzip, sofern es aus dem Grunde stammt und dunkel ist, ist der Eigenwille der Kreatur.« Eigenwille ist der Wille, der auf sich selbst bezogen bleibt. Sein Weltbezug ist verschlingend, einverleibend, wohl auch zerstörend.

Der Begriff »Universalwille« ist mißverständlich. Er meint nicht einfach den ›göttlichen‹ Willen, der sich über allem erhebt und alles durchwirkt, sondern bezeichnet erstens das Hellwerden des Willens. Dem Willen geht ein Licht auf und er sieht sich selbst und seine Welt. Zweitens bezeichnet er den Vorgang, wie mit dem Hellwerden des ›blinden‹ Willens dieser Wille aufhört, nur sich selbst und das Seine zu wollen. Der Universalwille ist also eine Verwandlung des Willens. Er transzendiert sich. Schelling nennt den Universalwillen auch »Verstand«, begriffen als das geistige Vermögen zur Selbsttranszendenz.

Strenggenommen kann man von einem Eigenwillen erst sprechen, wenn sich der Universalwille, wie beim Menschen, bereits entfaltet hat. Die übrige Natur bleibt noch »im Seyn versunken«. Die beiden Prinzipen sind noch ungeschieden und nur potentiell vorhanden. Der Stein ist zwar verschlossen, aber man kann bei ihm nicht von einem Willen zur Verschlossenheit sprechen. Diesen verschließenden Eigenwillen gibt es erst, wenn ein einzelnes Wesen sich gegen die Zumutung seines entwickelten Gegensatzes, den Universalwillen, auflehnt – Schelling sagt: »erigiert«, wenn dieser Wille sich gegen das Ganze *will*. Erst im Menschen entwickelt sich dieser Eigenwille, erst in ihm entfaltet sich der Widerstreit der Prinzipien. »Im Menschen ist die ganze Macht des finstern Prinzips und in ebendemselben zugleich die ganze Kraft des Lichts. In ihm ist der tiefste Abgrund und der höchste Himmel, oder beide Zentren.«

Der Mensch ist zwischen Gott und die Tiere gesetzt. In den Tieren gibt es diesen Widerstreit noch nicht, in Gott gibt es ihn nicht mehr. In den anderen Lebewesen sind diese Prinzipien noch nicht entfaltet, und in Gott sind beide Prinzipien zwar vorhanden, aber unauflöslich miteinander verbunden. »Diejenige Einheit, die in Gott unzertrennlich ist, muß also im Menschen zertrennlich sein – und dies ist die Möglichkeit des Guten und des Bösen.« Gelingt es dem Menschen, den Widerstreit zu schlichten, überschreitet er sich in Richtung auf Gott. Gelingt es ihm nicht, fällt er noch unter die Tiere. Das ist seine prekäre Situation.

Den Widerstreit schlichten hieße, den Eigenwillen dem Universalwillen einzuverleiben, also Selbsttranszendenz, Selbsterleuchtung, Überwindung des Egoismus, Liebe. Das ist die positive, helle Auflösung des Widerstreites.

Er läßt sich aber auch negativ auflösen, und zwar so, daß die Rangfolge der Prinzipien verkehrt wird. Der Eigenwille unterwirft den Universalwillen. Die niedere Kraft herrscht über die höhere und bedient sich ihrer zu eigensüchtigen Zwecken. Der Egoismus kommandiert die Vernunft, die menschliche Fähigkeit der Selbsttranszendenz dient der bloßen Selbstbehauptung. Dafür lassen sich viele Beispiele finden.

Der Geist wird zur Ware, Religion zum Mittel des Machterwerbs, die Vernunft instrumentell. Der Geist hört auf, Selbstzweck im Sinne des gesteigerten Lebens zu sein und wird degradiert zum Mittel der »Erhaltung der äußeren Grundlagen des Lebens«.

Es ist eine Aufgabe der Freiheit, die Rangordnung der Prinzipien zu bewahren. Für Schelling ist der Mensch ein notorischer Verräter seines höheren Lebensprinzips. Aber er ist es nicht aufgrund eines Naturzwangs, sondern aus Freiheit. »Der Mensch ist auf jenen Gipfel gestellt, wo er die Selbstbewegungsquelle zum Guten und zum Bösen gleicherweise in sich hat: das Band der Prinzipien in ihm ist kein notwendiges, sondern ein freies. Er steht am Scheidepunkt; was er auch wähle, es wird seine Tat sein.«

Der Mensch wird zum Verräter am Universellen, weil ihn die »Angst des Lebens« aus dem eigenen Zentrum treibt. Das Zentrum aber ist der Geist der Liebe, jenes »verzehrende Feuer«, dessen wärmende Nähe er sucht und vor dem er zugleich zurückweicht, um nicht verbrannt zu werden. Der Mensch flüchtet in die Peripherie seines Wesens, er ist ein exzentrisches Wesen. Das Ausweichen vor dem Zentrum ist der Verrat am Geist.

Diese Perversion ist bei Schelling die über das bloß Moralische hinausgehende Grundstruktur des Bösen, und er bezeichnet damit jenen Skandal, den das christliche Denken die Sünde wider den Heiligen Geist nennt. Nur ist der »Heilige Geist«, gegen den sich der Mensch versündigt, sein eigenes geistiges Wesenszentrum. Der Mensch ist das metaphysische Tier, und wenn er versucht, sich das abzugewöhnen, verrät er seine geistige Natur.

Der späte Schelling mußte Mitte des 19. Jahrhunderts diesen Verrat des Geistes, diese Austreibung des Geistes auch aus dem Felde des Wissens noch selbst erleben. Er wird Zeuge des triumphalen Aufstiegs der naturalistischen und materialistischen Wissenschaften. Eine böse Geschichte.

Der junge Schelling gehörte selbst noch zu den Matadoren auf der Zauberbühne des Geistes, zu jenen inspirierten Reflexionsathleten, die in dem Augenblick, als die Realisten mit ihrem Tatsachensinn und bewaffnet mit der Formel ›nichts anderes als‹ in der Tür stehen, sich wie naive Kinder vorkommen mußten, die herumgetollt waren und alles durcheinandergeworfen hatten; und jetzt geht es ans Aufräumen, jetzt beginnt der Ernst des Lebens, dafür werden die Realisten schon sorgen. Dieser Realismus und Materialismus der zweiten Hälfte des 19. Jahrhunderts wird das Kunststück fertigbringen, klein vom Menschen zu denken und Großes mit ihm anzustellen, wenn wir denn die moderne wissenschaftliche Zivilisation ›groß‹ nennen wollen.

Damals begann das Projekt einer Moderne mit einer Gesinnung, der alles Überspannte und Phantastische zuwider war. Aber selbst die überspannteste Phantasie hätte sich nicht ausdenken können, welche Ungeheuerlichkeiten und wieviel Böses der Geist der positivistischen Ernüchterung noch hervorbringen würde.

Die Trockenlegung des deutschen Idealismus hatte um die Mitte des 19. Jahrhunderts ein Materialismus von robuster Gestalt besorgt. Breviere der Ernüchterung wurden damals plötzlich bestsellerfähig. Einer dieser Knochenmänner schrieb: »Es ist eben ein Beweis von ... Anmaßung und Eitelkeit, die erkennbare Welt durch Erfindung einer übersinnlichen verbessern und den Menschen durch Beilegung eines übersinnlichen Teiles zu einem über die Natur erhabenen Wesen machen zu wollen.« Notwendig sei die vielversprechende neue Bescheidenheit: »Begnüge dich mit der gegebenen Welt.« Aber was war einer solchen Sinnesart nicht alles ›gegeben‹! Die Welt des Werdens und des Seins – nichts anderes als das Gestöber von Molekülen und die Umwandlung von Energien. Fichtes ›Ich‹ und Hegels ›Geist‹ nichts anderes als Phantome! Der Geist eine Gehirnfunktion. Die Gedanken verhalten sich zum Gehirn wie die Galle zur Leber und der Urin zur Niere.

Der Siegeszug solcher Wissenschaft war durch kluge Einwände nicht aufzuhalten, vor allem deshalb nicht, weil ihm ein besonderes Metaphysicum beigemischt war: der Glaube an den Fortschritt. Wenn wir die Dinge und das Leben bis auf seine elementaren Bestandteile reduzieren, dann werden wir, so lehrt dieser Glaube, das Betriebsgeheimnis der Natur entdecken. Wenn wir herausbekommen, wie alles gemacht ist, sind wir imstande, es nachzumachen. Hier arbeitet ein Bewußtsein, das allem auf die Schliche kommen will, auch der Natur, die man – im Experiment – auf frischer Tat ertappen muß, und der man, wenn man weiß, wie sie läuft, zeigt, wo es langgeht.

Tatsächlich gehört zu den Voraussetzungen des ungeheuren Erfolges der Wissenschaften die spirituelle Enthaltsamkeit und die Neugier für Näherliegendes, für das Unsichtbare nicht jenseits, sondern in der Welt – die Neugier beispielsweise für die Zellen und die elektromagnetischen Wellen. Beide Male dringt die Forschung ins Unsichtbare ein und kommt zu sichtbaren Ergebnissen, zum Beispiel im Kampf gegen die mikrobischen Krankheitserreger oder in Gestalt der weltumspannenden Telegraphie. Manche Träume der Metaphysik – Souveränitätsgewinne gegenüber dem Körper, Überwindung von Zeit und Raum – sind technische Wirklichkeit geworden.

Wenn die Physik das Fliegen lernt, müssen dann die Überflieger der Metaphysik abstürzen und sich fortan auf platter Erde entwickeln? Das ist eine Alternative, die Schelling nicht akzeptiert. In der Einleitung zur PHILOSOPHIE DER OFFENBARUNG von 1842 erklärt er: »Nicht jene Wahrheiten (die metaphysischen), sondern das Bewußtseyn, in dem sie, wie man sagt, keine Stelle mehr finden, ist das Veraltete und soll einem erweiterten Bewußtseyn Platz machen.«

Schellings Programm gegen den Transzendenzverrat und für die Bewußtseinserweiterung bedeutet: zu erkennen, daß der Geist stets in Gefahr ist, sich in seinen Werken zu verlieren und sich mit dem zu verwechseln, was er gemacht hat. Der bewegliche Geist fesselt sich an den in seinen Schöpfungen fest gewordenen Teilen seiner selbst. Der Prometheus schmiedet sich selbst an den Felsen. Im

Zeitalter der künstlichen Intelligenz ist diese Gefahr besonders groß. Von Schelling her müßte man argumentieren, daß die Teile von Reflexivität und Intelligenz, die in die künstliche Intelligenz eingehen, gerade nicht die schöpferische Dimension des Geistes erschöpfen können. Was sich maschinell und automatisch darstellen läßt, sind die gleichsam automatischen und maschinellen Teile der Intelligenz. Das ganze Unternehmen, richtig verstanden, kann dazu dienen, ein tieferes Verständnis des Geistes zu gewinnen. Indem der Geist seine mechanischen, automatisierbaren Bestandteile aus sich heraussetzt, entdeckt er den eigenen schöpferischen Grund, also dasjenige, was nicht berechenbar oder digitalisierbar ist.

Schelling entwickelt das Problem der Selbstverdinglichung des Geistes am Verhältnis Gottes zu seiner Schöpfung. Gott hat die materielle Welt aus sich herausgesetzt und setzt dann eine Geschichte in Gang, in deren Verlauf er nicht in seinem Werk verschwindet, sondern es zu sich emporhebt und durchdringt. So müßte auch der Mensch mit seinen Werken und der darin steckenden Intelligenz umgehen. Er müßte sie als den verdinglichten und darum regelhaften Teil seiner Intelligenz begreifen, ohne seine geistige Identität damit zu verwechseln. Die Potenz des Geistes geht verloren, wenn man versucht, dem Selbstgemachten ähnlich zu werden. Aber diese Gefahr ist allzu groß. Das gilt für jeden Gedanken, der seine sprachliche Form gefunden hat, wieviel mehr muß es für ein Denken gelten, das eine materielle Darstellung in der ›Maschine‹ gefunden hat. Schelling: »So werden die Gedanken wohl von der Seele erzeugt; aber der erzeugte Gedanke ist eine unabhängige Macht, für sich fortwirkend, ja, in der menschlichen Seele so anwachsend, daß er seine eigene Mutter bezwingt und sich unterwirft.« In diesem Fall richtet der Mensch sich nicht nur nach sich selbst, schlimmer noch, er richtet sich nach dem verdinglichten Teil seines Selbst.

Schelling hat keine Einwände gegen den Triumph der empirischen Wissenschaften. Das Böse beginnt für ihn erst dort, wo das Bewußtsein sich trotz wachsender Kenntnisse verengt, wo das menschliche Transzendenz-Vermögen für die Immanenz aufgebraucht wird – wenn es schließlich nur noch darum geht, das Rad, worin der Hamster läuft, komfortabler auszustatten. Dies ist der eine Aspekt der bösen Geschichte, die mit dem Transzendenzverrat zusammenhängt.

Der andere Aspekt betrifft die politische Geschichte. Die Verkehrung der Prinzipien, also die Herrschaft des Eigenwillens über den Universalwillen, verhindert, daß das in unübersehbare Pluralität auseinandergetretene Menschengeschlecht zur Einheit zusammenfindet. Diese feindselige Zersplitterung in Egoismen veranlaßt die Suche nach einer sekundären Einheit, die lebbare Verhältnisse ermöglicht. Diese sekundäre Einheit – jenseits der verlorenen Natureinheit und diesseits der nicht erreichten Einheit in Gott – ist die Organisation des Staates. Der Staat ist eine »Folge des auf der Menschheit ruhenden Fluches«. Ohne Natureinheit und ohne Einheit in Gott, bleibt nur noch die künstliche, durch physische Gewaltmittel aufrechterhaltene Einheit des Staates. Diese prekäre Einheit verlangt nach geistigen Motiven. Der Geist, für die Aufgaben der staatlichen Zwangsgewalt zurechtgemacht, wird zur Ideologie. Setzt er sich aber über die Notwendigkeit staatlicher Zwangsgewalt einfach hinweg, dann löst sich der gesellschaftliche Zusammenhang in die Anarchie der verschiedenen konkurrierenden Eigenwillen auf.

Es ist das historische Schicksal der Staaten, zwischen der Skylla der Anarchie und der Charybdis des Ordnungsterrors hindurchlavieren zu müssen. Die Staaten bleiben fragile Einrichtungen. Sie helfen, den Menschen einzubürgern, und müssen zugleich jene Wesenskräfte an ihm schützen, die über jeden staatlichen Zusammenschluß hinausdrängen. Sie müssen mächtig sein und zugleich ihre Macht beschränken. Sie sind Organisationen des Überlebens, nicht aber des wahren Lebens. Wenn aber das Interesse des Überlebens das wahre Leben verschlingt, dann sinken die Staaten hinab in den Zustand der vollendeten Sündhaftigkeit. Der Verrat am Geist ist die Zerstörung der menschlichen Würde.

Insoweit handelt es sich um das Verhältnis zwischen den Einzelnen und dem Staat. Prekär ist die staatliche Einheit aber auch im Verhältnis zwischen den Staaten. In diesem Verhältnis sind es die Staaten, die zum Träger des Eigenwillens werden. Sie geraten in »Collision« miteinander, im schlimmen Fall herrscht Krieg zwischen ihnen. »So ist das Bild der ganz zum Physischen, ja sogar zum Kampf um ihre Existenz herabgesunkenen Menschheit vollendet.«

In Schellings Spätwerk spürt man das tiefe Erschrecken vor der Möglichkeit, daß der dunkle Eigenwille das Licht des universellen Bewußtseins, den Geist der Liebe also, überwältigen und damit die Evolution des Bewußtseins auf halbem Weg steckenbleiben könnte. Haben wir, so fragt Schelling, wirklich das Wesen der Natur verstanden? Nähern wir uns mit der wissenschaftlichen Kultur jenem Punkt, »in welchem die bis dahin blinde Natur zum Selbstbewußtseyn« gelangen könnte? Keinesfalls.

Eigentlich ist das keine neue Entdeckung für ihn. In seiner Freiheitsschrift ist ja häufig die Rede von den dunklen Abgründen. Aber man hat doch den Eindruck, daß ihm die ganze Tragweite der These von der möglichen Ohnmacht des Geistes erst in den späteren Jahren völlig aufgegangen ist. In seiner Spätphilosophie erklärt er lakonisch, »daß der wahre Grundstoff alles Lebens und Daseins eben das Schreckliche ist«. Auch mit dieser Bemerkung radikalisiert er lediglich eine frühere Intuition angesichts der Verschlossenheit der Natur. In der Freiheitsschrift spricht er von der allem Leben »anklebenden Traurigkeit«. Diese

»Traurigkeit« hat ihren Grund in der Verschlossenheit der Natur, der Geist ist darin noch nicht vollends zum Vorschein gekommen. Es ist, als wollte uns die Natur etwas sagen und brächte es doch nur zum Stammeln – zuletzt zum Verstummen. Es ist das Schweigen der Materie, deren Schwere das Entscheidende zurückhält. Da aber die Materie nichts anderes ist als der »bewußtlose Theil von Gott«, so entspringt der »Quell der Traurigkeit« in letzter Instanz aus Gott selbst, aus seinem dunklen Grund. So legt sich über die unerlöste Natur jener »Schleier der Schwermut, jene tiefe unzerstörliche Melancholie alles Lebens«.

Aus der Schwermut wird beim späten Schelling das Entsetzen und der Schrecken. Schellings späte PHILOSOPHIE DER OFFENBARUNG beginnt mit der Verzweiflung. Er sucht nach einem Ausweg. Dabei gewinnt er die Überzeugung, daß der in der Natur und im Menschengeist »werdende Gott« nicht das letzte Wort ist. Die Dunkelheit, dieser Mangel an Sein, wird auf diese Weise nicht vollkommen Licht. Es gibt keine Erlösung, deren menschliches Denken allein mächtig wäre. Vielmehr muß nach dem Unvordenklichen des Anfangs – daß da überhaupt etwas ist und nicht Nichts – etwas neues Unvordenkliches geschehen. Zunächst bedeutet das einfach, die Offenheit der Zeit wirklich ernst zu nehmen, sie nicht – wie etwa Hegel und die ganze idealistische Geschichtsphilosophie – zum Kreis des Gelingens zu krümmen, auch nicht zu jenem fatalen Kreis der ewigen Wiederkehr, wie das später von Nietzsche versucht wird. Weder die runde Vollkommenheit noch die runde Vergeblichkeit sind möglich – beidemal wird die offene Zeit verhüllt, so daß dem Menschen keine »wahre Zukunft« übrigbleibt. Das gilt auch für den linearen Fortschrittspfeil, in den das positivistische 19. und 20. Jahrhundert die Zeit verwandelt hat. Für Schelling verläuft die Zeit nicht in berechenbarer Kontinuität, sondern sie ist diskontinuierlich. Sie bewegt sich in Brüchen, die entstehen, wenn etwas in die Geschichte einbricht. So wendet sich Schelling schließlich von dem in Natur und Geschichte werdenden Gott jenem anderen Gott zu, der in die Geschichte mit manifesten Offenbarungen einbricht. Um die Offenbarungsereignisse herum haben sich die Weltreligionen kristallisiert. Beim späten Schelling wird aus der kontinuierlichen Geschichte des Werdens eine diskontinuierliche Geschichte der Epiphanien. Solche Epiphanien schlagen wie Blitze ins menschliche Bewußtsein ein. Schelling wird das Unternehmen seiner Spätzeit »positive Philosophie« nennen, womit er andeutet, daß die Philosophie eine spirituelle Vorgabe braucht, wenn sie etwas zustande bringen will. Es reicht nicht aus, nur aus den Begriffen zu schöpfen. Philosophie ist für den späten Schelling das Nachbeben einer Offenbarung.

Wo ist inzwischen das Böse geblieben? Es ist allgegenwärtig und zur Signatur des Weltzeitalters geworden. Von Schellings Spätphilosophie her gesehen ist das Böse der Zustand einer verkehrten Welt, die eine Offenbarung nötig hat. Der Ursprung dieser Verkehrung ist die Freiheit als die »Möglichkeit des Guten und des Bösen«. Offenbar überfordert sie den Menschen, der sich der Aufgabe nicht gewachsen gezeigt hat, in sich selbst die Natur aufzuhellen, den kreatürlichen Eigenwillen in den Universalwillen eingehen zu lassen, den »selbstischen Geist« in den Geist der Liebe zu verwandeln. »Die Thaten und Wirkungen dieser Freiheit im Großen«, sagt Schelling, »(bieten) ein so trostloses Schauspiel dar, daß ich an einem Zwecke, und demnach an einem wahren Grunde der Welt vollends verzweifle. Denn wenn jedes andere Wesen der Natur an seiner Stelle oder auf seiner Stufe das ist, was seyn soll, und demnach seinen Zweck erfüllt, so ist vielmehr der Mensch, weil er das, was er seyn soll, nur mit Bewußtseyn und Freiheit erreichen kann, solang' er, seines Zweckes unbewußt, von dieser ungeheuern, nie ruhenden Bewegung, die wir

Geschichte nennen, gegen ein Ziel fortgerissen wird, das er nicht kennt, wenigstens für sich selbst zwecklos, und da er der Zweck alles anderen seyn soll, so ist durch ihn auch alles andere wieder zwecklos geworden ... Es ist in allem Thun, in aller Mühe und Arbeit der Menschen selbst nichts als Eitelkeit: *alles* ist eitel, denn eitel ist alles, was eines wahrhaften Zwecks ermangelt. Weit entfernt also, daß der Mensch und sein Thun die Welt begreiflich mache, ist er selbst das Unbegreiflichste, und treibt mich unausbleiblich zu der Meinung von der Unseligkeit alles Seyns, einer Meinung, die in so vielen schmerzlichen Lauten aus alter und neuer Zeit sich kundgegeben. Gerade Er, der Mensch, treibt mich zur letzten verzweiflungsvollen Frage: warum ist überhaupt etwas? Warum ist nicht nichts? –«

Da es sich mit dem Abenteuer der menschlichen Freiheit so verhält, da diese Freiheit nicht zum Gelingen führt, wird eine freie Tat des unvordenklichen Gottes nötig. Die göttliche Freiheit, die sich im Offenbarungsgeschehen manifestiert, antwortet auf die mißlingende Freiheit des Menschen. Im Drama der Welt und in der Geschichte des Menschen muß Gott offenbar immer wieder die Initiative ergreifen.

Schelling wollte, anders als Augustin, daß der Mensch sich nach sich selbst richte. Erforderlich war allerdings ein tieferes Verständnis des ›Selbst‹. Hat man es erreicht, kann man hoch damit hinaus. Doch man entdeckt darin auch eine bedrohliche Finsternis, worin die Natur und schließlich sogar Gott versinkt. Deshalb mußte etwas geschehen. Wie aber sollte, wenn sogar Gott mit einem Teil seines Wesens zu dieser Finsternis gehört, der Mensch zum Licht kommen können? Auf sich alleine gestellt kann er es nicht. Was geschehen muß, kann nur aus der hellen Seite Gottes hervortreten. Der Geist der Liebe, der im Menschen wohl doch zu schwach ist, muß sich erneut offenbaren. Entweder ist die Schöpfung unfertig, oder sie ist mißlungen.

Mit seiner Philosophie der Offenbarung kehrt Schelling zu Augustin zurück. Es ist wahr: Der Mensch ist verloren, wenn er sich nur nach sich selbst richten könnte. Die PHILOSOPHIE DER OFFENBARUNG erteilt dem Glauben wieder das Wort. Aber es ist kein kindlicher Glaube, es ist ein Glaube nach der philosophischen Weltumseglung. Man mag dort wieder ankommen, von wo man aufgebrochen ist – doch man hat einiges erfahren, hinter sich, unter sich und über sich gebracht.

Man muß sich auf das universelle Böse gefaßt machen. Es ist fast ausdehnungsgleich mit der Welt. Es ist die unerklärbare Tiefe der Welt. Wenigstens aber sollte man seine »geistvolle Seele«, diesen »inneren Himmel« nicht verraten. Soviel immerhin vermag die Freiheit: sie hält einem besseren Selbst die Treue. Man muß das Versprechen halten, dessen unfertige Verkörperung man ist.

FÜNFTES KAPITEL

Schopenhauers blinder Wille als dunkles Herz der Welt. Der Dschungel der Natur und des Sozialen. Leben ohne Weltvertrauen. Das erlösende Mysterium der Verneinung des Willens. Ekstatische Augenblicke. Schopenhauers Antwort auf das Böse: sich die Welt abgewöhnen. Denken statt Handeln.

Schelling hatte erklärt: »Wollen ist Ursein«. Aber bei Schelling hat dieses »Wollen« als treibende Substanz alles Lebendigen die Tendenz, sich mit der Evolution des Bewußtseins zu »verklären« und zu »durchgeistigen«. Der Wille beginnt dunkel, aber er enthält die Potenz zum Hellwerden. Allerdings gibt es da noch das Drama der Freiheit und damit des Bösen. Das Böse ist: wenn die Ordnung des Willens verkehrt wird, wenn sich dort, wo das Licht des Universalwillens bereits aufgegangen ist – im menschlichen Bewußtsein –, der selbstsüchtige, dunkle Eigenwille über den Universalwillen erhebt, wenn die Intelligenz, das Licht der Vernunft, nur zu eigensüchtigen Zwecken verwendet wird.

Schopenhauers Grundprinzip des Lebens ist ebenfalls der Wille. Aber der Wille vollzieht keine Geschichte der Verklärung, keine Evolution zum Höheren. Das Universelle des Willens ist nicht sein Hellwerden, sondern die Dunkelheit und Sinnlosigkeit in ihrer Universalität. Deshalb gibt es für Schopenhauer auch keinen Gott, keine Tendenz zur Vergöttlichung. Das Böse ist auch nicht die Umkehrung der Prinzipien Eigenwille und Universalwille. Für Schopenhauer ist die Vernunft prinzipiell dem Willen untertan, sie ist nur eine seiner Funktionen. Der Wille, so sagt Schopenhauer, hat sich im Menschen ein Licht aufgesteckt, nicht um das Sein damit zu durchleuchten, sondern um die Objekte seiner Begierden besser ausspähen zu können. Allerdings kennt Schopenhauer auch noch eine andere Vernunft, die sich vom Willen löst in der Kunst oder der Askese. Es ist die übervernünftige Vernunft der Willensverneinung. Schelling hofft auf *Vollendung im Sein*, Schopenhauer auf *Erlösung vom Sein*.

Bei Schopenhauer ist in einem noch zu erläuternden Sinne das Böse universell geworden. Zwar steht das Sein als Wille eigentlich jenseits von Gut und Böse – es ist, was es ist. Doch wenn man schon den Gesichtspunkt der moralischen Bedeutsamkeit darauf anwendet, dann allerdings scheut sich Schopenhauer nicht, das Ganze als etwas »Böses« zu bezeichnen und zu verwerfen. Ihm sei es, so schreibt Schopenhauer im Rückblick auf die Erfahrungen seiner Jugend, ergangen wie Buddha: »In meinem 17ten Jahre, ohne alle gelehrte Schulbildung, wurde ich vom Jammer des Lebens so ergriffen, wie Buddha in seiner Jugend, als er Krankheit, Alter, Schmerz und Tod erblickte ... Mein Resultat war, daß diese Welt kein Werk eines allgütigen Wesens seyn könnte, wohl aber das eines Teufels, der Geschöpfe ins Daseyn gerufen, um am Anblick ihrer Qual sich zu weiden.« Der Teufel ist eine Metapher. Tatsächlich bemüht Schopenhauer keinen dämonischen Geist: der blinde Wille, die vollkommene Abwesenheit des Geistes im Kern der Dinge, reicht aus, um die Dunkelheit der Welt zu verstehen.

Schopenhauer setzt, wie zunächst auch Schelling, die von Leibniz zuerst so genannte *philosophia perennis* fort. Ihr gemeinsames Merkmal, von den Vorsokratikern bis zur Metaphysik des 20. Jahrhunderts, ist der Versuch, das Absolute, Eine, Ganze, wovon der Mensch ein Teil ist, zu begreifen. Es ist der Versuch, das Bewußtsein einer metaphysischen Einheit zu entwickeln – gegen die religiöse Alternative eines Bruches und einer unüberbrückbaren Kluft zwischen dem Menschen und Gott, dem Repräsentanten des Ganzen. Im Verständnis der *philosophia perennis* ist Gott nicht das ganz Andere, das dem Menschen gegenübersteht, sondern das Absolute, in dem der Mensch enthalten ist und das ihn durchdringt. Wir leben und weben und sind darin – und zwar nicht wie in der Religion durch den Glauben, sondern im Medium der Erkenntnis. Da die *philosophia perennis* das Absolute als integrierendes Ganzes versteht, ist es nicht ihr Ziel, erlöst zu werden, sondern jene Ganzheit zu entdecken und damit eine vertiefte Erfahrung der Zugehörigkeit zu gewinnen. Noch Albert Einstein bleibt in dieser Tradition, wenn er erklärt, daß die Trennung vom Ganzen lediglich eine »optische Täuschung« des individuellen Bewußtseins sei und daß die Aufgabe der Erkenntnis darin bestünde, uns aus diesem »Gefängnis« der Selbsttäuschung herauszuführen.

Die Entdeckung der großen Einheit vergewissert sich der guten Gründe. Das ist auch noch bei Einstein so, der die Einheitserfahrung als Eröffnung der »höchsten Wahrheit und strahlendsten Schönheit« bezeichnet.

Auch Schopenhauer will sich des Ganzen vergewissern, aber ein Wohlwollen stellt sich nicht ein. Das Ganze, das er entdeckt, ist das Unheimliche und Heillose. Ihm ist, noch anders als Schelling, der Grund zum Abgrund geworden. Das Wesen der Welt ist der Wille, und der Wille ist das Herz der Finsternis. Schopenhauers Denken führt bis zu jenem Punkt, wo traditionellerweise mit der Frage: Was verbirgt sich hinter der erscheinenden Welt? der Übergang zu irgendeiner Art Transzendenz erfolgte. Auch Schopenhauer stellt diese Frage. Er schlägt dieselbe Bühne auf, auf der sonst nur Gott, das Absolute, der Geist ihre Auftritte haben. Doch statt dieser erlauchten Gestalten der Sinngebung tritt der »Wille« aus den Kulissen wie die Erscheinung eines schwarzen Loches, das alles Licht zurückhält.

Arthur Schopenhauer geht von Kant aus, wie auch Schelling, Fichte und Hegel. Aber anders als jene will er Kant nicht in Richtung auf eine erneuerte subjektive Selbstgewißheit der absoluten Vernunft überwinden. Er hält an Kants Analyse der Begrenztheit unserer Erkenntnis fest. Die Unerkennbarkeit der Welt, wie sie ›an sich‹ ist, bleibt für ihn deshalb, so wie auch für Kant, ein unumstößlicher Grundsatz. Die Gesamtheit unseres wahrnehmenden und erkennenden Vermögens nennt er »Vorstellung« und kann deshalb sagen: die Welt ist unsere Vorstellung. Schopenhauers Verwendung des Begriffs ›Vorstellung‹ unterscheidet sich von der herkömmlichen. Üblicherweise besagt ›vorstellen‹: sich einbilden, vor das geistige Auge stellen. Wenn wir etwas mit unseren wirklichen Augen sehen, dann würden wir das nicht ›vorstellen‹ nennen. Aber genau dieses: etwas mit eigenen Augen sehen, mit der eigenen Hand spüren, mit der eigenen Nase riechen – das sind für Schopenhauer bereits Akte des Vorstellens.

Wenn alles Wahrnehmen und Erkennen in diesem Sinne ›Vorstellen‹ ist, bleibt man dann nicht rettungslos in einem Traum versunken? Schopenhauer antwortet darauf mit ›Ja‹ und ›Nein‹. Er antwortet, wie auch Kant, mit ›Nein‹, indem er darauf hinweist, daß wir unsere Vorstellungen ständig einer alltäglichen Erfolgskontrolle unterwerfen, wodurch sie an die Wirklichkeit angepaßt werden, ohne daß wir deswegen schon wissen können, was die Wirklichkeit eigentlich sei. Mit unseren Vorstellungen kommen wir praktisch ganz gut zurecht. Die Evolutionsbiologen würden sagen: unser Weltbildapparat ist an unsere Lebenswelt angepaßt, er muß immerhin so funktionstüchtig sein, daß er uns zum Überleben verhilft. Wenn ein Hund mit einem langen Stock im Maul durch eine Tür kommen will, wird er den Kopf so lange drehen und wenden, bis es ihm gelingt. Wie der Hund durch die Tür, so kommt der Mensch durch die Pforte der Wahrheit, die dann aber nicht mehr ist, was sie einmal war: sie hat ihr ehrwürdiges Pathos verloren. Das Examen rigorosum der Metaphysik wird durch ein Praktikum vor Ort ersetzt.

Einerseits in unsere Vorstellungen eingesponnen, bleiben wir also doch nicht versunken in einem Traum. Andererseits, so Schopenhauer, bleiben wir doch Träumer. Die Rückseite unserer Vorstellungen bleibt uns verborgen. Munter bewegen wir uns im Universum der Vorstellungen und werden doch das Gefühl nicht los, daß wir ständig unser Aufwachen hinauszögern. Aufwachen würde bedeuten: endlich inne zu werden, was die Welt ist, außer daß sie meine Vorstellung ist.

Aber – und das ist Schopenhauers geniale Wendung – uns steht noch ein anderer Weg offen, das Wesen der Welt zu erschließen: »Man ging nach Außen in alle Richtungen, statt in sich zu gehen, wo jedes Rätsel zu lösen ist.«

Wie durch Verrat werden wir unversehens ins Innere der Festung versetzt, die wir von außen, ausgehend von den Erscheinungen, also unseren Vorstellungen, nicht erstürmen können.

Dieses ›von Innen‹ ist etwas so Naheliegendes, daß es gerade deshalb von der Philosophie so wenig bedacht wurde. Die Denkwege der Philosophie, die in die Welt hinausführen, beginnen in der Regel beim Intelligibelsten, was sich denken läßt, sei es Gott, die Mathematik oder das denkende Ich. Philosophie beginnt bei sich selbst, ehe sie, auf der Suche nach dem Wesen der Welt, den Tigersprung wagt in das, was nicht sie selbst ist. Anders Schopenhauer: Er beginnt mit dem Erleben der eigenen Leiblichkeit. Nicht das denkende, sondern das körperliche Ich besitzt bei ihm die Schlüsselgewalt für das innere Geheimnis der Welt. Der Mensch kann seinen eigenen Körper natürlich auch von außen wahrnehmen, als Vorstellung – aber da gibt es eben noch den anderen Zugang: ›von Innen‹. Er spürt ihn als »jenes Jedem unmittelbar Bekannte, welches das Wort

Wille bezeichnet«. Von der Welt draußen, sogar von mir selbst, *habe* ich Vorstellungen, in mir selbst aber *bin* ich Wille: Schmerz, Begehren, Lust – Modifikationen des Seins am eigenen Leibe. Jedes Individuum ist der Schauplatz, wo sich das Subjekt der Vorstellung und das Subjekt des Wollens vereinigen: Bewußtsein und Sein. Und dann zieht Schopenhauer einen außerordentlich kühnen Analogieschluß: Außer der Welt der Vorstellung und dem am eigenen Leibe erfahrenen Willen ist uns nichts bekannt. Soll also – wovon wir natürlich ausgehen müssen – die Körperwelt mehr sein als unsere bloße Vorstellung, so kommen wir nicht umhin, ihr »an sich und ihrem innersten Wesen nach« zuzusprechen, »was wir in uns selbst unmittelbar als Wille finden«. Auf die Frage, was die Welt sei, abgesehen davon, daß sie meine Vorstellung ist, gibt Schopenhauer also die Antwort: sie ist Wille. Deshalb der seine ganze Philosophie prägnant zusammenfassende Titel des Hauptwerkes: DIE WELT ALS WILLE UND VORSTELLUNG.

Aber ebenso wie Schopenhauer den Begriff der Vorstellung neu faßt, so gibt er auch dem Begriff ›Wille‹ eine veränderte Bedeutung. Der Willensbegriff der philosophischen Tradition, aber auch der umgangssprachliche Gebrauch des Terminus, verbinden ›Wille‹ mit ›Absicht‹, ›Zweck‹, ›Ziel‹. Ich will etwas. Dieses ›Etwas‹ habe ich mir vorgestellt, ausgedacht, gesehen. In solchem Verständnis ist der Wille intellektualisiert. Er ist der Treibsatz, den wir zünden, nachdem der Verstand die Pläne gemacht hat. So aber versteht Schopenhauer ›Wille‹ gerade nicht. Er ist eine primäre, eine vitale Strebung und Bewegung, die sich im Grenzfall auch noch ihrer selbst bewußt werden kann und dann erst das Bewußtsein eines Zieles, einer Absicht, eines Zweckes gewinnt. Ein fallender Stein, wenn er sich seiner bewußt wäre, würde das, was ihn fallen läßt, die Gravitation, seinen ›Willen‹ nennen müssen. Ebenso auch wir:

Was an uns und mit uns der Fall ist, ist nichts anderes als der Wille.

Dieser Wille ist also nichts Intelligibles. Der Seinsgrund ist nicht von der Art eines Logos. Eine der eindrucksvollsten Passagen im Werk Schopenhauers, worin diese Dunkelheit des Grundes ins helle Licht gesetzt wird, lautet: »Die *Dunkelheit* welche über unser Daseyn verbreitet ist, ... muß man sich nicht daraus zu erklären suchen, daß wir von irgendeinem ursprünglichen Licht abgeschnitten wären, oder unser Gesichtskreis durch irgendein äußeres Hinderniß beschränkt wäre, oder die Kraft unsers Geistes der Größe des Objekts nicht angemessen wäre; durch welche Erklärung alle jene Dunkelheit nur *relativ* wäre, nur in Beziehung auf uns und *unsere* Erkenntnißweise vorhanden. Nein, sie ist absolut und ursprünglich: sie ist daraus erklärlich daß das innre und ursprüngliche Wesen der Welt nicht *Erkenntniß* ist, sondern allein *Wille*, ein Erkenntnißloses. Die Erkenntniß überhaupt ist sekundären Ursprungs, ist ein Accidentelles und Äußeres: darum ist nicht jene Finsterniß ein zufällig beschatteter Fleck mitten in der Region des Lichtes; sondern die Erkenntniß ist ein Licht mitten in der grenzenlosen ursprünglichen Finsterniß, in welche sie sich verliert.«

Daß es den Willen gibt, noch ehe sich ein Himmel von Zwecken auftut – das allein schon macht jene Dunkelheit aus, die sich dann über die ganzen Weltverhältnisse ausbreitet. Daß der Weltgrund ein Abgrund ist – das spüren wir schon an uns selbst. Denn dieser am eigenen Leib erlebte Wille ist, so Schopenhauer, ein ruheloses, begehrendes Treiben. Er ist blind, ohne Ziel und Sinn, und nicht zu sättigen. Das Universum des Willens ist folglich auch kein harmonischer Kosmos. Vor der Natur des Willens müßte es uns eigentlich »grausen«, sagt Schopenhauer. Da gibt es kein bergendes Reich der Mütter. Wir können nicht mit einer Erde befreundet sein, die es gar nicht auf uns abgesehen hat, die mit unserem Tod allenfalls das Leben der Gattung erhält. Die Natur – kein Ort der Besänftigung, sondern des Aufruhrs. Wir finden uns vor in ihrem dschungelhaften Kampfgetümmel. Man überläßt am besten Schopenhauer selbst das Wort bei der Schilderung dieses Universums der dunklen Verfeindung: »So sehn wir in der Natur überall Streit, Kampf, Wechsel des Sieges ... Die deutlichste Sichtbarkeit erreicht dieser allgemeine Kampf in der Tierwelt, welche die Pflanzenwelt zu ihrer Nahrung hat, und in welcher selbst wieder jedes Tier die Beute eines anderen wird, ... indem jedes Tier sein Dasein nur durch die beständige Aufhebung eines fremden erhalten kann; so daß der Wille zum Leben durchgängig an sich selber zehrt und in verschiedenen Gestalten seine eigene Nahrung ist, bis zuletzt das Menschengeschlecht, weil es alle anderen überwältigt, die Natur für ein Fabrikat zu seinem Gebrauch ansieht, dasselbe Geschlecht jedoch auch ... in sich selbst jenen Kampf, jene Selbstentzweiung zur furchtbarsten Deutlichkeit offenbart und ›homo homini lupus‹ (der Mensch dem Menschen ein Wolf) wird.«

Die bis heute mächtigen Lösungsperspektiven der allgemeinen Versöhnung – sei es durch das ›Zurück zur Natur‹ oder durch eine verbesserte Vernunft – weist Schopenhauer zurück. Weder die Übereinstimmung mit der Natur, noch die Vernunft werden den Weg des Fortschritts bahnen. Aber auch die moderne Vernunftkritik, die für den katastrophischen Zustand der Zivilisation die Vernunft verantwortlich macht, kann sich nicht auf Schopenhauer berufen. Eine Dialektik der Aufklärung – ein Umschlagen der aufklärenden Vernunft in erneuerte Gewalt – erkennt zwar auch Schopenhauer an; doch er sieht Gewalt und Zerstörung nicht aus der Vernunft selbst hervorkommen, sondern allein aus dem Willen, der die Vernunft instrumentell in Regie nimmt. Dem ehemaligen Kaufmannslehrling gilt die Vernunft als Ladenschwengel: Wie dieser läuft sie überall hin, wohin der Prinzipal Wille sie schickt. Einer zerstörerischen grausamen Wirklichkeit kommt man nicht bei mit einer Kritik der Vernunft, sondern allenfalls mit einer Abspannung des Willens, in der Kontemplation, in der Kunst, in der Philosophie und schließlich in der Askese der Verneinung des Willens zum Leben.

Auf diese Fluchtperspektive des Schopenhauerschen Denkens – seine Art der Mystik – werde ich sogleich eingehen. Zunächst noch ein Wort zu seiner Metaphysik. Wie alle Metaphysiker bisher hält er doch an dem Einheitsgedanken fest, wonach die Vielgestaltigkeit der Welt auf einen Einheitspunkt zurückführbar gedacht wird. Unter dieser metaphysischen Suggestion verwandelt sich die Pluralität der Erscheinungen in den Monismus des Wesens. Schopenhauer selbst gebraucht dafür die Metapher der Kugel: Alle Erscheinungen der Welt haben ihren Platz auf der Kugeloberfläche und dort finden sich die vielfältigen Relationen und Strukturen. Aber von jedem Punkt dieser Oberfläche aus läßt sich eine Linie ziehen, die auf das gemeinsame Zentrum trifft. Indem man eine Kugel nach allen Seiten wendet, wird man niemals in ihr Zentrum gelangen. Die metaphysische Suggestion eines gemeinsamen Zentrums läßt Schopenhauer von dem einheitlichen Weltwillen sprechen, der dann auf der Bühne des Lebens in verschiedenen Masken, in sich zerrissen und mit sich entzweit, seinen schauerlichen Auftritt hat.

Schopenhauers Rückgriff auf den Weltwillen ist dem metaphysischen Monismus geschuldet. Es wäre durchaus ein metaphysisches Denken der Pluralität, des Individualismus am Grunde des Seins, möglich – das ansatzweise ja auch von Leibniz mit der Monadenlehre entwickelt worden ist. Doch Schopenhauer bleibt im Banne einer mächtigen Tradition, die den Plural in den großen Singular auflöst, als könnte die Seele erst dort Ruhe finden, wie sie einmal Ruhe fand in Gott.

Aber der Einheitspunkt Schopenhauers, der Weltwille, ist eben kein solcher Ruhepunkt mehr, sondern das Herz der Unruhe, ein Absolutes als Erregungszentrum. Das ist die abgründige Ironie, in die sich der Einheitswille bei Schopenhauer verstrickt. Wenn der Wille zur Wahrheit ans Ziel gelangt, bemerkt er, daß er sich wohl doch etwas anderes versprochen hat. Mit trockenem Pathos erledigt Schopenhauer die ganze verwickelte Tradition der Theodizee, bei der es um die Rechtfertigung Gottes durch die Rechtfertigung der Welt ging. »Nun ist diese Welt so eingerichtet, wie sie sein muß, um mit genauer Not bestehn zu können: wäre sie aber noch ein wenig schlechter, so könnte sie schon nicht mehr bestehn. Folglich ist eine schlechtere, da sie nicht bestehn könnte, gar nicht möglich, sie selbst also unter den möglichen die schlechteste.«

Schopenhauer fordert von einem illusionslosen Bewußtsein, es solle lernen, ohne Weltvertrauen zu leben. Man ist allein und es gibt kein höheres Wesen, das mit uns irgend etwas im Sinne hätte. Wir sind nicht gemeint. Aus Schopenhauers Perspektive empfiehlt es sich, der Welt den Kredit zu entziehen. Und doch ist und bleibt die Affirmation, die elementare Selbstbejahung des Lebens übermächtig (übrigens auch bei Schopenhauer). Das ist eben die dunkle Macht des Willens, des »Eigenwillens«, würde Schelling sagen.

Der Wille zum Leben verkörpert sich im einzelnen Individuum, das sich als unverwechselbar einmalig empfindet. Ein Individuum ist ein mysteriöser Schnittpunkt. Das Subjekt des Wollens und das Subjekt der Erkenntnis treffen an einem einzigen Punkt zusammen: im Individuum. Es gibt so viele Einmaligkeiten, wie es Individuen gibt. Das Individuum ist der Schauplatz eines doppelten Wunders: ein Wille, der sich weiß – und ein Wissen, das will. Es gibt also Grund genug, daß ein Individuum sich behaupten und abgrenzen möchte – obwohl es doch Fleisch vom Fleische und Geist vom Geiste ist. Die Selbstbejahung des Willens bewaffnet sich in der Regel mit einem großen Nein gegen die anderen Verkörperungen des Willens. In grandiosen Bildern führt Schopenhauer dieses Theater der Selbstbehauptung vor Augen. »Denn wie auf dem tosenden Meere, das, nach allen Seiten unbegrenzt, heulende Wasserberge hebt und senkt, auf einem Kahn ein Schiffer sitzt, dem schwachen Fahrzeug vertrauend; so sitzt mitten in einer Welt voll Qualen, ruhig der einzelne Mensch, gestützt und vertrauend auf das principium individuationis ... Die unbegrenzte Welt, voll Leiden überall, in unendlicher Vergangenheit, in unendlicher Zukunft, ist ihm fremd ... Seine verschwindende Person, seine ausdehnungslose Gegenwart, sein augenblickliches Behagen, dies alles hat Wirklichkeit für ihn ... Bis dahin lebt bloß in der innersten Tiefe seines Bewußtseins die ganz dunkle Ahndung, daß ihm jenes alles doch wohl eigentlich so fremd nicht ist, sondern einen Zusammenhang mit ihm hat, vor welchem das principium individuationis ihn nicht schützen kann: Aus dieser Ahndung stammt jenes so unvertilgbare und allen Menschen ... gemeinsame *Grausen*, das sie plötzlich ergreift, wenn sie, durch irgend einen Zufall, irre werden am *principio individuationis.*«

Aber das »Grausen« darüber, daß es mit dem Individuum doch nicht so weit her ist, schlägt in der Regel um in hysterische Selbstbejahung – in Egoismus, der seine Selbstbejahung bis zur Bösartigkeit und Grausamkeit gegen andere ›Egos‹ steigert. Schopenhauer schildert eine Welt der mit sich verfeindeten Egoismen. Vor diesem Hintergrund entwickelt er dann auch seine an Hobbes angelehnte Staatstheorie: der Staat hängt den »Raubtieren« einen »Maulkorb« um, so werden sie zwar moralisch nicht besser, aber »unschädlich wie ein grasfressendes Tier«. Ausdrücklich widerspricht Schopenhauer allen in der Nachfolge Kants entwickelten Theorien, die vom Staat eine Verbesserung,

Versittlichung des Menschen erwarten (Fichte, Schiller, Hegel) oder, in romantischer Gesinnung, im Staat eine Art höheren Menschenorganismus sehen (Novalis, Schleiermacher, Bader). Der Staat ist für Schopenhauer genau die von den Romantikern gestern und heute perhorreszierte ›soziale Maschine‹, die im besten Fall die Egoismen bändigt und mit dem kollektiven Egoismus des Überlebensinteresses verknüpft. Schopenhauer wünscht sich für diesen Zweck einen mit starken Machtmitteln ausgestatteten Staat, aber er soll eine Macht des Äußeren bleiben. In der Gesinnung und Denkweise seiner Bürger hat er nichts zu suchen und anzuordnen. Ein starker Staat, aber ein abgemagerter Politikbegriff. Schopenhauer warnt vor einem Staat, der Sinn stiften will; vor einem Staat mit Seele, der dann womöglich nach der Seele seiner Bürger greift.

Wenn es auch so ist, daß jedermann sich in seiner Individualität verbarrikadiert wie in einer Festung, so gibt es doch auch Erfahrungen, die uns unsere Zugehörigkeit zu dem Ganzen anzeigen. Für Schopenhauer gibt es eine Art metaphysische Solidargemeinschaft, nicht als sittliche Norm, sondern als Erfahrung, nicht als Sollen, sondern als Sein. Es gibt Handlungen, die gegen die Triebkräfte des Egoismus geschehen. Wir nennen sie ›moralisch‹. Kommen sie wirklich durch kategorische Imperative zustande, fragt Schopenhauer und antwortet mit ›Nein‹. Es muß in uns Regungen geben, die solches Handeln fundieren. Forderungen genügen nicht. Wir müssen aufmerksam auf unsere Erfahrung sein, um die Grundlagen der Moral entdecken zu können. Sie liegen in den Regungen des *Mitleids*. Im Mitleid ist, für Augenblicke jedenfalls, die wehrhafte Festung unseres Egoismus geschleift. Schopenhauer interpretiert das Mitleid als die gelegentlich durchschlagende Erfahrung, daß alles außerhalb meiner ebenso Wille ist, wie ich selbst, und alles Schmerzen und Qual ebenso leidet wie ich selbst. Wer Mitleid empfindet, dem ist »der

Schleier der Maja durchsichtig geworden, und die Täuschung des principii individuationis hat ihn verlassen«.

Mitleid ist eine individuelle Selbsterfahrung des Willens ohne individuelle Selbstbehauptung des Willens. Mitleid ist die Fähigkeit, in bestimmten Augenblicken die Intensität eigenleiblicher Willenserfahrung über die eigene Körpergrenze auszudehnen. Der Wille ist nicht mehr nur auf den eigenen Körper konzentriert, sondern ist gleichsam durchlässig geworden und spürt im Fremden das Eigene. ›Tat twam asi‹ (Das alles bist du) – so lautet die altindische Formel für diese Erfahrung. Mitleid läßt sich nicht predigen. Man muß es schon empfinden. Aber weil es uns in Anspruch nimmt, kann man sich dagegen verschließen und abstumpfen. Und so kommt etwas Forderndes doch hinzu. Man muß nämlich, um Mitleid zu empfinden, das Verhindern verhindern. Zum Mitleid braucht man sich nicht überreden, man muß es nur zulassen. Trotzdem: Mitleid ist ein Geschehen, nicht in der Sphäre der (moralischen) Vernunft, sondern in der des Willens: Wille, der die Schmerzen des Anderen spürt und für Augenblicke wenigstens davon abläßt, sich selbst nur in seiner individuellen Begrenztheit zu wollen. Im Mitleid erfährt man den Schmerz und die Schuld der Individuation; die Schuld, derjenige zu sein, der man ist, und durch seine bloße Existenz ein Agens zu sein in der vom Streit zerrissenen Welt des Willens. Da diese Erfahrung schmerzhaft ist, wird Mitleiden immer auch verbunden sein mit dem Leiden an sich selbst. Aus Mitleid können wir etwas tun, was die Vernunft der Selbsterhaltung durchaus verbietet. Aus dem Schopenhauerschen Mitleid resultiert kein Glaube an eine geschichtliche Überwindung des Leidens. Diejenigen, die zu wissen vorgeben, wie man das Ganze kurieren kann, kritisieren allzuoft das Mitleid als uneffektive Sentimentalität gegenüber einzelnen Symptomen des allgemeinen Leidens. Auf solche Kritik hat Max Horkheimer, mit eigenen Ambitionen abrechnend und die Schopenhauersche Mitleidsphilosophie verteidigend, geantwortet: »Sei mißtrauisch gegen den, der behauptet, daß man entweder nur dem großen Ganzen oder überhaupt nicht helfen könne. Es ist die Lebenslüge derer, die in der Wirklichkeit nicht helfen wollen und die sich vor der Verpflichtung im einzelnen bestimmten Fall auf die große Theorie hinausreden. Sie rationalisieren ihre Unmenschlichkeit.«

Schopenhauers Mitleidsethik ist eine Ethik des ›Trotzdem‹. Ohne geschichtsphilosophische Absicherung und Rechtfertigung und vor dem Hintergrund einer trostlosen Metaphysik plädiert sie für jene Spontaneität, die das fortdauernde Leiden wenigstens lindern will. Sie ermuntert zum Kampf gegen das Leiden und erklärt zugleich, daß es keine Aussicht auf prinzipielle Aufhebung des Leidens gibt. Aber sie ermuntert zu einer Solidarität, als ob es diese Chance gäbe. Schopenhauers Mitleidsphilosophie ist eine Philosophie des ›Als-ob‹.

Von dieser Mitleidsphilosophie leitet Schopenhauer über zur Philosophie der Verneinung – jedenfalls ist das der Weg der Argumentation. Wem das Leiden der Anderen nicht mehr fremd ist, wem diese *unio mystica* des Mitleidens widerfährt, dem kann es auch geschehen, daß sich sein Wille wendet, ihn schaudert vor den Genüssen des Lebens. »Der Mensch gelangt zum Zustande der freiwilligen Entsagung, der Resignation, der wahren Gelassenheit und gänzlichen Willenlosigkeit.«

Wir geraten hier in eine sehr dunkle Dimension der Philosophie Schopenhauers. Dunkel ist nicht nur das Thema selbst – die Verneinung –, dunkel und widersprüchlich ist die begriffliche Formung der zugrundeliegenden Erfahrung. Eine Schwierigkeit ergibt sich schon aus der Schopenhauerschen Willensmetaphysik selbst. Denn deren radikale Immanenz verbietet jedes transzendente Eingreifen höherer Mächte. Die Verneinung des Willens kann also nicht die Wirkung einer höheren Macht im Sinne einer den Willen dominierenden Erkenntnis sein. So aber drückt sich Schopenhauer bisweilen aus, wenn er schreibt: der Wille wird »gebrochen«. Wenn der Wille alles ist, wenn er die primäre Macht des Wirklichen ist, wer oder was sollte ihn dann brechen können? Wenn Schopenhauer also im Rahmen seiner Metaphysik des Willens bleiben will, dann wird er die Verneinung des Willens nicht als ein Erkenntnisgeschehen, sondern als ein Seinsgeschehen begreifen müssen. Die Verneinung des Willens ist kein Akt, sondern das Ereignis der Selbstaufhebung des Willens, kein Beenden, sondern ein Aufhören. Was wir nicht selbstmächtig zustande bringen, nennt der christliche Glaube die Gnade. Das Schopenhauersche Aufhören ist auch Gnade.

Mit der Erfahrung des Mitleids kann dieses Ereignis beginnen, es kann sich vollenden in jenen Gestalten wie Christus, Buddha, Franz von Assisi, in den großen Mystikern und Asketen, alle diese Genies des Herzens, auf die Schopenhauer den Blick lenkt, mit dem klaren Eingeständnis allerdings, daß er selbst wohl doch von anderer Art ist.

Auf der Paßhöhe seiner Philosophie erreicht Schopenhauer die Grenze rationalen Argumentierens. Er muß sich damit begnügen, auf jene Auserwählten hinzuweisen, welche die Welt überwanden. Aber in einer wunderbaren Passage versucht er einmal die Welt so zu beschreiben, wie sie dem Heiligen, der ihr entronnen ist, vorkommen könnte und wie sie sich auch seinem eigenen »bessren Bewußtsein« zeigt: »Er blickt nun ruhig und lächelnd zurück auf die Gaukelbilder dieser Welt, die einst auch sein Gemüt zu bewegen und zu peinigen vermochten, die aber jetzt so gleichgültig vor ihm stehen wie die Schachfiguren nach geendigtem Spiel oder wie am Morgen die abgeworfenen Maskenkleider, deren Gestalt uns in der Faschingsnacht neckten und beunruhigten. Das Leben und seine Gestalten schweben noch vor ihm wie eine flüchtige Erscheinung, wie dem Halberwachten ein leichter Morgentraum, durch den schon die Wirklichkeit durchschimmert, und der nicht mehr täuschen kann.«

Solche ›heiligen Augenblicke‹, die er so eindringlich schildern kann, hat Schopenhauer durchaus gekannt. Genaugenommen bilden sie sogar das existentielle und schöpferische Zentrum seiner Philosophie. In seinen frühen Jahren, als er mit seinem Werk »schwanger ging«, füllte er sein Tagebuch mit Aufzeichnungen über dieses »bessre Bewußtsein«, wie er es nennt. Es sind seine ekstatischen Augenblicke. Er grenzt das »bessre Bewußtsein« vom empirischen Bewußtsein und dem mit ihm verbundenen realitätstüchtigen Verhalten ab.

Das »bessre Bewußtsein« ist eine Ekstase der Klarheit und Unbewegtheit, man könnte sie eine Euphorie des Auges nennen, dem vor lauter Sehenkönnen die Gegenstände verschwinden. Dem Sein ins Sehen entkommen – das geschieht in dieser Ekstase. Die sich deshalb auch am entgegengesetzten Pol zu jener anderen Ekstase befindet: sich in die Flut des Begehrens stürzen, vom Körper mitgerissen, Selbstauflösung in der orgiastischen Sinnlichkeit. Hier wird der Körper nicht verlassen, sondern zum Weltkörper gesteigert. Auch hier verschwindet das Selbstbehauptungs-Ich, indem es sich den nicht ichhaften Mächten des Triebes preisgibt. Dionysos ist, seit Nietzsche, das Sinnbild dafür – er ist der taumelnde Gott einer Metaphysik des Leibes. Metaphysik ist das sehr wohl, denn es geht um jenes atemberaubende Jenseits, in das einen die Genüsse des Körpers befördern können. Das Ich kann hier nur stören, am besten es verschwindet. Bleibt es doch, so kann Dionysos, dieser ›kommende Gott‹, nicht kommen.

Für Schopenhauer, der schon in seiner Jugend gedichtet hatte: »O Wollust, o Hölle«, für ihn war Dionysos der falsche Mann. »Aber versuch es einmal«, schrieb er im Tagebuch, »ganz Natur zu sein: es ist entsetzlich zu denken: du kannst nicht Geistesruhe haben wenn du nicht entschlossen bist nötigenfalls dich und d. h. alle Natur für dich zu zerstören.«

Arthur Schopenhauer ist zu unbescheiden, zu intensitätshungrig, um sich mit seinem gewöhnlichen empirischen Ich zu begnügen. Er will die Grenzüberschreitung. Aber er läßt sich ein auf die Grenzüberschreitung ins Überindividuelle, in die helle Ekstase des »bessren Bewußtseins«. Und er wehrt sich gegen die andere Grenzüberschreitung, die ins Unterindividuelle, die Ekstasen des Dionysos. Das hängt mit einer fundamentalen Verfeindung mit dem Körper zusammen und hat auch biographische Voraussetzungen, von denen hier nicht die Rede sein soll.

Mit dem Hinweis auf Schopenhauers »bessres Bewußtsein« dürfte wohl deutlich werden: Wenn der Wille in der Verneinung erstirbt, so bleibt doch nicht Nichts übrig. Da gibt es ein Erwachen. Die Welt des Willens ist vielleicht doch nicht alles. Schopenhauer hat später im Blick auf die eigene Philosophie festgestellt, »daß bei mir die Welt nicht die ganze Möglichkeit alles Seins ausfüllt«. Das Sein ist umfassender als die Welt des Willens: Das ist eine überraschende Aussage Schopenhauers, denn sie bedeutet, daß die Verneinung nicht auf ein Nichtsein hinausläuft, sondern auf ein anderes Sein.

Jede große Philosophie hat ihr Unsagbares, ihr unformulierbares Mysterium. Schopenhauer deutet es an, wenn er erklärt, »daß bei mir die Welt nicht die ganze Möglichkeit alles Seins ausfüllt«.Das aber bedeutet: Die Schopenhauersche Verneinung des Willens zum Leben trifft nicht das Leben überhaupt, sondern diesen Dschungelkampf des Lebens. Jedoch erlebt Schopenhauer das Dschungelgesetz des Lebens so total, so sehr von seiner Naturbasis und nicht nur der eher disponiblen Gesellschaftsbasis her, daß die punktuelle Freiheit von diesem Gesetz – das Aufhören – für ihn zu einem letztlich unbegreiflichen Mysterium wird und auch als solches erlebt wird: als »bessres Bewusstein«. Was hier geschieht, läßt sich auch so formulieren: Die Logik des Lebenskampfes ist total. Wenn sie doch einmal zerreißt, ist das ein Mysterium. Die Welt des Überlebenwollens ist die Hölle; nur das, was nicht um alles in der Welt überleben will, hat die Chance zur wirklichen Lebendigkeit. Solches Leben aber muß aus der Perspektive des Lebenskampfes als nichtig erscheinen.

In Schopenhauers Philosophie drängt alles auf ein gewandeltes Leben. Die große Wandlung wäre die heilige Erleuchtung. Auf sie kann Schopenhauer nur hinweisen. Er selbst bringt es ›nur‹ bis zur Philosophie oder zur Kunst, das gesteht er sich ein. Philosophie und Kunst liegen auf dem halben Weg. Eine befristete Heiligkeit, ein Vorgeschmack, prosaisch gesprochen: ästhetischer oder kontemplativer Weltabstand.

Wollte man Schopenhauers Philosophie insgesamt charakterisieren, müßte man sie als eine Metaphysik des ästhetischen Abstandnehmens bezeichnen. Im Unterschied zur traditionellen Metaphysik liegt ihr erlösender Aspekt nicht im Gehalt dessen, was da als ›Wesen‹ hinter der erscheinenden Welt entdeckt wird. Dieser Wesensgehalt ist ja bei Schopenhauer der universelle Wille, also das quälende Sein, das Herz der Finsternis. Die Entlastung und Erlösung liegt nicht im Gehalt, sondern im Akt des distanzierenden Denkens selbst. Es ist ein ästhetischer Weltabstand, wobei ›ästhetisch‹ heißt: auf die Welt hinblicken und dabei »schlechterdings nicht tätig darin verflochten sein«. Dieses ästhetische Abstandnehmen eröffnet einen Ort der Transzendenz, der leer bleiben muß. Kein Wollen, kein Sollen, nur noch ein *Sein*, das ganz zum *Sehen* geworden ist, zum »Weltauge«. Alle anderen Versöhnungsangebote weist Schopenhauer zurück. Kein Eintauchen in die dionysische

Natur, kein gelassenes Sich-Einfügen in den spinozistischen Absolutismus der notwendigen Wirklichkeit, keine Erlösung im absoluten Geist der geschichtlichen Selbst- und Weltverwirklichung. Erlösung nur in dem weltabständigen und darum ästhetischen *Sehen*.

Solches gelassene Sehen ist jene Art der Verneinung, welche die Philosophie als Akt selbst noch vollziehen kann. Mehr kann sie nicht. Aber wenn sie so weit kommt, dann wird das auch die Wirkung haben können, die Schopenhauer der beseligenden Kunst zuschreibt: »denn wir sind, für jenen Augenblick, des schnöden Willendrangs entledigt, wir feiern den Sabbat der Zuchthausarbeit des Wollens, das Rad des Ixion steht still.«

Die Welt des Willens und das Böse sind bei Schopenhauer annähernd deckungsgleich. Gegen das Böse hilft das Denken, nicht aber in dem Sinne, daß es als Anleitung zum Handeln die Welt grundsätzlich verbessern könnte – sondern als Alternative zum Handeln selbst.

Denken anstatt Handeln – das ist Schopenhauers Programm gegen das Böse, gegen das aus seiner Sicht sonst kein Kraut gewachsen ist. Es ist ein Programm, das noch anders, als es sich Schopenhauer vorstellt, in eine heillose Welt verstrickt. Denn es akzeptiert die verhängnisvolle Arbeitsteilung: während die einen denken, handeln die anderen. Und so ist schließlich dafür gesorgt, daß die böse Geschichte weitergeht.

SECHSTES KAPITEL

Vom Sinn der Institution. Augustins Kirche: ein Zelt für die Pilgernden. Von der Ekstase zur Institution und umgekehrt. Institution als Schutz vor dem Seelenabgrund. Arnold Gehlen – der wiedergekehrte Augustin. Der Mensch als Weichtier, die Institution als Schale. Askese, Opfer und die Heiterkeit trotz allem.

Augustin, Schelling und Schopenhauer haben die Einsicht gemeinsam, daß der Mensch nicht nur in einer riskanten Natur lebt, daß er nicht nur im Zusammenleben mit seinesgleichen Risikogesellschaften bildet, sondern daß er für sich selbst ein Risikofall ist. Er darf sich nicht nach sich selbst richten wollen, erklärt Augustin.

Das Drama der Freiheit überfordert ihn, sagt Schelling. Der philosophische Gedanke kann ihm zwar einen Himmel in die Seele zaubern, aber menschheitsgeschichtlich ist das vielleicht nicht von Belang. Dem philosophierenden Einzelnen mag es zwar möglich sein, der Gattung »vorauszueilen und das Höchste für sich zum voraus zu nehmen«, doch die Gattung insgesamt, wenn ihr Schicksal sich zum Guten wenden soll, hat eine Offenbarung nötig. Gott als der freie Weltgrund muß sich noch einmal korrigierend der Freiheit des Menschengeschlechtes annehmen.

Schopenhauer erklärt, daß es dem Menschen nicht gut bekommen ist, zum Schauplatz der Bewußtwerdung des blinden Willens geworden zu sein. Denn was ist der Wille? Er ist die elementare Gier, sich im Leben zu halten, um jeden Preis. Er ist darum ein Wille, der sich mit anderen Verkörperungen des Willens verfeinden muß. Er ist die fortwährende Kränkung eines Bewußtseins, das auf seine

Souveränitätsrechte pocht. Der Wille blamiert den Geist und macht seine Sinnambitionen zunichte. Das Bewußtsein, das die Frage nach dem Wozu und Warum stellt, stürzt in die dunkle Immanenz des Triebgeschehens und kommt nicht weiter als bis zur stummen Tautologie: der Wille will sich selbst. Jenseits des Willens nur noch das Nichts. Der Ort der Transzendenz ist leer. Schopenhauer vermag aus dieser Leere und diesem Nichts so etwas wie einen erlösenden Gewinn zu ziehen. Er wird zwar nicht der Buddha von Frankfurt, aber er hat das Experiment mit dem philosophischen Weltabstand weit getrieben. Er hat die Möglichkeit erkundet, wie man sich die Welt abgewöhnen kann, ohne sie zu verlassen. Er vermochte keinen Himmel in die Seele zu zaubern, doch sein metaphysisches Genie entdeckte die Wonnen der Zaungastperspektive. Das moralische Urteil über diese Welt des Willens lautet: sie ist böse. Man muß den Willen dämpfen und Abstand halten. Das wird nur wenigen gelingen und deshalb muß die Gewalt der staatlichen Institutionen ins Mittel treten, damit die Menschengemeinschaft nicht im mörderischen Chaos versinkt.

Auch Augustin war auf Weltabstand aus. Aber er transzendierte nicht in eine Leere, ihm begegnete ein überschwengliches Gegenüber. Die Gotteserfahrung ist entgrenzend, aber nicht gestaltlos. Da gibt es Offenbarung, lebendige Vorbilder, Rituale, eine Liturgie, den Kodex einer Lehre. Mit einem Wort: es gibt die Kirche. »Ich ließ meine Seele über mich hinauswachsen«, schreibt Augustin. Und wohin gelangt er? Nicht bis zu Gott, das ist unmöglich. Aber immerhin bis in das »Haus Gottes«. Augustin korrigiert sich: das eigentliche Haus ist es noch nicht. Gott hat seine erhabene Wohnung in tiefer Verborgenheit, doch immerhin hat er »auf Erden ein Zelt«. Dieses Zelt ist die Kirche. Es ist die angemessene Wohnung für die Wandernden, die Pilgernden, die noch unterwegs sind zu Gott. Die Kirche behütet und geleitet diese Pilgerreise, sie gibt Ordnung und Organisation, sie verleiht den schwankenden Gefühlen einen Halt, sie bewahrt die Religion davor, in die Innerlichkeit abzustürzen, sie sorgt für Festigkeit und Dauer und gibt im »Klang des Jubels« einen Vorgeschmack auf das »ewige Fest« im Hause des Herrn. Wie die platonische Denk-Ekstase (»die Seele für sich selbst zu haben«) auf den Raum der Polis angewiesen bleibt, so findet Augustins Verlangen, die Seele »über sich hinaus wachsen« zu lassen, einen Rückhalt in der Kirche.

Augustin geht den Weg von der Ekstase zur Institution, in der Hoffnung, daß der Strom der Gnade auch umgekehrt fließt: von der Institution zur Ekstase. Dieser umgekehrte Weg bedeutet Erziehung, Disziplin, Sakrament. Es kommt darauf an, den religiösen Bezug dauerhaft zu verankern. Das leistet die Institution der Kirche, in der die Spiritualität haltbar gemacht wird. Im Konflikt mit den häretischen Donatisten in Nordafrika, die von ihren Kirchenoberen moralische Untadeligkeit einforderten, wird Augustin energisch an dem Grundsatz festhalten: Auch der Träger des kirchlichen Amtes ist ein schwacher, vielleicht sogar ein böser Mensch. Nicht weil er würdig ist, hat er das Amt, sondern weil er das Amt hat, wird er würdig. In der Institution kann man moralisch über seine Verhältnisse leben.

Die Institution versachlicht die Heilsgeschichte. Auch das Walten der heiligen Ereignisse muß verwaltet werden. Darum definiert Augustin die Kirche als den »Gottesstaat«, der vom Hause Gottes her in den weltlichen Staat hineinragt. »Demnach wurden die zwei Staaten durch zweierlei Liebe begründet, der irdische durch Selbstliebe, die sich bis zur Gottesverachtung steigert, der himmlische durch Gottesliebe, die sich bis zur Selbstverachtung erhebt.« Diese beiden Staaten sind aber in dieser Welt »ineinander verschlungen und miteinander vermengt«, denn die Kirche – die Gemeinschaft derer, die im »vergänglichen Leben in der Fremde pilgern« – bedarf notwendigerweise auch des irdischen Friedens, wofür der weltliche Staat zu sorgen hat. Solange der himmlische Staat an der Seite des weltlichen durch die Zeiten wandert, legen beide eine gemeinsame Wegstrecke zurück, und es besteht Eintracht zwischen ihnen in den Dingen, die zum Bereich des vergänglichen Lebens gehören. Wie bei Platon und Aristoteles die Stadtgemeinde jene Sicherheit bietet, die dem Philosophen den Genuß des reinen Denkens erlaubt, so gewährleistet bei Augustin der weltliche Staat elementare Daseinssicherung und Friedenstiftung als Voraussetzung für die »einträchtige Gemeinschaft des Gottesgenusses«. Allerdings ist dies keine notwendige Voraussetzung. Denn Gottesliebe ist stärker als jede Daseinsangst und kann zur Not auch bei großer Unordnung unter dem Himmel Bestand haben. Wer seine Bindungen zur Welt gelockert hat, oder genauer: wer die Welt um Gottes willen liebt und nicht um ihrer selbst willen, wird den irdischen Frieden zwar auch schmerzlich vermissen, der himmlische Friede aber wird ihm trotzdem Ruhe geben können.

Augustin wurde in dieser Angelegenheit auf die Probe gestellt. Er schrieb seinen GOTTESSTAAT in den Jahren der Zerrüttung des Römischen Reiches. Als er 410 n. Chr. mit der Niederschrift begann, eroberten die Westgoten unter Alarich Rom, er beendete das Werk, als die Vandalen unter König Geiserich in Nordafrika eindrangen. Mit dem irdischen Frieden stand es zu dieser Zeit schlecht.

Auch der himmlische Friede ist eine prekäre Angelegenheit. Das im Dienste dieses Friedens ausgeübte Kirchenamt zermürbte Augustin, der nach der Bekehrung sein Leben lieber in einer Mönchsklause verbracht hätte: »Nichts ist schöner, als in der Stille im reichen Schatze der göttlichen Geheimnisse zu forschen, süß ist das und gut. Aber predigen, ermahnen, strafen, erbauen, für einen jeden am Platz sein: das ist eine große Last, ein schweres Gewicht, eine harte Bürde. Wer möchte nicht solcher Arbeit entfliehen? Doch das Evangelium erschreckt mich.«

Warum erschreckt ihn das Evangelium? Nun, er weiß nicht, ob die frohe Botschaft auch ihm gilt, ob er am Ende der Tage zu den Erlösten oder zu den Verdammten gehören wird.

Die plotinschen Seelenaufschwünge hatten für Augustin den Nachteil, daß sie Gott in das flutende und wandelbare Geschehen der Seele mischten. Jetzt amtet er unter dem Dach der Kirche, im »Zelt Gottes«. Gottes Existenz ist ihm gewiß, quälend ungewiß aber bleibt, ob ihn dieser Gott auch gnädig ansehen wird. Und so nimmt Augustins Unruhe zu, je älter er wird. Als die Vandalen seine Stadt belagern, wird er sterbenskrank, er liegt zu Bett und kann nicht mehr aufstehen. Er läßt vier Bußpsalmen auf ein Pergament schreiben und heftet sie an die Wand, um sie stets vor Augen zu haben und vom Bett aus lesen zu können. Er klammert sich daran, um nicht in den Abgrund seiner Seelenangst zu stürzen. Der Belagerungslärm dringt in seine Kammer und er grübelt über der Frage, ob wohl der Kampf zwischen dem Gottesreich und der irdischen Welt in seine dramatische Schlußphase getreten und das Ende der Welt und damit die Stunde der Entscheidung über das eigene Seelenheil gekommen sei.

Auch und gerade in seinen letzten Stunden erweist es sich, daß Augustin offenbar doch gute Gründe hatte, vor der Vertiefung in die eigene Seele wie vor einem Abgrund zurückzuschrecken. Vergessen wir nicht: Augustins BEKENNTNISSE, dieses abendländische Dokument der Innenschau, war kein Werk des einsamen Selbstgesprächs. Mit sich selbst wollte Augustin das Gespräch nur unter der Bedingung führen, daß zwischen Ich und dem Selbst der große Dritte – der Gott der Kirche – im Spiel blieb. Zwischen dem fragenden Ich und dem befragten Selbst stand

Gott, ein Gott, der in der Institution und der von ihr bewahrten Offenbarung ›fest‹ geworden ist. Nur auf diesem Umweg glaubte Augustin die Gefahr des Absturzes in den eigenen Seelenabgrund bannen zu können. Der Selbstbezug war also vermittelt durch Gott, diesen guten Geist der Institution. Nur so kann der Mensch es bei sich selbst aushalten, davon war Augustin überzeugt. Nur auf Umwegen, nicht im direkten Zugriff sollte das Ich mit sich selbst Umgang haben.

Augustin hat hier eine Erfahrung ausgetragen, die anderthalb Jahrtausende später Arnold Gehlen als eine grundlegende anthropologische Gegebenheit formulieren wird.

In der 1952 erschienenen Arbeit ÜBER DIE GEBURT DER FREIHEIT AUS DER ENTFREMDUNG faßt Gehlen seine Anthropologie in dem Gedanken zusammen: Der Mensch wird durch seine Subjektivität überfordert. Es läßt sich nichts auf sie gründen, weil sie ins Nichts hinabreicht, in jenen »Hiatus«, der sich öffnet, wenn der Mensch aus den Automatismen seiner Handlungen herausfällt und innerlich wird. Statt zu sich zu kommen, sollte er besser versuchen, zur Welt zu kommen. Versachlichung und Objektivierung sind überlebensnotwendige Entfremdungen. Der Mensch ist ein Weichtier, die Institutionen sind die Schalen und Panzer, die ihm Halt geben und ihn schützen. »Der Mensch kann zu sich und seinesgleichen ein *dauerndes* Verhältnis nur *indirekt* festhalten, er muß sich auf einem Umwege, sich entäußernd, wiederfinden, und da liegen die Institutionen.«

Doch der Teil der Institution, der einst *civitas dei* hieß, ist nach dem Drama der Säkularisierung abgeschmolzen; übriggeblieben ist der irdische Kern. Die *civitas civilis* muß jetzt allein dasselbe leisten wie vormals die geballte Kraft der in sich verschränkten beiden »Reiche«. Die weltlichen

Institutionen sind nun bei Gehlen jene Formen, »in denen das Seelische, ein auch im höchsten Reichtum und Pathos undulöses Material, versachlicht, in den Gang der Dinge verflochten und gerade nur damit auf Dauer gestellt wird. So werden wenigstens die Menschen von ihren eigenen Schöpfungen verbrannt und konsumiert und nicht von der rohen Natur, wie die Tiere.«

Augustin verzehrt sich in Sorge um sein Seelenheil. Er wird von einem Gott heimgesucht, der bekanntlich aus brennenden Dornbüschen redet. Der Gott Augustins ist tatsächlich ein verzehrendes Feuer. Eine Weile lang wird er zu einer Macht des irdischen Überlebens. Er behütet und lenkt die irdische Pilgerschaft. Die Transzendenz dient der Immanenz. Aber das ist nur ein Vorspiel. Am Ende wird sich alles in Transzendenz auflösen, entweder in der Verdammung oder im ewigen Seelenheil.

Das aber ist eine andere Art »konsumiert« zu werden, als wenn man, im Sinne Gehlens, von den selbstgemachten Institutionen konsumiert wird. Gott steht bei Augustin für dasjenige, was mehr ist als irdisches Leben. Die Institutionen, von denen Gehlen spricht, sind solche des biologischen Überlebens. Aber sie kompensieren auch einen Mangel, der einst »Sünde« genannt wurde.

Der Mensch soll sich nicht nach sich selbst richten, da er sündig ist, so lehrte Augustin. Gehlen erklärt: Der Mensch kann sich nicht nach sich selbst richten, weil er ein solches fest umrissenes, orientierendes Selbst gar nicht besitzt. Der Mensch ist ein Wesen, zu dessen wichtigster Eigenschaft es gehört, »zu sich selbst Stellung nehmen zu müssen«. Aus seinem Selbstverhältnis zieht er keinen Selbstgewinn, sondern er entdeckt nur die Fraglichkeit seines Wesens. Allenfalls gerät er in eine Kreislaufbahn um sein unbekanntes Selbst. Im unmittelbaren Selbstbezug gibt es keine Feststellung darüber, was und wer der Mensch ist. Diese Dauerfraglichkeit aber ist eine Überforderung, die nach

Entlastung verlangt. Die Institutionen bewahren den Menschen davor, im Wirbel der Fragen unterzugehen. Der Anfang der Institutionen ist das Ende der Fragen. Das menschliche Talent für die Institution beruht darauf, daß er »Intentionen« hat, die von ihm selbst wegführen und ihm erlauben, sich in den Weltbezügen festzuleben. Das geschieht durch Handlungen. Durch sie versachlicht sich der Mensch und vermenschlicht er die Sachen. Handlungen verdichten sich in Institutionen und werden dort, unter Einsparung von Energie und beschwerlicher Eigeninitative, zu regelhaften Abläufen und Automatismen. Gehlens Institutionenlehre zieht weitreichende Folgerungen aus Schellings Satz: »die Angst des Lebens treibt den Menschen aus dem Zentrum«. Im Zentrum läßt es sich nicht aushalten, weil es ein Herz der Unruhe ist. Institutionen lassen den Menschen dort leben, wo er am besten leben kann: in gehöriger Entfernung zu dieser Unruhe. Das unruhige Zentrum ist der »Hiatus«. Dieser Ausdruck bezeichnet bei Gehlen die Tatsache, daß der Mensch imstande ist, seine Wünsche und Interessen »bei sich zu behalten«, was aber dazu führt, daß die Antriebskräfte gestaut werden – im Gegensatz zum Tier, das sich stets ausleben kann, wenn es nicht von außen daran gehindert wird. Die Antriebe und das Verhalten sind bei den Tieren gewissermaßen die Innen- und die Außenseite desselben Vorgangs. Nicht so beim Menschen. Durch die Entkoppelung von Antrieb und Handlung entsteht Intelligenz, mehr noch, diese Entkoppelung *ist* Intelligenz und damit zugleich jener »Hiatus«, der das entstehen läßt, was man dann Innerlichkeit, Reflexivität, Imagination usw. nennt. Dieser »Hiatus« bringt es auch mit sich, daß der Mensch zu einem Doppelwesen wird, das eine wirkliche und eine mögliche Welt bewohnt und in die prekäre Situation gerät, beide irgendwie miteinander verbinden zu müssen. Oft genug mißlingt es ihm. Er kann eine immer subtilere Innenwelt ausbilden, die sich vom Zusammenhang mit Handlung überhaupt löst. Das Innere wird zu einem Reich folgenloser Phantasie oder folgenschwerer Obsessionen. Es entsteht »eine Ausweitung einzelner Triebräume, Wucherungen mit entsprechenden Verödungen, man beobachtet Süchte, luxurierende Funktionen, wieder übermäßigen inneren Hemmungsaufwand, Abdrängung in fiktive Betätigungen, zu Rauschmitteln, Asozialität«. Der »Hiatus« als bodenlose Innerlichkeit und ungestaltbarer Antriebsüberschuß konfrontiert den Menschen und die Menschengemeinschaft mit dem Problem, was mit dem Überschuß an Innerlichkeit, der nicht in Handlung umgesetzt und dadurch »weggelebt« werden kann, geschieht? Er bedroht die Einbürgerung der Seele in die Weltverhältnisse. Die Lebenskraft einer Kultur bemißt sich danach, wieviel »Überschuß« sie in ihren Ritualen und Institutionen binden kann. Je religiöser sie sind, um so größer ihre Fähigkeit, diesen Überschuß zu binden. Institutionen, auch und gerade die religiösen, schützen also den Menschen vor sich selbst, vor dem »Hiatus«, der im Selbstbezug des Menschen wie ein Abgrund aufklafft. Dieser »Hiatus« ist bei Gehlen das Äquivalent zur Sünde.

Doch wie man die Sünde niemals los wird und sie einen immer wieder in Versuchung führt, so gibt auch das saugende und wuchernde Innere keine Ruhe. Besonders dann nicht, wenn die entlastenden Insitutionen der Daseinsfürsorge und -bewältigung so gut funktionieren, daß sich der Einzelne in einem Netz aus kulturellen, wirtschaftlichen und politischen Strukturen geborgen fühlen könnte. Aber aus der Geborgenheit wird bald das Gefühl der Gefangenschaft. Er möchte sich von dem befreien, was ihn hält. Er kennt nicht mehr die Gefahren, sondern hat sich an die Sicherheit gewöhnt, welche ihm die funktionierenden Institutionen gewähren. Jetzt will sich die machtgeschützte Innerlichkeit wieder ausleben. Der Mensch, für dessen handfeste Bedürfnisse in der Welt gut gesorgt ist, kann sich wieder eine gewisse Weltfremdheit leisten. »Die kleinsten seelischen Regungen, die sonst einfach weggelebt wurden, (werden) in ihren Besonderheiten abgehört.«

Eine solche Entwicklung verspricht nichts Gutes. Eine Weile lang mag sie geistig produktiv sein, dann aber läßt sie schließlich das Bewußtsein jener Not vergessen, welche die Institutionen notwendig machen. Wenn die institutionellen Bedingungen des kollektiven Überlebens erst einmal »subjektiv zerlebt und reflexiv zerdacht« sind, dann wird sich herausstellen, daß der sich selbst genießende Mensch die Rechnung ohne den Wirt gemacht hat. Er wird bemerken müssen, daß er sich den »Untergrundhaß gegen die hochbedingten, großen, helfenden Fiktionen« der Sinngebung durch Institutionen nur leisten konnte, weil er im Schutz der Kultur die Fühlung mit der eigenen gefährlichen Natur verloren hatte. Gehlens These: der Humanitarismus der Innerlichkeit und Subjektivität, der gegen die »seelenlosen« und entfremdenden Institutionen und gesellschaftlichen Lebensmechanismen zu Felde zieht, schlägt um in Barbarei. Erst in der Krise bemerkt man wieder den Sinn der Institution. Dann aber ist es meist zu spät. »Diese Institutionen sind so riskiert, wie der Mensch selbst, und sehr schnell zerstört, die Kultur unserer Instinkte und Gesinnungen muß von jenen Institutionen von außen her versteift, hochgehalten und hochgetrieben werden, und wenn man diese Stützen wegschlägt, dann primitivisieren wir sehr schnell, dann vernatürlicht sich der Mensch und wird zurückgeworfen auf die konstitutionelle Unsicherheit und Ausartungsbereitschaft seines Antriebslebens ... Das Chaos ist ganz im Sinne ältester Mythen vorauszusetzen und *natürlich*, der Kosmos ist göttlich und gefährdet.«

Gehlen verteidigt die Institutionen der modernen Gesellschaft wie Augustin die Kirche. Augustin will Ruhe finden in Gott – die Kirche bereitet ihm dafür das Haus. Gehlens Institutionen bewahren den Menschen vor der verzehrenden Unruhe seines »Antriebsüberschusses«.

Gehlen hatte ebenso wie Augustin seine plotinische Phase, ehe er sich auf die Seite des starken Institutionalismus stellte. Was für Augustin Plotin war, war für Gehlen Fichte. In der Nachfolge Fichtes hatte Gehlen zunächst mit dem aufs Denken gegründeten Seelenaufschwung experimentiert. Dabei stand die Freiheit als kreative Spontaneität im Mittelpunkt. Das Denken galt ihm als inneres Handeln aus dem Geist dieser schöpferischen Freiheit. Gehlen hat sich intensiv auf das eingelassen, was er später »folgenlose Innerlichkeit« nennen wird. Er hat sich so sehr darauf eingelassen, daß er die Weltlosigkeit als Verführung zu spüren bekam. Er mußte sich losreißen, wollte zur Welt kommen. So wurde er Anthropologe und konnte aus distanzierter Perspektive wenigstens bestimmte Ausschnitte der aufsaugenden Innenwelt in eine beschreibbare Außenwelt verwandeln.

Der starke Institutionalismus hatte Gehlen anfällig gemacht für den Nationalsozialismus, mit dessen Regime er eine Weile lang sympathisierte. Institutionspolitisch war ihm die Endzeit der Weimarer Republik als Zustand vollendeter Sündhaftigkeit erschienen. Im Nationalsozialismus sah er nicht den Exzeß der politischen Verwahrlosung, sondern ein probates Mittel dagegen. Die nationalsozialistische Weltanschauung, so erklärt er im Schlußkapitel seiner Anthropologie (2. Auflage 1941), nehme als »oberstes Führungssystem« die Aufgabe wahr, die in der Geschichte bisher der Religion zugefallen sei. »Sie (die obersten Führungssysteme) liefern nämlich erstens einen abschließenden Deutungszusammenhang der Welt und liegen damit in der Richtung der menschlichen Aufgabe der Weltorientierung ... Ein zweiter Bereich von Aufgaben ... liegt bei den Handlungen der Menschen: die Interessen der Handlungsformierung kommen hier zu Wort.«

Was Gehlen zu der Zeit, da die Nazis noch an der Macht waren, affirmativ beschreibt, wird nach 1945 zum Ansatzpunkt seiner Modernitätskritik, ohne daß er die Beschreibung selbst zu verändern brauchte. Die Krise des Jahrhunderts, die beiden Weltkriege und das bolschewistische und nationalsozialistische Terrorsystem, sei eine Krise der religionsgestützten Institutionen gewesen. Wenn überschießendes Sinnverlangen nicht mehr religiös gebunden werden kann, wird es zu einer hochgefährlichen Substanz, welche das Fundament der gesellschaftlichen Gesittung zu zerstören vermag. Die Katastrophen des Jahrhunderts lastet Gehlen den zersetzenden Wirkungen des Liberalismus an. Die totalitären Systeme und der Weltbürgerkrieg in Europa deutet er als die Folge ruinöser Rettungsversuche.

Den Befund am Ende des Jahrhunderts hat Gottfried Benn, ganz im Sinne Gehlens, so formuliert: »Wenn du die Mythen und Worte / entleert hast, sollst du gehn, / eine neue Götterkohorte / wirst du nicht mehr sehn, / nicht ihre Euphratthrone, / nicht ihre Schrift und Wand – / gieße, Myrmidone, / den dunklen Wein ins Land.«

Für Augustin waren die Erstürmung seines Bischofssitzes in Hippo Regio und die Eroberung Roms durch Alarich ein Vorzeichen für das Ende der Geschichte, das Ende dieser Pilgerschaft durch die Zeiten. Gehlen hingegen war kein Apokalyptiker, aber ein Ende der Geschichte sieht auch er heraufkommen. In seinen späten Schriften, aber noch vor der postmodernistischen Mode, kündigt er das »Posthistoire« an.

»Es ist außerordentlich unwahrscheinlich, daß noch weitere Grundlagenveränderungen im System sind ... Die Alternativen sind bekannt, so wie auch auf dem Felde der Religion, und sind in allen Fällen endgültig ... Ich exponiere mich also mit der Voraussage, daß die Ideengeschichte abgeschlossen ist, und daß wir im Posthistoire angekommen sind, so daß der Rat, den Gottfried Benn dem einzelnen gab, nämlich ›Rechne mit deinen Beständen‹, nunmehr der Menschheit als ganzer zu erteilen ist.«

Am Ende ist die Geschichte, weil sie sich als Geschichte des subjektiven Suchens nach orientierenden, sinngebenden Ideen inzwischen erledigt hat. Zwar pflegt man auch weiterhin mit Ideen, Sinnbeständen und Religionen Umgang. Aber zum halben Preis, denn sie haben nicht mehr die formierende Kraft von einst, weder im Guten noch im Bösen. Darüber hinaus erwartet man es auch nicht mehr von ihnen. Die Geschichte hat mit der Obsession der Sinngebung der Geschichte aufgeräumt. Anonyme Strukturen gelten nun als Subjekt der Geschichte. Das mag schon immer so gewesen sein, jetzt aber ist die Struktur zur äußeren Innenwelt der Subjekte geworden. Während die äußere Innenwelt funktioniert, spielt die innere Innenwelt mit den Beständen von Ideen, Religionen, Sinnformen. Da diese nun nichts mehr bewirken müssen, sind sie frei beweglich geworden. Ein Rad, das keine Bodenberührung mehr hat, kann sich immer schneller drehen. Allerdings hat es auch mit Fortbewegung nichts mehr zu tun. Die Intelligenz steckt in der Konstellation. Alles hat einen Zusammenhang, »zwar nicht in den Köpfen, dort ist die Synthese gerade nicht zu erreichen, wohl aber in der Wirklichkeit der Gesamtgesellschaft«.

Ein Schüler Gehlens, Niklas Luhmann, wird dann doch noch versuchen, diese Intelligenz der Systeme insgesamt zu denken – in einem Kopf. Im jüngsten Gerede über die »Globalisierung« ist schließlich die Idee der Prozeßlogik, die dem Handeln und der Initiative angeblich kaum noch eine Chance läßt, auch bei kleineren Geistern angekommen.

So stellt sich heute der Übergang von der *civitas civilis* zur *civitas dei* dar. Einst sagte man, der Mensch denkt, Gott lenkt. Heute glaubt man dasselbe von den Systemen: sie lenken, dagegen andenken zu wollen, ist sinnlos – wird aber immer wieder versucht. Es ist die alte Versuchung durch die Selbstüberforderung und Selbstüberschätzung, die Geschichte machen will. Früher war es die Sünde, jetzt ist es der »Hiatus«, der dazu anstiftet.

Auf die Frage, wie wir einstweilen leben sollen, antwortet Gehlen, durchaus in der Tradition Augustins, mit dem Hinweis auf die Askese. Warum Askese?

In der Welt der funktionierenden Systeme, Maschinen und Kulturwerte, wo für das meiste gesorgt ist, »zerläuft das Leben wie Wasser zwischen den Fingern, die es halten wollen, weil es der Güter höchstes ist« (Gehlen). Nun hat aber das menschliche Leben die paradoxe Eigenschaft, daß es, wenn es nur erhalten und nicht eingesetzt wird, seinen Wert verliert. Das Leben, das sich nur erhalten will, verwirklicht sein biologisches Programm, nicht aber seine menschlichen Möglichkeiten. Es kommt auf die Steigerung des Selbst an. Ein Selbst kann aber nur so über sich hinauskommen, daß es einen Teil von sich preisgibt – opfert. Zur Selbststeigerung gehört das Selbstopfer. Daß jeder Mensch eine Würde besitzt, ist eine menschenfreundliche und darum nützliche gesellschaftliche Fiktion. Aber darüber hinaus gibt es noch eine Würde, die einem nicht zugesprochen wird, sondern die man sich erwirbt, mit Schweiß und Tränen und womöglich sogar mit Blut.

Wir neigen dazu, beim Blick in die Geschichte das meiste, was hinter uns liegt, als ein Theater der Tollheit und der dunklen Unaufgeklärtheit anzusehen. Zu diesen blutigen Tollheiten zählt dann auch die Gründungsgeschichte des Christentums. Sie beginnt mit der Kreuzigung des »Menschensohns«. Das Menschenopfer steht am Anfang des Erlösungsglaubens, welcher die abendländische Kultur geprägt hat. Sie ist aus dem Geist des sinngebenden Opfers hervorgegangen. Die frühe Kirche wurde errichtet mit dem Blut der Märtyrer, sagte Augustin. Man könnte darin eine blutrünstige Dimension des frühen Christentums sehen und würde damit nichts davon verstehen. Denn tatsächlich sind Religionen keine Technik des Überlebens und des besseren Lebens, sie gehören nicht ins Register der Sozialtechnik und der Psychotherapie, sie wollen nicht *mehr Leben*, sondern *Mehr als Leben*. Nur deshalb konnte das Opfer der frühen Märtyrer einen Sinn haben. Das Ärgernis der Religion, jedenfalls des ursprünglichen Christentums, besteht darin, daß der religiöse Sinn nicht dem Menschen, sondern umgekehrt der Mensch dem religiösen Sinn dient. Deshalb gehört die Opferbereitschaft zum Allerheiligsten der christlich geprägten Kultur.

Am Opfer als Selbsterwerb der Würde will Gehlen festhalten. Das Opfer, bei dem man nicht andere opfert, sondern Opferungen an sich selbst vornimmt – das ist die Askese. Bei Augustin war der asketische Lebenswandel Einübung für die ewige Seligkeit. Es handelte sich nicht um Selbstpeinigungen, sondern um eine Selbstgestaltung, bei der unter Preisgabe bestimmter Weltbindungen die Umsiedlung der Seele schon beginnen konnte.

Gehlens Plädoyer für die Askese ist allerdings Schopenhauer noch näher als Augustin. Ebenso wie für Schopenhauer ist auch für Gehlen Augustins Warten auf Erlösung nicht mehr möglich. Aber sehr wohl ist es möglich, einen spirituellen Souveränitätsgewinn dadurch zu erzielen, daß man sich in mancher Hinsicht die Welt abgewöhnt, ohne sie doch zu verlassen.

Wer eine solche asketische Souveränität erreicht, dem gelingt, was für Gehlen das Höchste ist: Er ist zu einer Institution in der ersten Person geworden. Eine solche Person muß weder in der Innerlichkeit versumpfen noch in der Äußerlichkeit erstarren. Sie kann sich sogar wieder eine gewisse Heiterkeit leisten – trotz aller böser Geschichten.

SIEBTES KAPITEL

Das Bewußtseinstier stürzt in die Zeit. Thomas Hobbes. Die Sorge und der Kampf um Anerkennung. Kain und Abel. Der Traum von der Einheit des Menschengeschlechtes. Der Turmbau zu Babel und warum er mißlingt. Der Grund und die Grenze der Moral. Platons Staat und die Barbaren. Hegels Krieg der Dialektik. Das Urgestein der Verfeindung.

Die Angst des Lebens selbst treibt den Menschen aus dem Zentrum«, schrieb Schelling. Das Zentrum aber war für ihn ein »verzehrendes Feuer«. Aus der Perspektive Schellings würde sich das Drama des Bewußtseins in der Welt so darstellen: Auf der Flucht vor den heißen Zonen seines Wesens sucht der Mensch Halt in der Kirche (Augustin) oder in anderen starken Institutionen (Gehlen). Er bedarf des Zuspruchs einer »positiven«, d. h. geoffenbarten Religion (Schelling), oder es gelingt ihm, einen Weltabstand im Sinne Schopenhauers zu erreichen. Wenn das Zentrum ein Herz der Finsternis ist, dann wird man ihm entkommen wollen, wie man einer Katastrophe entkommt.

Die Macht des Lebens treibt den Menschen vor sich her. Soll das Leben sich umwenden und in den Blick nehmen, wovor es flieht? Vielleicht aber gilt auch hier das Verbot, das an Orpheus ergangen war: Bei seiner Rückkehr aus der Unterwelt durfte er sich nicht umdrehen, wenn er Eurydike wieder ins Leben hinüberbringen wollte. Er drehte sich um, und Eurydike sank zurück ins Reich der Schatten. Vielleicht ist eine allzu gute Bekanntschaft des Lebens mit sich selbst lähmend, sogar tödlich?

Die Philosophie will bekanntlich das Leben veranlassen,

sich umzudrehen, um seines Grundes gewahr zu werden, auch und gerade dann, wenn es vor seinen Abgründen flieht. Wie gut aber bekommt dem Leben eine solche Umkehr? Müssen wir nicht, der Lebenstüchtigkeit wegen, verdeckt halten, was uns hinaustreibt in eine Welt, in der wir immer schon etwas zu besorgen haben? Gibt es nicht eine Lebensklugheit des Leichtnehmens? Wieviel Tiefe und tief verbohrte Wahrheit erträgt der Mensch? Manche Philosophen antworten darauf: wenn man die Gründe verdeckt, vor denen man flieht, dann lassen sie einen niemals los, dann wird man nie aufhören können zu fliehen. Andere Philosophen, wie zum Beispiel Aristoteles, beobachten die Flucht und bemerken, daß es gar keinen Grund für sie gibt.

Zur Erläuterung der philosophischen Frage nach den Gründen gibt Aristoteles das folgende Gleichnis: Ein Heer befindet sich in wilder Flucht vor dem Feind. Nach einer Weile dreht sich einer der Fliehenden ängstlich um. Da er keinen nachsetzenden Feind mehr erblickt, bleibt er stehen. Das fällt einigen Flüchtenden auf, auch sie blicken sich um und halten inne. Schließlich kommt das ganze fliehende Heer wieder zum Stillstand.

Nach den Prinzipien fragen bedeutet: sich umdrehen. Von diesem Augenblick an ist der Lebensweg nicht mehr ein Fluchtweg. Die Frage nach den Prinzipien soll die Panik eindämmen. Wer vor dem Grundlosen flieht, soll bemerken, daß er grundlos flieht. Das ist das aristotelische Programm einer Philosophie des Weltvertrauens. Aber eine elementare Verfeindung wird doch vorausgesetzt. Ein Feind und die Flucht vor ihm – damit fängt alles an. Wenn man innehält, indem man nach den Prinzipien forscht, dann ist das ein neuer, ein zweiter Anfang.

Thomas Hobbes ist einer dieser philosophischen Geister, die sich bei der allgemeinen Panik zum Anfänglichen, zu den Prinzipien umwenden und dadurch imstande sind, innezuhalten und standzuhalten. Der Bürgerkrieg ist für

Hobbes das Trauma, das durch die Arbeit des Gedankens bewältigt werden soll.

Warum wird der Mensch dem Menschen ein Wolf?

Man hat Hobbes gründlich mißverstanden, wenn man ihm unterstellt, er habe vor der tierischen Natur des Menschen warnen wollen. Es ist, nach Hobbes, nicht die besinnungslose ›Natur‹ im Menschen, sondern sein Bewußtsein, das den Menschen zu einer Gefahr für sich selbst und für die anderen werden läßt. Nicht weil er ein Triebwesen, sondern weil er ein Bewußtseinstier ist, wird der Mensch zum Risikofall. Die Eindämmung des Menschen durch den Menschen ist die zweite Schöpfung. Die erste Schöpfung ist die Entstehung der Welt. Gott hatte das anfängliche Chaos überwunden. Die zweite Schöpfung, der Staat als der sterbliche Gott, bewirkt, daß die Menschen es mit sich und miteinander aushalten. Der den Staat begründende Gesellschaftsvertrag ist bei Hobbes nötig, nicht weil der Mensch von Natur aus ›böse‹, sondern weil er ›frei‹ ist und Erkenntnisvermögen besitzt. Erkenntnis hat einen gebrochenen Weltbezug zur Folge. Der Erkenntnisbruch ist der Sündenfall. Für Hobbes stürzte der Mensch mit seiner Erkenntnis ins Bewußtsein der Zeit ab. Dadurch verlor er die paradiesische Unschuld, in der es nur ein absolutes Jetzt ohne Vergangenheit und Zukunft gab.

Warum findet der Mensch keine Seelenruhe, warum gibt es für ihn kein höchstes Gut, mit dem er zufrieden sein könnte? Er ist ein Wesen, das nicht nur in der Gegenwart lebt, sondern eine ungewisse Zukunft vor sich sieht und seine Vergangenheit mit sich schleppt. Wenn der Absolutismus der Gegenwart durch das Bewußtsein der Zeit gebrochen ist, hört die Geborgenheit im Hier und Jetzt auf. Es genügt nicht, sich für den Augenblick zu sichern, man muß sich um die Zukunft sorgen, von der so viele Gefahren drohen – von seiten der eigenen Unbeständigkeit, von den anderen Menschen und von der übermächtigen Natur.

Der Horizont der Zeit wird zur Drohkulisse. Nur weil es eine künftige Bedrohung gibt, entsteht das Verlangen nach Macht, die die Zukunft sichern soll.

Da es letztlich darum geht, die unbegrenzte Zukunft in Schach zu halten, und da es die anderen gibt, die ebenso und aus denselben Gründen nach Macht streben, muß auch die Macht unbegrenzt wachsen. Sie muß dynamisch sein. Macht will mehr Macht. Nur in der Steigerung, in der Akkumulation hat sie Bestand. Macht lebt von der Bemächtigung, Gewalt von der Überwältigung. »So halte ich an erster Stelle ein fortwährendes und rastloses Verlangen nach immer neuer Macht für einen allgemeinen Trieb der gesamten Menschheit, der nur mit dem Tode endet.«

Das müßte zu einem Inferno von Machtkämpfen führen und schließlich dem ursprünglichen Bestreben zuwiderlaufen, sich gegenüber der Zukunft zu schützen. »Die einzige Möglichkeit, eine Gewalt zu schaffen, die in der Lage ist, die Menschen ohne Furcht vor feindlichen Einfällen oder den Übergriff ihrer Mitmenschen ihres Fleißes und des Bodens Früchte zu genießen und friedlich für ihren Unterhalt sorgen zu lassen, liegt darin, daß alle Macht einem einzigen übertragen wird ... Wenn sich Menschen so zu einer Person vereinigen, bilden sie einen Staat ... Dies ist die Geburt des großen Leviathan, oder ... vielmehr des *sterblichen Gottes*, dem allein wir unter dem *ewigen Gott* Schutz und Friede verdanken.«

Der Selbsterhaltungstrieb ist nichts anderes als das Verlangen, das eigene Selbst, das mit dem Bewußtsein seiner Zeitlichkeit geschlagen ist, durch die Zeit zu retten. Wenn jedoch jeder auf eigene Faust versucht, sich durch die Zeit zu retten, kommt es unweigerlich zum »elenden Zustand des Krieges aller gegen alle«. Die individuelle Gewalt der Selbstbehauptung muß also vergesellschaftet, sie muß aus der Gesellschaft abgeschöpft und im staatlichen Gewaltmonopol konzentriert werden. Das staatliche Gewaltmonopol macht die vielen Einzelnen unter dem Aspekt des Souveränitätsverlustes zu Gleichen. Doch es bleibt ein dramatischer Widerspruch, der die Geschichte nicht im Machtkristall des souveränen Staates zur Ruhe kommen läßt.

Das gleichmachende Gewaltmonopol dient zwar dem kollektiven Überlebensinteresse, kollidiert jedoch mit einem anderen elementaren Bedürfnis, das ebenfalls seinen Grund darin hat, daß der Mensch ein Bewußtseinstier ist. Da er nämlich ein Bewußtsein von sich selbst hat und da er sich selbst mit anderen vergleichen kann, muß er, um ein Selbst zu sein, anders sein als die anderen. Ich bin, indem ich mich unterscheide. Descartes' Formel der Selbstgewißheit ›Ich denke, also bin ich‹ erfüllt das Verlangen nach Selbstvergewisserung durchaus nicht. *Daß* ich bin, mag einem im Denken gewiß werden. Aber *was* ich bin, erfahre ich nur im Unterschied zu den anderen. Aber auch mit der Erkenntnis des Unterschieds allein kann man noch nicht zufrieden sein. Es muß ein Unterschied *zu meinen Gunsten* sein. Das intensive Selbstgefühl erwächst aus dem Bewußtsein, daß man sich unterscheidet, indem man sich hervortut. Es kommt auf den Rang an. »Der Mensch ... genießt allein das richtig, was ihn von den anderen abhebt.«

Diesem Verlangen nach Differenz entspringt die große Gefährdung des Gesellschaftsvertrages. Der Wettkampf um die Unterschiede kann immer wieder neu entbrennen. Das leidenschaftliche Verlangen nach Differenz hatte Platon »Thymos« genannt, eine Seelenkraft, die sich in einem Handeln äußert, womit der einzelne sich den anderen überlegen zeigt und sich deshalb auszeichnet. Sie kann auch einfließen in den Willen zur Gewalt und Überwältigung. Sie entfacht den Ehrgeiz, Herr sein zu wollen. Die thymotische Leidenschaft strebt nicht nur nach Selbsterhaltung, sondern Selbststeigerung. Deshalb kann sie dazu führen, daß man im Kampf um Anerkennung und Rangerhöhung das eigene Leben aufs Spiel setzt. Nur wer bereit ist, sein Leben zu verlieren, wird es gewinnen.

Hegel wird diesen Kampf um Anerkennung auf Leben und Tod als die treibende Dynamik des Geschichtsprozesses verstehen. Eine Dynamik nicht der wilden Natur des Menschen, sondern des Geistes. Das Leben des Geistes ist der Triumph über den Tod und die Todesangst. Hegels später Schüler Kojève wird das Ende der Geschichte für gekommen sehen, wenn dieser Kampf um Anerkennung im Zeichen allgemein zugestandener Gleichheit erlischt. Im Frieden triumphiert der Selbsterhaltungswille über den Willen zur Selbststeigerung. Er ist ein Erschöpfungszustand und zugleich ein bequemer Nihilismus. Dann gilt: alles geht, weil es um nichts mehr geht.

Aber das sind nur Visionen. Auf die einen wirken sie erlösend, auf die anderen erschreckend. Die Menschenwelt ist anders. Die Konkurrenz, der Kampf und der Krieg hören nicht auf. Dafür ist gesorgt. Aber die Frage lautet, wie die thymotische Energie organisiert wird. Gebändigt, gibt sie einer Gesellschaft die Dynamik. Entfesselt aber – und sie strebt stets nach Entfesselung – löst sie die Gesellschaft in die Anarchie der Gewalt auf.

Deshalb bedarf es noch einer obersten Macht, die über dem »sterblichen Gott« des Staates steht und diesen legitimiert. Erst im Angesicht des unsterblichen Gottes werden die Individuen, die sich so energisch unterscheiden wollen, zu wahrhaft Gleichen. Ein Teil des thymotischen Verlangens verbraucht sich im vertikalen Seelenaufschwung, wodurch der Wille zur Selbststeigerung auf der Horizontalen ein wenig abgedämpft wird. Das jedenfalls verspricht sich Hobbes vom Gottesbezug. Nur unter dem »Schutz des ewigen Gottes«, erklärt er, vermag der »sterbliche Gott« des Staates Schutz und Friede zu gewährleisten.

Doch die Spannung zwischen dem Willen zur Selbsterhaltung und zur Selbststeigerung bleibt erhalten. Nur wird sie jetzt im Gottesbezug selbst ausgetragen. Der »unsterbliche Gott« ist universell – dem Anspruch nach. Aber er ist, außer daß er universell ist, immer auch der Gott einer bestimmten Gesellschaft und Nation. Und so wird er in die Konflikte zwischen den Gesellschaften hineingezogen. Von einem Gott fürs Ganze wird er zu einem Gott fürs Grobe an den jeweiligen Grenzen der Gesellschaft. Der Gott der innenpolitischen Befriedung ist gleichzeitig der Gott der außenpolitischen Kampfbereitschaft. Im Inneren dämpft er den Willen zum thymotischen Unterschied, an den Grenzen aber nimmt er ihn in Regie und stachelt ihn sogar an. Der »unsterbliche Gott«, der sich verstaatlichen läßt, ist eben darum nicht mehr imstande, den universellen Frieden zu gewährleisten, auch wenn er ein universeller Gott sein will. Wenn ein Gott Unterschiede macht, muß er zum zornigen, eifersüchtigen Gott werden, zu einem Gott der thymotischen Leidenschaft. So mag der Bund mit Gott den jeweiligen Gesellschaftsvertrag besiegeln, aber eine Befriedung des Menschengeschlechtes kann er nicht zustande bringen. Der Gott bleibt ein Gott des Reiches und im Ernstfall werden die Grenzen des Reiches auch die Grenzen Gottes sein. Der unsterbliche Gott, der den »sterblichen Gott« des Staates legitimiert, wird Feinde haben müssen, draußen jenseits der Grenze.

Ein Gott, der wirklich alles umfassen wollte, muß entweder – mystisch – in der inneren Unendlichkeit des Individuums aufgehen, oder er muß planetarisch expandieren wollen. Im ersten Fall verwirklicht sich der Gottesbezug im Verlangen, nicht von dieser Welt zu sein. Im zweiten Fall wird der universelle Gott zum erobernden Gott und facht einstweilen die blutigen weltgeschichtlichen Tumulte noch zusätzlich an. Hobbes wählt einen Mittelweg: Weil ihm die Angelegenheiten der Welt am Herzen liegen, dämpft er den Hunger nach Weltlosigkeit. Und weil er die

Gewalt eindämmen will, dämpft er den missionarischen Furor.

Man darf die Spannungen zwischen den Menschen durch den Gottesbezug nicht noch zusätzlich verschärfen, man hat schließlich genug darunter zu leiden, daß »der Mensch dem Menschen ein Wolf ist«. Mit dem Menschen verhält es sich so, weil er sich als zeitbewußtes Wesen auch um die zukünftige Selbsterhaltung sorgt und sich unterscheiden und vor anderen auszeichnen will. Die Eindämmung des Menschen durch den Menschen gelingt folglich nur, wenn die Menschen erstens entsorgt werden durch eine fürsorgliche Gewalt und zweitens der Kampf um Unterschiede und Anerkennung, der sich nie ganz eindämmen läßt, nach außen verlagert wird, an die Grenze der Gesellschaft.

Diese beiden Eindämmungsstrategien – für Hobbes sind sie zivilisationsbegründend – lassen sich auch, wie sollte es anders sein, in den alttestamentarischen Begründungsgeschichten entdecken. Beim neuen Anfang nach der Sintflut gab es auch eine zukunftsorientierte Politik der Eindämmung: erstens einen Gesellschaftsvertrag, den zweitens ein Bund mit Gott besiegelt – ein Bund aber, der exklusiv ist, obwohl er doch mit einem universellen Gott geschlossen wird. Dieser Bund schließt zusammen und – er schließt aus.

Als Gott den Bund mit Noah und den Seinen schloß, trat er auf als ein fürsorglicher Gott. Er versprach nicht nur, künftig keine Sintflut mehr zu schicken, er versprach auch eine große Vermehrung. Wem Nachkommen versprochen werden, dessen Zukunft ist gesichert, damals jedenfalls. Das war das Gottesprogramm gegen die Zukunftsängste.

Wie aber antwortete Gott auf das Verlangen des Menschen, sich zu unterscheiden? Noch konnte er niemanden ausschließen, das Mittel der Exklusivität konnte noch nicht greifen, denn es gab die Anderen noch nicht. Mit Noah und den Seinen sollte ja alles erst wieder beginnen. Doch in der Geschichte von Kains Brudermord, die der Noah-Geschichte vorausgeht, hatte dieser Gott bereits gezeigt, daß er sich durchaus darauf versteht, Unterschiede zu machen und anzuerkennen, und es wird nicht lange dauern, bis er mit Abraham wieder einen exklusiven Bund schließen wird.

Wenn die Sündenfall-Geschichte von der Geburt der Erkenntnis – und damit der Freiheit und des Zeit-Bewußtseins – erzählt, so berichtet die Geschichte Kains von der Entstehung des verfeindenden Willens zum Unterschied. Gezeigt wird, wie die Menschen sich aktiv und schließlich aggressiv unterscheiden wollen. Doch entscheidend ist, daß dieser Kampf um den Unterschied einsetzt, weil Gott einen Unterschied gemacht hat – zwischen Kain und Abel. Kain, der Ackerbauer, opferte seinem Gott von den Früchten des Feldes. Abel, der Hirte, brachte Tieropfer dar. Warum aber sieht Gott nur das Tieropfer Abels gnädig an? Warum weist er das Opfer Kains zurück? Für Kain ist kein Grund für diese Zurücksetzung ersichtlich. Gott, so muß es ihm vorkommen, verweigert ihm die Gleichbehandlung. »Da ergrimmte Kain und seine Gebärde verstellte sich.« Dafür tadelt ihn Gott: »Wenn du fromm bist, so bist du angenehm.« Wie aber soll man »angenehm« bleiben, bei solcher Zurücksetzung? Es besteht kein Zweifel, daß Gott die Symmetrie von Opfer und Gnade aufgehoben und damit die Harmonie zwischen den Brüdern gestört hat. Das unerklärliche Verhalten Gottes veranlaßt Kain, gegen den Unterschied anzukämpfen, den er erfahren mußte. Zuerst ist er Opfer des Unterschieds, dann erst wird er zum Täter. Nachdem Kain von seinem Bruder so kränkend unterschieden wurde, scheidet er sich von ihm unwiderruflich: er schlägt ihn tot. Aus Neid und aus Erbitterung gegen Gott. Es hat den Anschein, als würde Gott seine Mitschuld am Brudermord bemerken, denn er verflucht zwar Kain – »unstet und flüchtig sollst du sein auf Erden« –, aber stellt ihn zugleich unter seinen Schutz: »Wer Kain totschlägt, der soll siebenfältig gerächt werden.« So kann der gezeichnete Kain zum zweiten Urvater des Menschengeschlechtes werden.

In Adam erwachte die Erkenntnis, er wird zu einem Wesen, das sich sorgt. In Kain, seinem Sohn, wird der Wille geweckt, sich unterscheiden zu wollen. Damit sind die beiden Elemente beisammen, die, nach Hobbes, die explosive Mischung Mensch ergeben. Ein Wesen, das nur überleben kann, wenn man es diszipliniert.

Nun also Noah. Noch gibt es keinen, von dem er sich unterscheiden könnte. Aber vergessen wir nicht, daß er ein Auserwählter ist, der eine exklusive Vorgeschichte hat.

Gott hatte es bereut, die Menschen erschaffen zu haben, und wollte sie alle vernichten. Nur mit Noah und den Seinen hatte er eine Ausnahme gemacht. Ihn hatte Gott von allen anderen seiner »Gerechtigkeit« wegen unterschieden. Noah ist der Unterschied, der am Leben bleibt, und er wird dann seinerseits damit fortfahren, Unterschiede zu machen. Von seinen drei Söhnen verflucht er den einen, Ham, weil dieser ihn nackt gesehen und ihn so seinen Brüdern hatte zeigen wollen. Dafür werden Hams Nachkommen, die Kanaaniten, verflucht: sie werden Knechte sein und bleiben. Man wird also in Zukunft die Kanaaniter unterwerfen und sie zu Knechten machen dürfen. Man wird von dieser Erlaubnis noch reichlich Gebrauch machen. Mit Noahs Fluch gegen Ham kommt die besonders verhängnisvolle Unterscheidung zwischen den Menschen in die Welt, die zwischen Herr und Knecht.

Auf der Suche nach dem Ursprung des Bösen erzählen die alten Geschichten erstens von der Geburt der Freiheit, dem Erwachen des Bewußtseins und damit der Zeiterfahrung, wodurch die Welt zum Gegenstand der Sorge wird. Sie erzählen zweitens von den dramatischen Verwicklungen, die dadurch zustande kommen, daß es Unterschiede zwischen den Menschen gibt, daß sie sich dessen bewußt werden, daß sie sich fortan unterscheiden wollen und diese Unterschiede aktiv und aggressiv austragen.

Die Hoffnung und Sehnsucht nach der wiederhergestellten Einheit begleitet den bisweilen mörderischen Kampf um den Unterschied. Diese Hoffnung und diese Sehnsucht verbinden sich mit dem Bild eines Gottes, der über allen Unterschieden und Gegensätzen thront und dem Bild einer Menschheit, die noch keinen Unterschied kennt oder keinen mehr zu machen braucht. Damit liegen zwei Ideen der Universalität vor, die in einer zerreißenden Spannung zur Wirklichkeit der Menschen bleiben, die Familien, Stämme, Völker, Nationen und Reiche bilden. Auch im Zeitalter der planetarischen Politik ordnen sich die menschlichen Dinge offenbar nicht zu einem Universum, sondern bleiben ein Pluriversum.

Die Bibel erzählt, wie die Menschen ihre Einheit verwirklichen wollten – im Turmbau zu Babel. Noch gab es das Menschengeschlecht mit gemeinsamer Sprache und deshalb traute man sich ein gemeinsames Werk zu, bei dem alle Kräfte zusammenwirken sollten. »Wohlauf, laßt uns eine Stadt und einen Turm bauen, dessen Spitze bis an den Himmel reiche, daß wir uns einen Namen machen! Denn wir werden sonst zerstreut in alle Länder.« Dieses kühne Unterfangen ruft Gott auf den Plan, der darin eine Wiederholung des alten menschlichen Frevels sieht, sein zu wollen wie er selbst. Zuerst haben sie es mit Erkenntnis und Freiheit versucht, jetzt also mit dem Willen zur Einheit. Einheit ist offenbar nur bei Gott. Wenn die Menschen sie verwirklichen wollen, dann bekommen sie es mit Gott zu tun, der die Sprache des Menschengeschlechtes verwirrt, so daß es erst recht zu jener Zerstreuung und Verfeindung kommt, die durch das Werk des Turmbaus überwunden werden sollte.

Warum die göttliche Eifersucht gegen den menschlichen Einheitswillen? Könnte es sein, daß die verwirklichte Einheit Gott überflüssig machen würde? Wehrt er sich gegen seine mögliche Entmachtung? Tatsächlich ist ein Gott, der sich nicht mehr in die Unterschiede mischen kann, sondern über allem thront, kein lebendiger Gott mehr, sondern ein überschwengliches Abstraktum, oder wie Hamann es gegen Kant gesagt hat: Gott wird ein Begriff und hört auf, ein Wesen zu sein. Aber läßt sich aus dem Verblassen Gottes der umgekehrte Schluß ziehen, daß die Chancen für die Einheit des Menschengeschlechtes gestiegen sind? Es sieht nicht danach aus. Die Weltzivilisation ist nicht der gelungene Turmbau zu Babel. Die Kriege sind furchtbarer und zahlreicher geworden – trotz oder gerade wegen der globalen Vernetzung. Und ungewiß ist, ob nicht inzwischen die Lebensgrundlagen für die kommenden Generationen unwiderruflich zerstört sind. Der Verdacht ist nicht von der Hand zu weisen, daß die Globalisierung heute in Wirklichkeit die Organisationsform von Endverbrauchern ist.

Wie dem auch sei, der Gott der Genesis jedenfalls bleibt der Bewahrer des Unterschieds, was nicht überrascht, denn bereits nach dem Sündenfall hatte er in bezug auf das erste Menschenpaar erklärt: »Ich will Feindschaft setzen zwischen dir und dem Weibe, und zwischen deinem Samen und ihrem Samen.«

Der Ernstfall des Unterschieds ist die Verfeindung – mit allem, was daraus an Gewalttätigkeiten folgt. Es sind überaus blutige Geschichten, von denen die Bibel erzählt, und alle haben sie mit dem umkämpften Unterschied zu tun. Jakob bevorzugt unter seinen Söhnen den anmutigen Joseph, der deshalb von seinen Brüdern in den Brunnen geworfen und dann als Sklave verkauft wird. Später holt der triumphierende Joseph seinen Stamm nach Ägypten, der dort wächst und gedeiht, bis er gerade deshalb von den Ägyptern unterdrückt wird. Gott schickt den Ägyptern Plagen, verschont aber den Stamm Jakobs, damit erkannt werde, »daß der Herr einen Unterschied macht zwischen den Ägyptern und den Israeliten«. Nach dem Exodus beginnt die Eroberung des Gelobten Landes mit Gottes Ermunterung: »Meinen Schrecken werde ich vor dir hersenden und alle Völker, zu denen du kommst, in Verwirrung bringen, und ich werde dir den Rücken all deiner Feinde zukehren.«

Indem sich Gott mit einem Volk unter anderen Völkern verbündet, wird er zu einem Gott unter anderen Göttern. Er wird zu einem politischen Gott im Sinne Carl Schmitts: Er kennt nur noch Freund und Feind, unter den Menschen wie unter den Göttern. Er hilft dem Volk gegen seine Feinde und das Volk hilft ihm, sich gegen die fremden Götter zu behaupten. Während die Gemeinschaft nach innen unter strenge Gesetze gestellt wird, beispielsweise das Gesetz des Tötungsverbotes, ist nach außen, gegen die Feinde, so gut wie alles erlaubt. Die Eroberung des kanaanitischen Landes schildert die Bibel als ein einziges Massaker. Ein besonders drastisches Beispiel dafür ist die Vernichtung der Stadt Ai auf Geheiß Gottes. Zuerst werden die aus der Stadt Geflohenen niedergemacht: »Und da Israel alle Einwohner zu Ai erwürgt hatte auf dem Felde und in der Wüste ... und alle durch die Schärfe des Schwertes fielen, bis daß sie alle umkamen, da kehrte sich ganz Israel gegen Ai ... Und alle, die des Tages fielen, beide, Männer und Weiber, der waren zwölftausend ...«

Wenn es Unterschiede gibt, kann man defensiv oder offensiv, mit dem Willen zur Selbsterhaltung oder dem der Überwältigung des Anderen darauf reagieren. Die Geschichte der Eroberung des Gelobten Landes durch das von Gott auserwählte Volk zeigt nacheinander und gleichzeitig beide Möglichkeiten. Entscheidend ist: Der Unterschied, ob gegeben oder gemacht, hat eine rigorose Aufteilung der moralischen Welt zur Folge. Die Innenverhältnisse stehen unter einem moralischen Gesetz, für den Kampf gegen außen gelten andere Regeln. Es gibt kein moralisches Universum, sondern nur eine Insel von Moralität in einem Ozean wilder Selbstbehauptungs- und Eroberungskämpfe. Hier das Reich, der Bund, das Gesetz – dort draußen die Wildnis, die Regellosigkeit, die Fremden, die Barbaren. Gegen sie muß man sogar nötigenfalls ›barbarisch‹ vorgehen. Jedenfalls hat die moralische Welt eine Grenze, von der her sie ihren begrenzten, durchaus nicht universellen Sinn empfängt. Man hat sich angewöhnt, nach der ›Begründung‹ von Moral zu fragen. Doch genau besehen ruht Moral weniger auf einem ›Grund‹, als daß sie von einer ›Grenze‹ her entwickelt ist, die es gegen die Fremden, gegen die Anderen zu behaupten oder gar auszuweiten gilt. Das ist von alters her ein Grundzug des moralischen Denkens, und es läßt sich gut an einem der einschlägigen Grundtexte der abendländischen Tradition, an Platons Staatsutopie, studieren.

Das Thema des utopischen Staatsmodells in Platons POLITEIA wird zunächst eingeführt, um die Gerechtigkeit der Seele im vergrößerten Maßstab besser erkennen zu können, also das Gemeinwesen als Makroanthropos. Doch bei der ins einzelne gehenden Beschreibung dieses Gemeinwesens läßt sich Platon dann von einer anderen Fragestellung leiten: Wie muß ein Gemeinwesen beschaffen sein, das sich verteidigen und nötigenfalls sogar einen Angriffskrieg erfolgreich führen kann?

Platon beschreibt idealtypisch die Entstehung einer Stadt. Sie ist ein Wirtschaftsorganismus, basierend auf dem Prinzip der Arbeitsteilung und der optimalen Befriedigung der Bedürfnisse an Nahrung, Kleidung und Wohnung. Die Stadt ist schon bei Platon ein funktionierendes System der Arbeit und des Konsums. Wenn das Gemeinwesen gut wirtschaftet und gut verwaltet wird, tritt eine Gewöhnung an den sicheren Genuß ein und die Bedürfnisse steigen. Schließlich können sie von den Ressourcen der Stadt und den Austauschverhältnissen nicht mehr befriedigt werden. Man wird also »von den Nachbarn Land abschneiden müssen«. Das ist, so erklärt Platon, der »Ursprung des Krieges«. Das Wachstum von Produktion und Konsum sprengt die Grenzen, und das Gemeinwesen expandiert notfalls mit kriegerischen Mitteln. Man wird also Spezialisten des Krieges benötigen. Platon nennt sie die »Wächter«. Die folgenden Überlegungen kreisen um die Frage, wie diese »Wächter« beschaffen sein müssen, wie sie erzogen werden sollen, wie sie leben, welche Stellung ihnen im Gemeinwesen zukommt. Und das Überraschende nun, daß Platon ausgerechnet am Beispiel der »Wächter« das Modell des gerechten und gelingenden Lebens entwickelt, wobei sich zeigt, daß gerade sie philosophisches Talent haben müssen, wenn sie ihre Aufgabe gut erfüllen wollen, nämlich Friede zu halten nach innen und Krieg zu führen nach außen. Sie müssen sein wie die Hunde, scharf gegen alles Fremde, und anhänglich und freundlich gegen das Vertraute. Diese Unterscheidungsfähigkeit nennt Platon »philosophisch«. Zugrunde liegt die Vorstellung, daß Erkennen Vertrauen stiftet. Man kann nur mit dem befreundet sein, was man erkannt hat – weil man es erkannt hat. So ist es beim Hund, so auch beim Philosophen, »weil er ... an nichts anderem einen befreundeten Anblick und einen widerwärtigen unterscheidet, als daß er den einen kennt und der andere ihm unbekannt ist«. Natürlich argumentiert Platon hier mit einer ungewöhnlichen Voraussetzung, die den ganzen Abstand zwischen dem antiken und dem modernen Erkenntnisbegriff deutlich werden läßt. Platon führt ins Feld des Erkennbaren ein Kriterium dafür ein, was sich zu erkennen lohnt: man muß mit ihm befreundet sein können. Das ist die erotische Spur im Erkennen.

Platons stillschweigende Voraussetzung lautet also: Wahrheiten sind dadurch definiert, daß man sie lieben kann. An diesem Punkt der Überlegung zeigt sich, daß man das Beispiel des Hundes nicht überziehen sollte. Der Hund befreundet sich ja mit allem, was er kennt. Schließlich sogar mit dem Feind. Anders als beim Hund muß beim philosophischen Wächter die Unterscheidung zwischen Freund und Feind unbeirrbar sein. Gerade die Wächter müssen sich davor hüten, alles entschuldigen zu wollen, weil sie alles verstehen. Sie sind keine Spezialisten der Entgrenzung, sondern bewahren und verteidigen die Grenze gegen das Fremde. Die gute Ordnung, die sie verteidigen, ist nicht universell, sondern exklusiv, eine Insel des Gelingens inmitten einer ungewissen und bedrohlichen Welt. Deshalb müssen die Wächter auch beizeiten in der richtigen Theologie unterrichtet werden. Die üblen Geschichten, die Hesiod und Homer von den Göttern erzählen, von ihrem Streit, ihrer Habgier, ihrem Neid, ihrer Bosheit, mit der sie die Menschen verfolgen – das alles schändet das Bild Gottes, des wahren Seins. Das Gute ist Gott und Gott ist gut und deshalb kann er auch nur die Ursache von Gutem sein, »von dem Bösen aber muß man sonst andere Ursachen aufsuchen, nur nicht Gott«. Gott ist der Lichtkegel inmitten der Finsternis. Er ist auch von Feinden umgeben wie die Stadt der Menschen, deren Modell Platon entwirft. Gott ist nicht das Unbegrenzte *(apeiron)*, er hat eine Außenseite, wo er aufhört, wie auch die Stadt aufhört und die Fremde beginnt.

Bleiben wir noch einen Augenblick bei der platonischen Stadt. Platon hat sie nicht in ein Utopia gesetzt, in ein Nirgendwo, sondern in die hellenische Welt. Deshalb stoßen ihre Grenzen nicht unmittelbar an die Welt der Barbaren.

Zwar können auch die Hellenen einander Feind sein – die Greuel des Peloponnesischen Krieges sind noch in frischer Erinnerung –, aber ein Kampf zwischen ihnen sollte doch, so fordert Platon, anders geführt werden als der Kampf mit den Barbaren. Mit den Barbaren führt man Krieg (*polemos*), zwischen den Hellenen gibt es Bürgerkrieg, Aufstand (*stasis*). Mit den Barbaren ist man »von Natur« aus verfeindet, im Kampf mit ihnen ist alles erlaubt, man verbrennt das Land, verwüstet die Städte, mordet Frauen und Kinder, versklavt die Männer. Nicht so aber beim Kampf zwischen den Hellenen. Sie sollen einander so behandeln, »als ob sie sich wieder vertragen und nicht immer im Krieg bleiben würden«. Sie sollen nicht vergessen, daß es ein gemeinsames Haus ist, das sie verwüsten und sich dadurch wechselseitig schwächen und wehrlos machen gegenüber dem wirklichen Feind, den Barbaren.

Es gibt also zwei Grenzen. Die Grenze zur übrigen hellenischen Welt mit befristeten, letztlich schlichtbaren Kämpfen, eine prinzipiell immer noch geordnete Welt. Und die Grenze zu den Barbaren, wo die geordnete Welt aufhört und wo nur noch Kampf und Selbstbehauptung zählen. Der doppelten Grenze entspricht die Abstufung von Licht und Finsternis. Die wahrhafte Stadt ist hell, in der Dämmerung liegt die hellenische Welt und Nacht wird es bei den Barbaren.

Diese Weltverhältnisse sind für Platon ein Spiegel der Seele. Auch sie führt Krieg an der Grenze zur Welt und ist von Aufruhr im Inneren bedroht. Der Bürgerkrieg der Seele tobt, wenn die einzelnen Seelenteile – die Vernunft, der Mut und das Begehren – sich nicht in Übereinstimmung befinden, wenn zum Beispiel die Begierden triumphieren und der Mensch lasterhaft wird; oder wenn der Mut sich zur Tollkühnheit und Grausamkeit steigert. Kann man auch in der Vernunft ausschweifen? Die Symmetrie des Systems legt es nahe, doch Platon gibt es nur zögernd und indirekt zu. Man würde in der Askese ausschweifen, wenn die Seele sich ganz vom Leibe trennen wollte – für Platon, wie wir gesehen haben, eine Perspektive nicht ohne verführerischen Reiz.

Wenn man, wie Platon, in den Begriffen von Harmonie, Übereinstimmung und Ganzheit denkt, wie wird man dann damit fertig, daß die Welt faktisch in Gegensätze zerrissen ist, sei es als »Aufstand« oder als »Krieg«? Wie wird man damit fertig, daß es zwar den großen Kosmos gibt, den Seelenkosmos und vielleicht auch noch den Stadtkosmos, aber das Menschengeschlecht keinen wohlgeordneten Kosmos bildet? Platon, der sonst in großen Verhältnissen dachte, politisch denkt er kleinräumig und kann vielleicht zu seiner Zeit nicht anders denken. Mit den Eroberungen Alexanders des Großen wenig später wird sich das ändern. Dann wird sich Diogenes von Sinope spöttisch einen Weltbürger (kosmospolites) nennen. Platon indes hat die Kleinräumigkeit seiner politischen Vision nicht als Mangel empfunden. Die Stimme des Redners, sagt Aristoteles, muß den Marktplatz erfüllen und in jeden Winkel dringen können. Die politische Vernunft lebt in Hörweite.

Wenn Platon groß denkt in kleinen Verhältnissen, dann gibt er damit einen weiteren Beweis für die enorme Fallhöhe zwischen dem Himmel der Ideen und der verkörperten Wirklichkeit. Denn natürlich findet sich bei ihm der Gedanke der Einheit des Menschengeschlechtes. Aber diese Einheit gibt es eben nur als Idee. Der Schöpfungsmythos im Timaios erzählt, wie die Idee des Menschentums allmählich verdünnt und verunreinigt wird. Der große Weltenschöpfer hat eine gute Grundsubstanz geschaffen, aber in der Folge haben so viele Geister und untergeordnete Götter an der Hervorbringung des Menschen mitgewirkt, daß nichts Rechtes mehr dabei herauskommen konnte. Der Weltenschöpfer mußte schließlich ausdrücklich erklären, daß er an »der späteren Schlechtigkeit eines jeden unschuldig« sei.

So kommt es zu jener Welt, in der es Feinde, Barbaren, Böse gibt. Mit diesem Faktum muß man leben. Das Universum ist, politisch gesehen, eben doch nur ein Pluriversum. Die Not, die Platon damit hat, spiegelt sich in seiner Philosophie darin, daß er die Mannigfaltigkeit und das Werden überhaupt als Symptom des Mangels an Sein begreift. Wo aber Mannigfaltigkeit ist und die Dinge werden und vergehen, da gibt es Kampf. Die Streitkultur ist für ihn eine Spezialität von Höhlenbewohnern. Und er bezweifelt, ob es einen gesellschaftlichen Exodus aus der Höhle geben könnte. Es bleibt der Phantomschmerz der verlorenen Einheit. Daraus hat Platon dann seine Philosophie entwickelt, die sich einerseits in die Kämpfe seiner Zeit mischt und sich andererseits in großen Visionen darüber erhebt.

In der verkörperten Wirklichkeit grenzen die Menschen aneinander, sie stoßen sich im Raum, unterscheiden sich und scheiden sich voneinander. Wie sollte man dem anderen nicht mißtrauen, wenn es schon so schwierig ist, sich selbst zu vertrauen? Wie mit dem Anderen übereinstimmen, wenn die Übereinstimmung mit sich selbst kaum gelingt? Wie sollte man es mit dem Fremden aushalten, wenn man es doch kaum bei sich selbst aushält?

Platons Philosophie zeigt die Kunst, zur Übereinstimmung mit sich selbst zu gelangen. Damit trägt sie bei zur Eindämmung der Verfeindungsenergien. Aus der Welt schaffen kann sie diese nicht, weil zur verkörperten Wirklichkeit die Grenze gehört. Sogar Hegel, ein Spezialist für entgrenzende Reflexion, hat auf dem Boden der Tatsachen die Lebensnotwendigkeit der Grenze verteidigt. »Etwas ist nur *in* seiner Grenze und *durch* seine Grenze das, was es ist. Man darf somit die Grenze nicht als dem Dasein bloß äußerlich betrachten ... Der Mensch, insofern er wirklich sein will, muß dasein, und zu dem Ende muß er sich begrenzen. Wer gegen das Endliche zu ekel ist, der kommt zu gar keiner Wirklichkeit, sondern er verbleibt im Abstrakten und verglimmt in sich selbst.«

Wie schon bei Platon das Wissen der Grenze die Einsicht in die Unvermeidlichkeit des Krieges bedeutete, so führt auch bei Hegel die Lebensnotwendigkeit der Grenze zur Realdialektik der miteinander kämpfenden Gegensätze, deren abstrakte Form als These und Antithese harmlos klingt. In Wirklichkeit aber verbirgt sich dahinter der Kampf auf Leben und Tod.

Die Synthese ist im Krieg der Dialektik keine Versöhnung, sondern ein Triumph. Eine Partei der Dyade siegt und wird Herr. Doch der Sieger bleibt nicht, was er vorher war, er nimmt vom Unterlegenen etwas in sich auf, er verwandelt es und wird selbst dadurch verwandelt. Weltgeschichte ist eine Geschichte von Widersprüchen, die sich nicht auflösen lassen, sondern solange ausgefochten werden, bis es Sieger und Verlierer gibt.

Das Ganze läßt sich denken, aber nicht leben. Leben läßt es sich nur im Austragen der Widersprüche, in der Geschichte der Verfeindungen. Das Ganze mag das Wahre und das Gute sein, es bildet sich aber durch den Kampf des Vereinzelten. Das Einzelne, das sich vom Ganzen losreißt und sich in sich selbst verstockt, ist das Böse: »Erst durch diese Trennung bin ich für mich und darin liegt das Böse. Böseseyn heißt abstract, mich vereinzeln.« Es ist freilich das notwendig Böse, das schließlich nicht umhin kann, doch dem guten Ganzen zu dienen.

So dreht und wendet sich seit Platon ein Denken, das dem Traum vom Ganzen nachhängt, aber um das Faktum nicht herumkommt, daß die Menschen sich unterscheiden und ihre Unterschiede aktiv ausfechten, bis hin zum Kampf auf Leben und Tod. Deshalb beginnt bei Platon der Aufschwung des Geistes mit dem Erfordernis, die Grenze gegen die Barbaren zu sichern, und deshalb verwirklicht sich bei Hegel der Geist nur durch Kampf und Krieg. Die Realdialektik ist eine blutige Angelegenheit.

Man steht schon immer in zerreißenden und verfeindeten Gegensätzen, man ist in eine bestimmte Seite des Widerspruchs hineingeboren, das gehört zur Daseinskontingenz. Seinen Ort wählt man nicht, man kann ihn nur annehmen. Die Frage, ob es die ›gute‹ Seite ist, stellt sich so nicht. Es gilt die umgekehrte Logik. Diese Seite ist gut, weil ich zu ihr gehöre und hier die Unsrigen sind. Wir und die Anderen – das ist eine evidente Unterscheidung. Man muß nur noch die Grenzen des ›Wir‹ klären. Sie verschieben sich, weil es immer wieder Menschen gibt, die ihre Zugehörigkeit verwirken. Als Moses vom Sinai herabgestiegen war, fand er die Israeliten unter Aaron dem Götzendienst verfallen. Moses trat vor das Volk und rief: »Her zu mir, wer dem Herrn angehört.« Nur die Söhne vom Stamme Levis sammelten sich um ihn. Ihnen gibt Moses nun den Befehl: »So spricht der Herr, der Gott Israels: Gürte ein jeglicher sein Schwert um seine Lenden, und durchgehet hin und zurück von einem Tor zum anderen das Lager, und erwürge ein jeglicher seinen Bruder, Freund und Nächsten. Die Kinder Levi taten, wie ihnen Mose gesagt hatte; und fielen des Tages vom Volk dreitausend Mann.«

Das kollektive Gedächtnis der Mythen und die Begriffsarbeit der Philosophen stoßen regelmäßig auf die elementaren Verhältnisse der Verfeindung. Man geht ins Anfängliche zurück, um den Augenblick der Einheit zu ergreifen. Aber er weicht zurück, wie der Horizont, auf den man zugeht, und man kommt aus der Geschichte der Verfeindungen nicht heraus. Platon ist schon damit zufrieden, die Möglichkeitsbedingungen einer befriedeten Zone inmitten einer feindlichen Welt aufzuweisen. Die Verfeindung scheint ein Apriori der Geschichte zu sein. Das gilt für die

Heilsgeschichte des Alten Testamentes ebenso wie für die Weltgeistgeschichte Hegels.

Friede ist jene Unmöglichkeit, von der aber das Denken und Wünschen nicht ablassen kann. Doch jedes Friedensprojekt, das verwirklicht werden soll, wird im Streit der Parteien selbst zur Partei. Und so ist es nicht verwunderlich, daß es von Jesus heißt, er sei nicht gekommen, den Frieden zu bringen, sondern das »Schwert« (Matthäus 10,34), und er werde Feuer und Spaltung auf die Erde werfen. Zu Pflugscharen werden die Schwerter erst, wenn sie ihre Arbeit verrichtet haben. Augustin kann sich für die *civitas civilis* keine andere Friedensstiftung vorstellen als eine bewaffnete und wehrhafte. Das gilt für die christlichen Völker untereinander, aber viel mehr noch für das Verhältnis zu den Heiden. Hier ist Friede nur im Ausnahmefall vorstellbar, in der Regel muß man gegen sie Krieg führen, und zwar einen »gerechten Krieg« – dieser Ausdruck kommt schon bei Augustin vor. Wirklichen Frieden gibt es allein in Gott, aber solange die *civitas dei* in die *civitas civilis* hineinragt, muß es auch zwischen diesen »Reichen« eine umkämpfte Grenze geben, die sogar die innere Welt des Einzelnen durchschneidet. Wenn Augustin in den BEKENNTNISSEN seine Geschichte erzählt, dann ist das auch eine Art von Kriegsberichterstattung. Seine innere Weltgeschichte ist so tumultuarisch wie die äußere, und er kann bis zum Ende nicht sicher sein, ob Gott gegen das Barbarische und Böse in ihm gesiegt hat. Der Krieg ist der Vater aller Dinge, offenbar auch der spirituellen.

ACHTES KAPITEL

Kant über den ewigen Frieden. Die Menschheit als Idee und Wirklichkeit. Auf der Suche nach dem Grund der Geschichte. Max Scheler und der Genius des Krieges. Philosophie im Bürgerkrieg. Plessners einstürzende Überwölbungen. Augenblicke der Entscheidung. Carl Schmitts Feind: die eigene Frage als Gestalt.

Im Jahr 1795 veröffentlichte Kant seine Schrift ZUM EWIGEN FRIEDEN. Vom Frieden hatte die Menschheit schon immer geträumt, erst jetzt aber sei die Zeit reif dafür, die politischen Voraussetzungen für einen dauerhaften Frieden zu verwirklichen. Der Krieg ist für Kant in jeder Hinsicht ein Übel. Der Krieg ist die staatliche Erlaubnis und Ermunterung für jede Art des Verbrechens. Im Krieg hat das Verbrechen Konjunktur. Und doch spricht Kant nur von den Verbrechen *im* Krieg, nicht aber von dem Verbrechen *des* Krieges überhaupt. Die Zeit des technologisch und ideologisch entgrenzten Krieges, des totalen Krieges, war noch nicht gekommen, wenngleich der Dreißigjährige Krieg einen Vorgeschmack davon gegeben hatte. Seit dem Westfälischen Frieden von 1648 waren die europäischen Kriege wieder gezähmt und begrenzt, hatten aber doch genügend »Greul der Gewalttätigkeit«, »Verrohung der Sitten«, »Verlust der Freiheit«, Plünderung und wirtschaftliche Einbußen zur Folge gehabt. Und stets hatten diejenigen das größte Leid und die meisten Lasten zu tragen, die nur die Schachfiguren im Kräftespiel der Mächtigen gewesen waren.

Immer hat es Kriege gegeben, soweit die geschichtliche Erinnerung zurückreicht. Mag auch innerstaatlich eine gewisse Befriedung erreicht worden sein, so gilt zwischenstaatlich und zwischen den Völkern immer noch das Prinzip der Gewalt und des Krieges als ultima ratio. Gerade »im freien Verhältnis der Völker« kann die »Bösartigkeit der menschlichen Natur« sich immer noch »unverholen« blicken lassen. Läßt sich aus den Prinzipien und mit der Kraft der Vernunft daran etwas ändern?

Kant geht vom Menschen aus, so wie er ist, und nicht, wie er sein könnte. Das Eigeninteresse, der Egoismus, der Wille zur Selbstbehauptung müssen gewahrt bleiben bei jeder Konstruktion eines besseren Zustandes. Kant weist auf das innerstaatliche Gewaltmonopol hin. Dort kann man sehen, daß es offenbar im wohlverstandenen Eigeninteresse des Einzelnen liegt, sich Regelungen zu unterwerfen, welche die eigene Souveränität einschränken, dafür aber Sicherheit und Schutz gewähren. Sind solche Regelungen auch zwischen den Völkern vorstellbar? Ist, mit anderen Worten, die Überwindung des »Naturzustandes« nicht nur innerstaatlich, sondern auch zwischenstaatlich möglich? Die gewaltsame Unterwerfung verschiedener Völker und Staaten unter eine Weltmacht (z. B. das Römische Reich in früheren Jahrhunderten) ist eine Möglichkeit. Sie ist unbefriedigend, eben weil es sich um eine Befriedung durch Unterwerfung handelt. Eine andere Möglichkeit stellt die komplizierte Politik der Machtbalance dar. Sie schafft keinen wirklichen Frieden, sondern ist nur der aufgeschobene Kriegszustand. Wollte man den zwischenstaatlichen Krieg so eliminieren wie die innerstaatliche Gewaltanarchie, müßten die zahlreichen Staaten in einem einzigen Weltstaat aufgehen. »Für Staaten, im Verhältnis untereinander, kann es nach der Vernunft keine andere Art geben, aus dem gesetzlosen Zustande, der lauter Krieg enthält, herauszukommen, als daß sie, eben so wie einzelne Menschen, ihre wilde (gesetzlose) Freiheit aufgeben, sich zu öffentlichen Zwangsgesetzen bequemen, und so einen (freilich immer wachsenden) *Völkerstaat* ..., der zuletzt alle Völker der Erde befassen würde, bilden.« Die Einzelstaaten müßten dabei also den entscheidenden Aspekt ihrer Souveränität aufgeben – ihr völkerrechtlich zugestandenes Recht nämlich, Krieg führen zu dürfen.

Was ist das für ein Recht? Eigentlich ist es gar kein ›Recht‹, sondern nur die Anerkennung des Faktischen. Vernunft liegt nicht darin. Die es anerkennen, ohne daß ihre Vernunft sich dagegen empört, denen geschieht es ganz recht, »wenn sie sich untereinander aufreiben, und also den ewigen Frieden in dem weiten Grabe finden, das alle Greuel der Gewalttätigkeit samt ihren Urhebern bedeckt«.

Da Kant nicht träumen, sondern vernünftige Vorschläge machen will, muß er einen Weg finden, das Faktische anzuerkennen, ohne die Prinzipien der Vernunft ganz preiszugeben. Die Staaten werden an ihrer Souveränität festhalten wollen, das lehrt die Erfahrung. Also wird es zu einem Weltstaat mit einem eigenen Gewaltmonopol nicht kommen können. Aber die zweitbeste Lösung ist möglich: ein föderativer Weltstaatenbund. Jeder Staat behält seine Souveränitätsrechte (auch das der Kriegführung), verpflichtet sich jedoch, alle Konflikte friedlich auf dem Verhandlungswege zu lösen. Eine oberste Sanktionsgewalt, welche die Staaten dazu zwingen könnte, diese freiwillig eingegangene Verpflichtung einzuhalten, gibt es allerdings nicht, weil ja, so Kant, das Gewaltmonopol eines Weltstaates zwar wünschenswert, aber nicht realistisch ist.

Das Fazit der Kantschen Überlegungen: Ein homogenes, befriedetes politisches Universum wird es nicht geben, politisch bleibt die Welt ein Pluriversum. Die elementaren Verfeindungsverhältnisse (der »Naturzustand«) können zwischen den Staaten – anders als zwischen den Individuen – nicht überwunden, sondern allenfalls geregelt werden.

Vielleicht aber gibt es im Faktischen Tendenzen, die sozusagen vernunftlos-vernünftig auf den Friedenszustand hindrängen? Habermas hat drei Tendenzen aufgewiesen, die Kant hoffen lassen.

Kant rechnet mit der Umwandlung der autokratisch regierten Staaten in Republiken. »Wenn die Bestimmung der Staatsbürger dazu erfordert wird, um zu beschließen, ›ob Krieg sein solle, oder nicht‹, so ist nichts natürlicher, als daß, da sie alle Drangsale des Krieges über sich selbst beschließen müßten, ... sie sich sehr bedenken werden, ein so schlimmes Spiel anzufangen.« Tatsächlich hat es sich im 20. Jahrhundert erwiesen, daß es nicht die demokratischen Staaten waren, die Kriege begonnen haben. Doch die Idee der Nation, ebenfalls ein Produkt des demokratischen Zeitalters, hat eine ungeahnte Massenmobilisierung im Dienste des Krieges möglich gemacht. Es hat sich gezeigt, daß Völker sehr wohl dem Krieg zustimmen im Glauben, im Recht zu sein – wenn es auch nur das Recht des Stärkeren ist und man mit einem siegreichen Waffengang rechnen kann.

Zum zweiten gibt es die zivilisierende Kraft des Welthandels, worauf Kant seine Hoffnung setzt. »Es ist der Handelsgeist, der mit dem Krieg nicht zusammen bestehen kann, und der früher oder später sich jedes Volkes bemächtigt. Weil nämlich unter allen der Staatsmacht untergeordneten Mächten die Geldmacht wohl die zuverlässigste sein möchte, so sehen sich die Staaten ... gedrungen, den edlen Frieden zu befördern.« Da der Erwerbsgeist nun wirklich vom Egoismus bestimmt wird und gleichwohl auf dem Wege der Optimierung des Eigeninteresses den wechselseitigen Ausgleich bringen soll, kann Kant erklären, daß es der »Mechanismus in den menschlichen Neigungen«, also die »Natur« selbst sei, der eine mächtige Tendenz zum Frieden innewohne. Kant konnte noch nicht ahnen, wohin der ökonomisch angeheizte Imperialismus führen und welche neuen Energien und Motive die kapitalistische Konkurrenz dem Krieg zuführen würde.

Zum dritten gibt es die wachsende Bedeutung der Öffentlichkeit, das Prinzip der Publizität. Wenn öffentlich über politische Belange geredet wird, so muß schließlich auch die Furie des Krieges in die Arena der Argumente eintreten. Rede und Widerrede aber können, im günstigen Fall, zu Surrogaten der Gewalt werden. »Komm reden wir zusammen, wer redet ist nicht tot«, heißt es in einem Gedicht von Gottfried Benn. In diesem Sinne hat auch Kant die Macht der Rede begriffen und darauf seine Hoffnung gegründet. Daß im Zeitalter der Massenmedien das Wort (und das Bild) einen entscheidenden Beitrag zur Kriegsmobilisierung leisten und gerade nicht die segensreiche Wirkung einer »sprechenden Aufklärung« entfalten würden, war für Kant nicht vorstellbar. Für ihn war es ausgemacht, daß nur die Vernunft das Licht der Öffentlichkeit nicht zu scheuen braucht und ihre Stimme zwar übertönt werden kann, aber auf Dauer eine nachhaltige Wirkung ausübt. Der Mensch, der sich durch den Geist der Öffentlichkeit hat zivilisieren lassen, kann gar nicht vermeiden, am »Guten, das er vollkommen begreift«, einen »Herzensanteil« zu nehmen.

Den Kern der Kantschen Argumentation bildet der Glaube an die Universalität der Vernunft. Sie ist das Organ, mit dessen Hilfe der Einzelne sich als Glied nicht nur eines Volkes und Staates, sondern der Menschheit insgesamt begreifen kann. Die Vernunft entgrenzt; der Einzelne, der seine Vernunft achtet und auf sie hört, entdeckt und achtet damit zugleich die Menschheit in sich. »Menschheit« ist nicht nur eine statistische Größe, sondern es gibt sie in der ersten Person Singular. Für die Vernunft ist das vereinzelte Leben mit seinen begrenzten Selbsterhaltungsinteressen und seinem Glücksverlangen etwas Kontingentes, Zufälliges. Warum sollte man die Grenzen des eigenen Ichs oder der Gemeinschaft, der man durch den Zufall der Geburt angehört, über die Interessen der Menschheit stellen – da doch diese ›Menschheit‹ kein Abstraktum, sondern ein personales Prinzip ist. Sie ist im Einzelnen verkörpert und ist doch so weit wie die Welt. Die Vernunft macht den Menschen zum Weltbürger, sie ist der direkte Weg vom Ich zum Wir. Im Licht der Vernunft schmilzt die potentiell feindliche Welt der Anderen dahin. Mit dem Ausgang des Menschen aus seiner »selbstverschuldeten Unmündigkeit« kann das Zeitalter des großen Ausgleichs beginnen.

Träume eines Geistersehers? Nicht ganz, denn Kant gibt der politischen Verwirklichung des Universalismus im Sinne eines Weltstaates keine Chance und begnügt sich, wie schon gesagt, mit einem Weltstaatenbund, verstanden als permanente Allianz für den Frieden. Mag auch im Medium der Vernunft eine universelle Versöhnung möglich erscheinen, wirklich kann sie nicht werden: In der körperlichen Wirklichkeit zersplittert das Universelle in die Mannigfaltigkeit der Einzelwillen. Damit sind zugleich auch elementare Verfeindungsverhältnisse gegeben. Sie lassen sich wegdenken, doch nicht ein für allemal wegschaffen. Der Friede ist bloß eine regulative Idee. Man kommt ihm näher, wenn man handelt, als wäre er möglich. Die Zuversicht (verbunden mit realitätstüchtiger Klugheit) ist dabei eine Voraussetzung für das wenigstens zeitweilige Gelingen. ›Menschheit‹ gibt es also in der Form des »Als-ob«. Aber so soll es sie auch geben. Man darf sie keineswegs preisgeben nur deshalb, weil sie sich nicht vollkommen verwirklichen läßt.

Natürlich ist Kant mit seinem Begriff der Menschheit und seiner Vision einer friedlichen Einheit des Menschengeschlechtes auf heftigen Widerspruch gestoßen; bereits zu seiner Zeit, noch mehr im 20. Jahrhundert. Arnold Spengler erklärt: »Menschheit« ist ein zoologischer Begriff, ein leeres Wort, oder sie wird zu einem Kampfbegriff, um der Durchsetzung der eigenen Interessen einen menschenfreundlichen Anstrich zu geben. »Nein, der Kampf ist die

Urtatsache des Lebens, ist das Leben selbst, und es gelingt auch dem jämmerlichsten Pazifisten nicht, die Lust daran in seiner Seele ganz auszurotten. Zum mindesten theoretisch möchte er alle Gegner des Pazifismus bekämpfen und vernichten.« Weder gibt es die ›Menschheit‹ noch ›den Menschen‹, es gibt nur ›die Menschen‹. Alles andere ist bloßer Name, Schall und Rauch.

Die nominalistische Kritik an der kantschen Menschheitsidee hatte, eine Generation nach Kant, der Philosoph der Gegenrevolution, de Maistre, prägnant formuliert: »Nun existiert der *Mensch* nicht auf der Welt. In meinem Leben habe ich Franzosen, Italiener, Russen usw. gesehen ...; aber was den *Menschen* betrifft, erkläre ich, ihm nie in meinem Leben begegnet zu sein; existiert er, so ist es ohne mein Wissen.«

Für den Nominalisten ist der Menschheitstraum eine verspätete Kinderkrankheit des alt und müde gewordenen Menschengeschlechtes, das nicht mehr stark genug ist, sich mit dem Gedanken der universellen Verfeindung anzufreunden. Man hält die Einsicht nicht mehr aus, daß die Geschichte dazu verdammt ist, das Drama von Kain und Abel zu wiederholen. Weil es nicht ›den‹ Menschen gibt, sondern nur ›die‹ Menschen, gibt es auch die Feinde. Selbsterkenntnis bedeutet, seinen Feind erkennen, erklärt Carl Schmitt.

Bei Ausbruch des Ersten Weltkrieges verfaßt Max Scheler einen großen Essay mit dem Titel Der Genius des Krieges. Der Krieg erteilt dem philosophischen Denken über den Menschen eine Lektion. Er offenbart, so Scheler, die Wahrheit des Menschen, biologisch, kulturell und spirituell.

Biologisch ist der Mensch nicht nur ein Wesen, das sich im Leben halten, seinen Hunger stillen und seine Fortpflanzung gewährleisten will. Selbsterhaltung als Motiv reicht nicht aus, ein Wille zur Selbststeigerung muß hinzukommen. Das gilt für den Einzelnen und für die Kollektivpersönlichkeit, das Volk und den Staat. Es sind auch »überutilitaristische Werte«, um derentwillen gekämpft wird. Scheler nennt »Macht, Ehre, Geist«. Das kennen wir schon: Im Krieg kommt jener Seelenteil zum Zug, den Platon »thymos« genannt hat – der Mut und der Ehrgeiz, sich auszuzeichnen. Die bloße Erwerbsgesinnung könnte die für den Krieg erforderliche Opferbereitschaft nicht hervorbringen.

Kulturell bedeutet der Krieg für Scheler das Aufbrechen des schöpferischen Grundes oder Abgrundes der Geschichte. Der Krieg ist mit allen seinen Zerstörungen der Geburtsschmerz des Neuen, was immer es sei. Der Krieg hat »für die Kulturschöpfung die eminent positive Bedeutung, daß er die vorhandenen Begabungen tief zurücktauchen läßt in die schöpferischen Quellen des nationalen und persönlichen Geistes«. Scheler erwähnt das Beispiel der italienischen Renaissance und der deutschen Klassik, beides Kulturepochen mit kriegerischem Hintergrund.

Spirituell fordert der Krieg vom Einzelnen das Hinausgehen über das bloße Selbsterhaltungsinteresse. Aber ist es auch eine ›gerechte Sache‹, wofür das Opfer gefordert und gebracht wird? Scheler räumt ein, daß es hier keine Gewißheit gibt. Der Krieg ist auch in dieser Hinsicht ein großes Risiko. Nicht nur kann man sein Leben verlieren, man kann es sogar für nichts verlieren oder sogar für eine schlimme Sache. Der Krieg ist jedenfalls ein metaphysisches *examen rigorosum*, bei dem ungewiß bleibt, ob Gott oder der Teufel einen in die Prüfung nimmt.

Auch für Max Scheler sind die Verfeindungsverhältnisse etwas Elementares. Ganz richtig sagt man: ›Der Krieg bricht aus‹. Darüber legt sich der Firnis der Zivilisation. Dort ›erklärt‹ dann die eine Seite der anderen den Krieg. Im Kriegstaumel des August 1914 erinnert sich Scheler an die vitalen Ursprünge. Das ›Leben‹ konfiguriert sich in verschiedenen Gestalten, Machtzusammenballungen. Spannungen sind unvermeidlich, sie müssen ausgetragen werden. Wer hat recht? Eine Frage, die viel zu spät kommt. Das Leben hat schon entschieden. Leben, das zum Ausdruck drängt, ist ursprünglicher als jedes Recht. Hat der Blitz recht, wenn er einschlägt? »Wer nur im Säuseln der Pappeln und im Gezwitscher der Vögel das Wehen des göttlichen Geistes vernimmt und nicht auch in dem Donner der Geschütze, der ist vielleicht ein liebenswürdiger, aber kein ganzer ... Mensch.«

Der Krieg ist ein befreiendes, reinigendes Gewitter. Der kleinliche Erwerbssinn, die Konkurrenz mit ihrer Hinterhältigkeit, ihrem Betrug, Neid und Mißtrauen, dieses ungeheure Massiv alltäglicher Verfeindung wird entschlackt, umgewandelt, veredelt. »Ich glaube, die Menschen hätten sich gegenseitig ›friedlich‹ aufgefressen, wenn nicht die Würde des Krieges selbst noch die Gewalt geheiligt und auf gemeinsame Ziele großer Gemeinschaften gespannt hätte.«

Man hat für die Zeit nach dem Ersten Weltkrieg zwischen zwei Mythenbildungen unterschieden: dem Mythos von »Langemarck« und dem Mythos von »Verdun«. »Westlich von Langemarck«, so heißt es im Bericht der Obersten Heeresleitung vom 11. November 1914, »brachen junge Regimenter unter dem Gesange ›Deutschland, Deutschland über alles‹ gegen die erste Linie der feindlichen Stellung vor und nahmen sie.« Diese »jungen Regimenter« waren die Jugendbewegten. Sie marschierten nicht einfach, sondern »brachen auf«, wie es mythenträchtig in diesem Bericht heißt. Sie wurden im übrigen fast gänzlich aufgerieben, ein militärisch nutzloses Unternehmen, nicht weiter verwunderlich bei einem Opferritual. »Verdun« steht für die Materialschlacht, für eine Million Tote, für die Hochtechnologie der Massentötung. Zwischen Langemarck und Verdun liegt die Zäsur der Epoche, hier endet das 19. und es beginnt das 20. Jahrhundert.

Max Schelers Genius des Krieges ist noch eine philosophische Reflexion im Geiste des 19. Jahrhunderts. Scheler denkt an Langemarck, noch nicht an Verdun. Er denkt an den gezähmten Krieg, den ritterlichen Kampf. Seit Verdun ist auch für ihn der Genius des Krieges untergegangen. Das Material hat über den Menschen gesiegt. Aus dem Kampf auf Leben und Tod ist ein »mechanisches Töten« (Ernst Jünger) geworden.

Wie soll man nun angesichts dieses Faktums mit den elementaren Verfeindungsverhältnissen umgehen? Im Jahr 1927, kurz vor seinem Tode, erklärt Max Scheler: »Wir sind in der ungefähr zehntausendjährigen Geschichte das erste Zeitalter, in dem sich der Mensch völlig und restlos problematisch geworden ist; in dem er nicht mehr weiß, was er ist, zugleich aber auch weiß, daß er es nicht weiß.«

Bereits vor dem Krieg hatte Scheler unterschieden zwischen dem waffen- und werkzeugbauenden Verstand des Menschen und seinem Geist, der sich das Materielle dienstbar macht für die Arbeit an seiner unverwechselbaren Gestalt. Geist, als gesteigerte Form des Lebendigen, ist universell, aber nur durch die individuell geprägte Form. Verwirklichung des Geistes ist der Zweck des Lebens und ist keinen anderen Zwecken dienstbar. Da er aber nur in individueller Gestalt lebt, muß er sich zu seiner Besonderheit entwickeln, sich abgrenzen, sich behaupten. So muß er auch immer kämpferisch bleiben. Doch nun gibt es, Verdun und die industrielle Zivilisation beweisen es, eine Hypertrophie des waffen- und werkzeugbauenden Verstandes, wahrscheinlich deshalb, weil auf dieser Ebene die Kooperation zu ungeheuren Effizienzsteigerungen führt. Jedenfalls überwuchert der waffen- und werkzeugbauende Verstand wie ein Krebsgeschwür den Geist. Wie kann der Geist aber noch kämpfen, wenn die Waffen, die ihm der Verstand an die Hand gibt, die Dimension jedes sinnvollen Kampfes sprengen. Zwischen den menschlichen Wesenskräften besteht eine dramatische Dissonanz. In dieser Situation kann Max Scheler nur noch auf einen Humanismus des Ausgleichs hoffen. Er spricht von der »Idee des ewigen, objektiven Logos, ... in dessen Geheimnisse einzudringen nicht *einer* Nation, einem Kulturkreise ... zukommt, sondern nur allen zusammen mit Einschluß der zukünftigen in solidarischer ... Kooperation unersetzlicher, weil individueller Kultursubjekte«.

Da ist er wieder, dieser Traum von der Einheit des Menschengeschlechtes, diese Sehnsucht, der Turmbau zu Babel möge doch gelingen.

Auf Max Scheler antwortet Hellmuth Plessner 1931. Er zitiert in seinem Essay MACHT UND MENSCHLICHE NATUR Scheler als Beispiel für das offenbar auch bei freien Geistern nicht überwundene Verlangen nach Formeln des Ausgleichs, nach »Überwölbungen« in der Situation geistiger Obdachlosigkeit. »Wie dürfen wir hier, wo alles im Fluß ist, auf irgendeine bleibende Synthese hoffen, die nicht schon nach wenigen Jahren überholt ist? Von Überwölbungen ist nichts zu erwarten, außer, daß sie zusammenstürzen.«

Plessners anthropologischer Grundsatz lautet: Der Mensch ist dadurch definiert, daß er sich nicht abschließend definieren läßt. Was bleibt, ist die »aufwühlende« Erkenntnis der »Unergründlichkeit« des Menschen. Er ist unergründlich, weil er seine Gründe immer noch vor sich hat. Was der Mensch ist, das stellt sich immer erst heraus – im jeweiligen Augenblick der Entscheidung. Die Bestimmung des Menschen ist die Selbstbestimmung. Der Mensch ist das, wozu er sich entschieden haben wird. Er entwirft sich aus einer Situation der Unbestimmtheit heraus. »In dieser Relation der Unbestimmtheit zu sich, faßt sich der Mensch als Macht und entdeckt sich für sein Leben, theoretisch und praktisch, als offene Frage.«

Max Scheler bringt, so Plessner, seine » Symphonie von

Ausblicken ins Absolute« zur Aufführung. Das ist sympathisch, aber hilflos. Es hilft alles nichts: Auch die Philosophie muß sich auf die »Bodenlosigkeit des Wirklichen« einlassen. Dabei wird sie entdecken, ob sie will oder nicht, daß auch sie in den »urwüchsigen Lebensbeziehungen von Freund und Feind« steht. Es gibt für sie kein entspanntes Außerhalb, keine Position über den streitenden Parteien. Die Zeit erlaubt keine universalistische Entspannung, kein Atemholen; eine Philosophie, die sich aufs Wirkliche versteht, muß in die elementaren Freund- und Feindverhältnisse eintreten und sie zu begreifen versuchen, indem sie sich aus ihnen begreift.

Helmuth Plessners Essay ist zu einem Zeitpunkt geschrieben, da in Deutschland der Bürgerkrieg bereits begonnen hat. Seit dem Durchbruch der Nationalsozialisten bei den Septemberwahlen 1930 marschiert die SA und liefert sich Straßenkämpfe mit dem Rotfrontkämpferbund und den Verteidigern der Republik. Die politische Mitte, die Vernunft des Ausgleichs, wird zerrieben. Militante Lagerbildung bestimmt den politischen Stil.

In dieser Situation fordert Plessner, daß die Philosophie endlich aus ihrem Traum erwache, der ihr vorgaukelt, sie könne den »Grund« des Menschen erfassen. Sie ist nicht klüger als die Politik. Beide haben dasselbe Gesichtsfeld, »das in das unergründliche Wohin geöffnet ist, aus dem Philosophie und Politik im wagenden Vorgriff ... den Sinn unseres Lebens gestalten.«

Der Begriff der radikal verstandenen Geschichtlichkeit führt Plessner zu der Einsicht, daß die Philosophie nicht nur im Sinne einer äußerlichen Verpflichtung, sondern aus ihrer inneren Logik sich auf den riskanten Bereich des Politischen einlassen muß. Wenn sich aber die Philosophie der Politik stellt, dann bemerkt sie, wie schwer es ist, auf der Höhe der Zeit zu sein. Das philosophische Denken »ist nie so weit wie das Leben und immer weiter als das Leben«. Eine Geistesgegenwart im geschichtlichen Augenblick scheint die Philosophie konstitutionell zu überfordern. Deshalb hat sie sich in der Regel darauf beschränkt, Prinzipien oder Visionen zu formulieren. Sie hält sich entweder im Bereich der Voraussetzungen oder der Erwartungen auf. Dem verworrenen Gegenwärtigen, dem Augenblick der Entscheidung, weicht sie aus. Politik indes, so Plessner, »ist die Kunst des rechten Augenblicks, der günstigen Gelegenheit. Auf den Moment kommt es an.« Plessner fordert also eine Philosophie, die sich diesem Augenblick öffnet. Dieser Augenblick, das ist klar, ist nicht nur ein Augenblick der Entscheidung, sondern der Augenblick der Verfeindung, des Kampfes. Es ist darum eben auch der ›politische‹ Augenblick, in der Definition Carl Schmitts.

Die Philosophie will allzu gerne über den Gegensätzen schweben. Das hält sie für ihre besondere Klugheit. Sie scheut jenen äußersten Intensitätsgrad des Wirklichen, der sich nur dort findet, wo es keine Vermittlung, sondern nur das Entweder-Oder gibt. Was das Religiöse betrifft, so hat Kierkegaard auf diesen Zusammenhang hingewiesen. Carl Schmitt wollte ihn im Politischen entdecken.

Im Religiösen gibt es, aus menschlicher Sicht, nur die schneidende Alternative: Gott oder die Welt. Gott ruft den Menschen und befiehlt ihm. Und sogleich teilt sich die Welt auf in diejenigen, die hören und gehorchen, und die anderen, die sich auflehnen oder gleichgültig bleiben. Auch den Einzelnen spaltet dieses Entweder-Oder. Etwas will in ihm hören und gehorchen, etwas anderes bleibt unwillig, leistet Widerstand. Es nützt dem Menschen gar nichts, daß er sich die Gottesidee als über den Gegensätzen schwebend vorzustellen vermag. Dasjenige an Gott, worauf sich der Mensch wirklich beziehen kann, wirft ihn sogleich wieder in die Welt der Unterscheidungen zurück. Die Religionskriege, die Verbindung von Mission und Gewalt beweisen es zur Genüge. »Ihr aber seid nicht fleischlich, sondern geistlich«, verkündet Paulus seiner Gemeinde. Das christliche Liebesgebot kann nicht darüber hinwegtäuschen, daß mit der Verkündigung ein fundamentaler Unterschied gemacht wird zwischen denen, die »nach dem Geiste«, und jenen, die »nach dem Fleisch« leben. Religion beginnt ihr Versöhnungsangebot mit einer Verfeindung, und allzuoft endet sie auch damit. Und man kann nicht genau sagen, ob nun dabei das Religiöse politisch oder das Politische religiös aufgeladen wird. Für Carl Schmitt jedenfalls ist die Logik des Politischen mit seiner Freund-Feind-Bestimmung ein so grundlegendes Faktum des Menschseins, daß auch das religiöse Verhältnis in seinen Bannkreis gezogen wird. Wo es scharfe Gegensätze gibt, da gibt es Politik.

Welcher Gegensatz könnte schärfer sein als der zwischen Gott und dem Menschen? Wir können uns nur in Gott erkennen, erklärt Augustin. Wir erkennen uns, indem wir unseren Feind erkennen, erklärt Carl Schmitt.

Was ist der Feind? Er ist, wie Schmitt später eine Formulierung Däublers aufnehmend sagt, »unsere eigene Frage als Gestalt«. Der Feind ist der Andere, der zu mir gehört, weil er meine Existenz bedroht. Mitsprechen und Urteilen kann in diesen Konfrontationen nur, wer existenziell in sie verwickelt ist. Die Kombattanten können nicht versöhnt werden, sie können sich nur selbst miteinander versöhnen. Jeder von ihnen kann nur selbst entscheiden, »ob das Anderssein des Fremden im konkreten vorliegenden Konfliktfalle die Negation der eigenen Art Existenz bedeutet und deshalb abgewehrt oder bekämpft wird, um die eigene, seinsmäßige Art von Leben zu bewahren«.

Im Namen der ›Menschlichkeit‹ auf die Bereitschaft zu Kampf und Krieg verzichten zu wollen, heißt, den Feind zur Aggression ermuntern. Einen Beitrag zur ›Menschlichkeit‹ leistet man vielmehr dadurch, daß man an einer Kultur der Hegung und Disziplinierung des Krieges arbeitet. Dazu gehört ein richtiges Verständnis der Freund-Feind-Unterscheidung. Dieser Gegensatz darf nicht verwechselt werden mit der naheliegenden moralischen Unterscheidung zwischen ›gut‹ und ›böse‹. Den ›Feind‹ im politischen Sinne braucht man nicht persönlich zu hassen. Daß er mein Feind ist, macht ihn weder moralisch ›böse‹ noch ästhetisch häßlich. Er muß auch nicht als mein wirtschaftlicher Konkurrent auftreten. Es kann sogar vorteilhaft erscheinen, mit ihm Geschäfte zu machen. Zum Feind wird er, weil und insofern er »in einem besonders intensiven Sinne existenziell etwas anderes und Fremdes ist, so daß im extremen Fall Konflikte mit ihm möglich sind, die weder durch eine im voraus getroffene generelle Normierung, noch durch den Spruch eines ›unbeteiligten‹ und daher ›unparteiischen‹ Dritten entschieden werden können«. Mit der extremen Konfliktsituation ist der Kampf gemeint, den ein Gemeinwesen um die Selbsterhaltung (gegen den äußeren Feind) oder um die Erhaltung der Ordnung (gegen den inneren Feind) führen muß. Es geht darum, das »Eigene« in einer Situation der Bedrohung zu bewahren. Welches aber die Grenzen dieses »Eigenen« sind, darüber kann keine neutrale Instanz entscheiden – das wird eben im Kampf um diese Grenze entschieden. Es ist ein Akt der Aggression, wenn jemand mit dem Hinweis auf die Verpflichtungen gegenüber der Menschheit am Kampf um Selbsterhaltung gehindert wird. Die Lähmung der Selbsterhaltungskräfte geht stets von interessierter Seite aus. Der vorgeblich neutrale Dritte ist immer ein lachender Dritter. Das Partikularinteresse verhüllt sich gerne im Universellen. »Wer Menschheit sagt, will betrügen«, erklärt Schmitt und erläutert diesen schneidenden Satz folgendermaßen: »Wenn der Staat im Namen der Menschheit seinen politischen Feind bekämpft, so ist das kein Krieg der Menschheit, sondern ein Krieg, für den ein bestimmter Staat gegenüber seinem Kriegsgegner einen universellen Begriff zu okkupieren sucht, ähnlich wie man Frieden, Gerechtigkeit, Fortschritt und Zivilisation mißbrauchen kann, um sie für sich zu vindizieren und dem Feind abzusprechen. ›Menschheit‹ ist ein besonders brauchbares ideologisches Instrument imperialistischer Expansion und in ihrer ethisch-humanistischen Form ein spezifisches Vehikel des ökonomischen Imperialismus.«

Dieses Argument von 1932 ist gegen die Siegermächte von Versailles gerichtet, die tatsächlich unter dem Deckmantel des demokratischen Selbstbestimmungsprinzips Annexionspolitik im großen Stil betrieben. Doch Carl Schmitt scheut sich nicht, dieses Argument auch später gegen die Friedenspolitik des Völkerbundes am Ende der zwanziger Jahre, gegen die alliierte Besatzungspolitik nach 1945 und gegen die Institution der UNO ins Feld zu führen.

Es mag schon sein, daß der Wille zur Verteidigung des »Eigenen« – wie immer man es definiert – eine nicht zu überwindende Schranke des politischen Lebens darstellt und daß es deshalb ehrlicher ist, dies einzugestehen. Doch wie steht es aus der Sicht Carl Schmitts um die Verteidigung des »Eigenen« in nationalsozialistischer Zeit? Gehörten die Angriffskriege des NS-Regimes, das Carl Schmitt zunächst unterstützte, zur Verteidigung des »Eigenen«? Und die Ermordung der Juden – gehörte sie zu der von Schmitt als legitim angesehenen innerstaatlichen Feinderklärung?

Tatsächlich hatte Schmitt davor gewarnt, die Feinderklärung mit einer moralischen Herabsetzung des Gegners zu verbinden. Die politische Freund-Feind-Unterscheidung soll verhüten, daß der Gegner zum »unmenschlichen Scheusal« gemacht werde, das nicht nur »abgewehrt«, sondern definitiv »vernichtet« werden muß. Aufgabe des Kampfes ist es, den Feind »in seine Grenzen« zurückzuweisen, nicht aber, ihn zu vernichten. Wenn schon nicht andere Motive, so hätte doch die eigene Theorie Carl Schmitt nicht gestatten dürfen, den Nationalsozialismus zu untersützen.

Carl Schmitt hat nicht alle seine Karten aufgedeckt. Gewisse Überzeugungen hat er verschwiegen oder nur angedeutet. Sie erst ergeben den ganzen Zusammenhang seines Denkens. Daß die menschliche Welt in elementare Verfeindungen zerklüftet ist und bleibt, ist für den gläubigen Katholiken Carl Schmitt letztlich auf die sündige, gefallene Natur des Menschen zurückzuführen. Die Verfeindungsverhältnisse resultieren aus dem Abfall des Menschen von Gott. Das ist, vom Menschen her gesehen, die Urverfeindung – der Ungehorsam, der Transzendenzverrat. Von nun an kann nicht mehr alles Eins sein. Der Mensch wird dem Menschen ein Feind. Deshalb wird das Leben bedrohlich, gefährlich. Um die Gefahren zu mindern, bilden die Menschen Einheiten, Sozialkörper, Staaten. Das *a priori* jedes Staates, ob es sich nun um einen demokratischen oder autoritären handelt, lautet: ›Ich schütze dich, also gehorche.‹ Die Souveränität des Staates erstreckt sich im Ernstfall über Tod und Leben, und nur von diesem Ernstfall her ist das Wesen der politischen Einheit im Unterschied zu anderen Gruppierungsformen zu erfassen. Daß damit die Grenze undeutlich wird zwischen einem Staat und einem Gangstersyndikat, wo ebenfalls über Tod und Leben entschieden wird, läßt Schmitt nicht an seiner Definition zweifeln. Im Gegenteil: Diese heikle Verwandtschaft zeigt nur um so deutlicher, daß sich die menschliche Wirklichkeit immer noch im Zustand ihrer vollendeten Sündhaftigkeit befindet und von einem sinistren Sinn erfüllt ist.

Die politische Welt ist kein Universum, sondern ein Pluriversum – von dieser Prämisse geht Carl Schmitt aus. Die Einheit des Menschengeschlechtes liegt bei Gott, der Mensch selbst kann sie nicht zustande bringen. Er muß sich mit der Wirklichkeit einer in Gegensätze zerfallenen

Welt abfinden. Das Desaster des Turmbaus zu Babel und seine Folgen lassen sich nicht überwinden. Man muß mit ihnen leben und das Beste daraus machen. Einstweilen muß man kämpfen und sich behaupten. Die Vision einer planetarisch geeinten Menschheit, die keine Grenzen mehr kennt und wo deshalb die Politik ersetzt würde durch Verwaltung von Sachen und Organisation der Produktion, diese Vision ist das Gaukelbild einer Verlockung zur Selbstmächtigkeit. Es ist der »Glaube an grenzenlose Veränderungs- und Glücksmöglichkeiten des natürlichen diesseitigen Daseins der Menschen«. Solche Bestrebungen können nur zu einem schlechten Ende führen. Warum? Carl Schmitts überraschende Antwort: Die Einheit von Friede und Leben ist nur in Gott vorstellbar und in der Versöhnung durch Gott am Ende der Zeiten. Menschlich gesehen aber gibt erst die friedlose Unruhe dem Leben seine Lebendigkeit. Das Leben braucht die Grenze und den Kampf um die Grenzen. Hier gilt: »Geist kämpft gegen Geist, Leben gegen Leben.« So nur entsteht die »Ordnung der menschlichen Dinge«.

Man soll aufhören zu träumen und zum »Lebensernst« erwachen. Und dann soll man, so Carl Schmitt, vor allem zwei Lektionen lernen. Erstens: es steht schlecht um den Menschen, er ist in eine böse Geschichte verstrickt. Zweitens: das wird sich grundlegend erst ändern mit der Wiederkehr des Herrn. Das kann aber noch lange dauern.

Einen Augenblick lang allerdings erwägt Carl Schmitt in seinem Tagebuch nach 1945, ob es nicht die »Freude an der Beschleunigung« war, die ihn »trieb und trug«, als er sich bei den Nazis engagierte. Wohin aber sollte die eilige Reise gehen? Vielleicht durch die Katastrophe zum Ende der Geschichte?

NEUNTES KAPITEL

Der gute Mensch und seine Feinde. Rousseaus »Volonté générale«. Vom ruhigen Daseinsgefühl zum Verfolgungswahn. Die Angst vor der Freiheit der Anderen. Totalitäre Phantasien. Rousseau richtet über Jean-Jacques. Die Verteidigung des Asyls im Dschungel des Sozialen. Das Asoziale als das Böse.

Wenn es die Ordnung der menschlichen Dinge ist, daß Geist gegen Geist und Leben gegen Leben kämpft, dann wird es, solange die menschlichen Dinge dauern und also das Reich Gottes noch nicht gekommen ist, Krieg und Gewalt auch weiterhin geben. Die Geschichte des Menschengeschlechtes deckt sich mit der Geschichte seiner vielfältigen Verfeindungen. Und daran ändern auch die Religionen und die aus ihnen abgeleiteten Sitten nichts. Sie helfen mit, die Ordnung eines Gemeinwesens moralisch aufrechtzuerhalten, sie geben Gesellschaftsgruppen oder ganzen Völkern eine ›Identität‹. Insofern tragen sie zur Friedensstiftung bei. Es handelt sich aber um einen territorial und auf ein Volk oder einen Kulturkreis begrenzten Frieden. Die Grenzen gegen die anderen, die andere Götter haben, bleiben umkämpft. Die Welt ist auch zwischen den Göttern geteilt. Weit davon entfernt, Verfeindungen einzudämmen, können Religionen bestehende Feindschaften verstärken und sogar zu neuen Feindschaften anstiften. Im Lukas-Evangelium erklärt Christus: »Ich bin gekommen, daß ich ein Feuer anzünde auf Erden … Meinet ihr, daß ich hergekommen bin, Frieden zu bringen auf Erden? Ich sage: Nein, sondern Zwietracht …«

Die Verfeindungen scheinen zum Urgestein der menschlichen Angelegenheiten zu gehören. Sie sind so elementar, daß die Träume, es möge doch einmal ein Ende mit ihnen haben, überschwenglich und bodenlos werden mußten. Wenn sie aber auf den Boden der Wirklichkeit zurückkehrten, gaben sie häufig wieder Anlaß zu neuer Verfeindung und neuem Krieg.

Es gibt zahlreiche Theorien, die das Problem der elementaren Verfeindungsverhältnisse zu erklären versuchen. Als Ursachen der Verfeindung werden genannt der Kampf um Selbsterhaltung, der Ehrgeiz, sich zu unterscheiden und sich vor anderen auszuzeichnen, der Wille zur Macht, die Lust an der Gewalt. Aber sind die genannten Eigenschaften natürlich oder sind sie kulturell erworben? Handelt es sich um unhintergehbare Voraussetzungen menschlichen Lebens oder läßt sich daran etwas ändern, indem man die Gesellschaft und ihre Kultur verändert?

Es war Jean-Jacques Rousseau, der für die Neuzeit besonders wirkungsmächtig die Frage nach dem Ursprung des Bösen beantwortete, indem er die Zivilisation anklagte. Rousseau ist davon überzeugt, daß eine bestimmte Art der Vergesellschaftung den Menschen aus seinem Selbstsein herausgerissen hat. Worin bestand dieses Selbstsein? Es war die träge Ruhe, die sich mit den Genüssen begnügte, die ohne größere Anstrengung zu erlangen waren; es war das Freiheitsverlangen, das nicht die Unterwerfung des anderen, sondern den Selbstgenuß erstrebte; es war die Befähigung zur Sympathie, zum Mitleid. Dieses Mitleid wirkte als Gefühl, nicht als moralisches Gebot. Das Gefühl setzte dem natürlichen Menschen Grenzen, so daß er es unterließ, den anderen zu quälen oder ihm Hilfe zu verweigern. Nun aber ist der Mensch durch die Art seiner Vergesellschaftung in die Unwahrheit hineingeraten.

Diese Geschichte begann damit, daß die Menschen nicht nur ihre Ruhe haben und ihr Genügen finden wollten, sondern darüber hinaus erfinderisch sind, wenn auch nicht alle gleichermaßen. Einige erfinden neue Arbeitstechniken mit der Folge, daß ihre Erträge wachsen und sie darauf aus sind, sich das Eigentumsrecht daran zu sichern. Aus dem erworbenen wurde das ererbte Eigentum, das nicht minder eifrig verteidigt wurde, notfalls mit Gewalt. Und wo es Eigentum gab, gab es auch den Raub am Eigentum. Das Streben nach Besitz grenzte die Menschen voneinander ab und hat Konkurrenz, Macht und Hierarchien, die Verfeindungen, das wechselseitige Mißtrauen, das Spiel der Maskierungen und Täuschungen zur Folge. Kurz, die ganze Kultur, so wie sie Rousseau im Frankreich des 18. Jahrhunderts vor Augen hatte. Doch zum Besitzstreben, das weiß Rousseau, wäre es nicht gekommen, wenn der Mensch tatsächlich einfach in seinem Sein ruhen könnte. Die Alternative ›Haben‹ oder ›Sein‹ stellt sich für ihn nicht, denn in dem Augenblick, da er Erkenntnis hat, wird für den Menschen die Welt, der Andere und schließlich sogar das eigene Selbst zu einem Gegenstand, den man ›haben‹ kann. Für Rousseau gibt es auch eine Art Sündenfall der Erkenntnis. Erkenntnis erzeugt Distanzen: Die anderen Menschen, die Natur werden zu bloßen Mitteln der eigenen Selbstbehauptung. Der reflektierende Mensch ist das »entartete Tier«, erklärt Rousseau und zieht daraus den Schluß: Der Sündenfall eines verfeindenden Bewußtseins, von der unsere ganze ›entfremdete‹ Kultur bestimmt ist, läßt sich nur aufheben durch ein neues, ein versöhnendes Bewußtsein. Man muß sich aus dem falschen Leben wieder hinausreflektieren und das nichtentartete Tier in sich selbst entdecken. Das meinte Rousseau mit seiner Losung ›Zurück zur Natur!‹.

Entarten konnte der Mensch nur, weil er, als freies und erkennendes Wesen, an sich zu arbeiten vermochte. Im Unterschied zu den Tieren ist der Mensch unfertig, er muß sich selbst erst noch vervollkommnen. Das nennt Rousseau das Prinzip der Perfektibilität. Aber es ist eben nichts Perfektes, was er aus sich gemacht hat. Das Werk, das er vollendete, ist kein vollendetes Werk geworden. »Alles ist gut, wenn es aus den Händen des Urhebers der Dinge kömmt: alles artet unter den Händen des Menschen aus.«

Doch kann man das Prinzip der Perfektibilität nicht nur dazu nutzen, etwas aufzubauen, man kann auch umbauen und zurückbauen. Der Ruf ›Zurück zur Natur‹ hätte nicht jenes bis heute nachwirkende Echo gefunden, wenn Rousseau uns auf weite Wege schicken würde: in dunkle Vergangenheiten, in exotisch ferne Länder oder in eine unabsehbare Zukunft. Rousseau deutet vielmehr auf den scheinbar kürzesten aller Wege: man soll in sich gehen, dort findet man die Natur, als Stimme des Herzens. »O Tugend! ... Sind deine Grundsätze nicht in aller Herzen gegraben, und ist es nicht, um deine Gesetze zu erlernen, genug, daß man in sich selbst zurückkehrt ...?«

Aber wohin kommt man, wenn man zu sich selbst kommt? Als Entdecker des inneren Universums bleibt Rousseau ein illusionsloser Beobachter. Er bemerkt, daß das Selbst, bei dem man Zuflucht sucht vor den Verfeindungen und Täuschungen der Gesellschaft, nicht unbedingt das Gute ist, das man dem gesellschaftlich Schlechten selbstbewußt entgegensetzen könnte. Wie der theoretisch konstruierte Naturzustand vor dem Beginn der Zivilisation im Verständnis Rousseaus nicht eigentlich ›gut‹ ist, sondern in moralischer Hinsicht neutral, so ist auch die Natur in uns jenseits von Gut und Böse. Vor allem eine Eigenschaft des traditionell Guten wird man hier nicht finden: die Dauerhaftigkeit und Verläßlichkeit, das Sich-selbst-Gleiche. Das innere Selbst gibt es nur im Plural. Das gehört zu der wichtigen Entdeckung Rousseaus. »Nichts ist mir so unähnlich wie ich selbst, darum wäre es müßig, mich anders definieren zu wollen, als durch diese einzigartige Mannigfaltigkeit ... Bisweilen bin ich ein harter und grausamer Misanthrop, dann wieder falle ich in Verzückung ob der Reize der Gesellschaft und der Wonnen der Liebe ... Mit einem Wort, ein Proteus, ein Chamäleon ...«

Wenn das Selbst ein diskontinuierliches Ereignisgeschehen ist, so wird man darin auch keinen Halt finden, außer wenn man in Ruhe gelassen und nicht von den Definitionsversuchen der anderen belästigt wird. Nur sich selbst überlassen, kann man es bei sich aushalten – auch ohne einen Halt bei sich zu finden. Deshalb ist in Ruhe gelassen zu werden für Rousseau eine entscheidende Voraussetzung des Beisichseins und deshalb läßt er auch den Urmenschen mit dem Verlangen nach Ruhe beginnen. An diesem Punkt denkt Rousseau wie Pascal, der einmal erklärte, alles Unglück komme daher, daß der Mensch nicht in seiner Stube sitzen bleiben könne.

Die Selbsterkenntnis will üblicherweise wissen, was und wer ich bin. Wenn man aber die innere Proteus-Natur entdeckt, ist eine solche Selbsterkenntnis unmöglich. Es bleibt dann nur jene Selbstgewißheit übrig, die man so formulieren könnte: Ich weiß, daß ich eben so bin, wie ich in diesem Augenblick bin. Das ist weniger als die Erkenntnis, was und wer ich bin. Es ist aber mehr als die schlichte Selbstgewißheit, daß ich überhaupt bin.

Ein Augenblick folgt dem anderen, doch in der Flut und Flucht der Augenblicke heben sich einige besonders hervor, große Augenblicke, Augenblicke der wahren Empfindung. Rousseau gibt ihnen die Bedeutung einer innigen Seinserfahrung, weil darin seine Idiosynkrasien und Präferenzen eine ekstatische Steigerung erfahren. Es sind Augenblicke einer großen Kommunion. In dieser gibt es keine Trennung mehr zwischen Außen und Innen. Es ist die Wiederkehr der Ruhe des Anfangs. Nichts Fremdes, Widerständiges, Störendes tritt dazwischen. Solches Erleben gibt es zum einen als ein Sich-Verströmen in die Natur. »Nun suchte ich mit ruhigerem Schritt einen wilden Ort im Walde, eine verlassene Stelle, wo nichts Menschenhände verriet und Knechtschaft und Herrschaft anzeigte, einen Zufluchtsort, wohin ich zuerst vorgedrungen zu sein glauben konnte und wo kein quälender Dritter sich zwischen die Natur und mich stellen konnte ... Dann verlor sich mein Geist in dieser Unermeßlichkeit ...« Kein »Dritter« schiebt sich zwischen die Natur und ihn, und so kann es zur Vereinigung zwischen ihm und dem »großen Sein« kommen. Er verströmt.

Ein andermal ist es umgekehrt: Da zieht er das ganze Sein in sich hinein und schwelgt in dem Gefühl, sich selbst genug zu sein, wie Gott. In diesem Augenblick fehlt nicht nur der störende »Dritte«, auch der »Zweite«, das Gegenüber nämlich, sei es Gott oder die Natur, ist in dem Einen, dem einzigen Selbst, aufgegangen. Ist das Erleben das eine Mal expansiv, so ist es jetzt kontraktiv, es zieht sich auf den Genuß des eigenen Selbst zusammen, »bloß auf das Gefühl unseres Daseins eingeschränkt, welches Gefühl allein die Gegenwart ganz erfüllt: solange dieser Zustand währt, kann der, der sich darin befindet, sich glücklich nennen ... Es wäre ein ... überschwengliches Glück, das in der Seele keine Leere auszufüllen läßt. In diesem Zustand bin ich bei meinen einsamen Träumereien auf der Petersinsel oft gewesen ... Und was genießt man in einer solchen Lage? Nichts, das außer uns selbst wäre, nichts als sich selbst und sein eigenes Dasein, und solange dieser Zustand währt, ist man, wie Gott, sich selbst genug.« Nach der Kommunion mit der Natur ist dies hier die Kommunion mit sich selbst.

Doch es gibt für Rousseau noch eine radikalere Form des augenblicklichen Selbstseins. Denn es kann sogar das Gefühl des eigenen Ichs verschwinden. Eine Vereinigung mit sich selbst ohne jeden Rest von reflexivem Selbstbewußtsein. Übrig bleibt ein »reines« Ereignis.

Rousseau erzählt, wie sich eine Dogge auf ihn gestürzt habe. Er verlor für Augenblicke das Bewußtsein, und was mit ihm beim Erwachen geschah, schildert er so: »Ich nahm den Himmel wahr, einige Sterne und ein wenig Grün. Diese erste Empfindung war ein köstlicher Augenblick ... Ganz dem gegenwärtigen Augenblick gehörig, erinnerte ich mich an gar nichts, ich hatte keinen deutlichen Begriff von meinem Individuum, nicht die mindeste Vorstellung dessen, was mir begegnet war, ich wußte weder wer noch wo ich war, fühlte weder Weh noch Furcht, noch Unruhe. Mein Blut sah ich fließen, ganz wie ich einen Bach hätte fließen sehen, ohne es mir nur einfallen zu lassen, daß dieses Blut mir gehöre. – Ich fühlte in meinem ganzen Wesen eine beglückende Stille ...«

Wenn jeder Selbstbezug, jedes Empfinden dafür, daß ›ich‹ es bin, der die Empfindung ›hat‹, wenn dies alles verschwunden ist – dann erst ist der Höhepunkt der großen Kommunion, der Augenblick der wahren Empfindung erreicht.

Das Glück der ersten Szene besteht darin, daß sich kein »Dritter« zwischen die Natur und das Selbst schiebt. Das der zweiten Szene darin, daß nichts den Selbstgenuß stört. Und das Glück der dritten Szene, das vollkommene Glück, kennt auch dieses Selbst nicht mehr, auf das man sich glückhaft beziehen könnte. Hier ist es dann nur noch die berichtende Sprache, die einen irreduziblen Rest von Ichbewußtsein hineinbringt.

Rousseaus Erfüllungsdynamik des Selbstseins läuft auf die vollkommene Ichvergessenheit hinaus. Seine großen Augenblicke der wahren Empfindung sind reiner Selbst- und Naturbezug. Sie ereignen sich abseits der Verstrickung in die konventionelle Welt der Anderen, abseits der Gesellschaft also. Weil er in diesen Augenblicken jetzt und hier sein Glück findet, muß er folglich in der geschichtsphilosophischen Konstruktion das ursprüngliche Glück dort lokalisieren, wo die Gesellschaft und Zivilisation noch nicht angefangen hat. Das gegenwärtig erlebte Glück *abseits* der Gesellschaft wird theoretisch zurückgerechnet zum Glück *vor* aller Gesellschaft.

Daß die Gesellschaft solchem Verlangen nach Kommunion einen Widerstand entgegenstellt, läßt sich leicht verstehen. Wie aber verhält es sich mit der Liebe? Ist die Liebe nicht die Möglichkeit zur großen Kommunion im Sozialen?

Die große Kommunion in der Liebe gibt es für Rousseau nur unter einer Voraussetzung: Die Körper, diese manifeste Andersheit zwischen Ich und Du, dürfen keine Rolle spielen. Die Körper sind ein hartnäckiges, undurchdringliches Außen. In seinen BEKENNTNISSEN schildert Rousseau ein Erlebnis, von dem er sagt, daß es ihn für sein Leben geprägt habe. Er ist gerade dabei, ein junges Mädchen zu verführen. Als ihm an ihrem Busen die Sinne zu schwinden beginnen, bemerkt er, daß eine Brust ohne Warze ist. In diesem Augenblick wird ihm der Körper, durch den hindurch er die Person genießen wollte, so auffällig, daß er glaubt, er halte eine »Art Ungeheuer« in den Armen. Dem Körper muß nicht eine Brustwarze fehlen, damit sich seine abweisende Undurchsichtigkeit erweisen kann. Ungeheuer ist ihm der Andere in seiner Körperlichkeit überhaupt. Denn sie ist die Grenze für das Verlangen, sich im Anderen wiederzufinden. Dieses Verlangen will Durchsichtigkeit, vollkommene Transparenz. Um im Bild zu bleiben: Das vollkommen Transparente ist ein Medium, welches das Licht ungebrochen durchläßt. Der transparente Andere hört auf, das Licht des Ichs zu brechen. Damit hört er aber auch auf, ein Anderer zu sein. Jeder Andere ist eine herausfordernd andere Welt, mit der es keine grenzenlose Einheit geben kann. Rousseaus Einheitsverlangen irrealisiert den Anderen, weshalb er sich, wie er selbst bekannte, eigentlich nur »für eingebildete Wesen zu entflammen« vermochte. Und wenn er sich wirklich verliebte, konnte das nur eine Weile lang gutgehen, solange, bis der Andere aus den Bildern heraustrat, in die ihn die Imaginationen des Einheitsverlangens eingeschlossen hatten. So kam es denn zu jenem qualvollen Hin und Her zwischen großer Kommunion und heftiger Verfeindung, zwischen symbiotischem Einheitsgefühl und grenzenlosem Mißtrauen.

Die große Kommunion verfehlt das Mit-Sein. Das nach Kommunion strebende Selbst wird stets Niederlagen erleben. Denn wenn der Andere sich in seiner Andersheit geltend macht, wird das kommunionsbedürftige Selbst dies nur als Katastrophe, als einen zerstörerischen, feindlichen Akt begreifen können. Die imaginierte Welt des Gleichgestimmten verwandelt sich jäh in eine Welt voller Feinde. Er fühlte sich umzingelt und verfolgt von dunklen Machenschaften und Ungeheuern. Das zwölfte Buch der BEKENNTNISSE des inzwischen fünfzigjährigen Rousseau setzt ein mit den verzweiflungsvollen Sätzen: »Hier beginnt das Werk der Finsternis, in der ich seit acht Jahren begraben bin, ohne daß es mir trotz aller Mühe möglich gewesen wäre, das erschreckende Dunkel zu durchdringen. In dem Abgrund der Leiden, in dem ich untergegangen bin, spüre ich die Schläge, die gegen mich geführt wurden, und sehe das Werkzeug, dessen man sich bedient. Aber ich kann weder die Hand sehen, die es lenkt, noch die Mittel, die sie anwendet.«

Während Rousseau in seinem persönlichen Leben immer tiefer in die Nacht des Mißtrauens und der Verfeindung hineingerät, dehnt er seine Phantasien der großen Kommunion auf die ganze Gesellschaft aus. Das kann auch nicht anders sein, denn das Verlangen nach Selbstsein, Vereinigung und Transparenz kann keine Grenze akzeptieren, weil jede Grenze als Gefahr gelten muß: wenn ich sie nicht hinausschiebe, dringt sie in mich ein.

In seiner Schrift über den GESELLSCHAFTSVERTRAG entwickelt Rousseau das Konzept einer Gemeinschaft, in der sich ein gemeinsamer Wille (»volonté général«) in den Institutionen und Gesetzen verkörpert. Dieser gemeinsame Wille ist die Anwendung des Transparenzideals auf die Gesellschaft, denn er bedeutet nicht die abstrakte Summe vielfältiger Willensstrebungen oder einen statistischen Mehrheitswillen, sondern ist Ausdruck eines Strebens des Herzens und der Vernunft, die alle miteinander verbindet, unter der Voraussetzung, daß jedermann in seinen eigenen Grund hinabreicht. Wenn das geschieht, sind alle voreinander gleich und darum auch alle füreinander durchsichtig. Wie in der Liebe und der Freundschaft, ist bei Rousseau auch in der Gesellschaftsutopie kein Platz für den Anderen in seinem Anderssein. Nur unter dieser Voraussetzung, als Anwendung der großen Kommunion auf das Soziale, kann Rousseau die vollkommen befriedete Gesellschaft imaginieren. Gefährliche Träume, das weiß man, nachdem Robespierre unter Berufung auf Rousseaus »volonté générale« den Terrorismus der Tugend praktizierte.

Rousseau, auf der Suche nach der großen Kommunion auch im Sozialen, will die Verfeindungsenergien aus den gesellschaftlichen Beziehungen herausnehmen. Das kann nur gelingen, wenn man diese Beziehungen selbst grundlegend ändert: durch Beschränkung des Eigentums und der ökonomischen Konkurrenz, gesetzlich gebundene Staatsmacht, Zivilreligion. Aber eines wird dabei auf jeden Fall verlorengehen müssen: das sich selbst genügende, unabhängige »Daseinsgefühl«. Der Mensch wird durch Vergesellschaftung aus sich herausgetrieben, wie auch immer. Er verliert das natürliche Selbstsein, und er gewinnt dafür schlichte oder luxuriöse Selbsterhaltung. Aber das ist für Rousseau zu wenig. Seine Überlegungen kreisen um das Problem einer Gesellschaftsreform, die dem Einzelnen für das verlorene natürliche Selbst ein gesellschaftliches Äquivalent geben kann, das ihn den Verlust verschmerzen läßt. Das erfordert »gute gesellschaftliche Einrichtungen«. Es sind diejenigen, »die es am besten verstehen, dem Menschen seine Natur zu nehmen, ihm seine absolute Existenz zu entziehen und ihm dafür eine relative zu geben und das *Ich* auf die Einheit der Gemeinschaft zu übertragen, so daß jeder Einzelne sich nicht mehr als Eines, sondern als Teil der Einheit fühlt, der nur noch im Ganzen empfindungsfähig ist.« Der aus dem Naturzustand herausgerissene Mensch wird nur dann glücklich sein können, wenn er vollkommen im Gemeinwesen aufgeht, mit aller Leidenschaft und Liebe; wenn er seine individuelle Freiheit und Selbständigkeit in den Dienst des größeren Ganzen stellt, zu dem er gehört. Wer in der bürgerlichen Ordnung sein selbstgenügsames Daseinsgefühl und die Freiheitslust bewahren will, »der weiß nicht, was er will«. Er wird sein Leben »in fortwährendem Widerspruch zu sich selbst« hinbringen, immer schwankend zwischen Neigung und Pflicht, und so wird er »weder Mensch noch Staatsbürger« sein. Wenn man die Menschen von diesem Widerspruch befreien will, darf man nicht nur einen gut funktionierenden Staat schaffen, man muß auch einen neuen Menschen heranbilden. Man muß also alles auf eine Karte setzen. Halbe Lösungen lösen nichts, sie vergrößern nur die Qual der zerreißenden Widersprüche.

Dieser neue Mensch – wie könnte er beschaffen sein? Rousseau gibt ein Beispiel aus dem antiken Sparta. »Eine Spartanerin hatte fünf Söhne beim Heer und wartete auf Nachrichten über die Schlacht. Es kommt ein Helot. Zitternd fragt sie ihn aus. – Eure fünf Söhne wurden getötet. – Gemeiner Sklave, habe ich dich das gefragt? Wir haben den Sieg errungen! – Die Mutter eilt zum Tempel, um den Göttern zu danken – so zeigt sich die wahre Bürgerin.« Rousseau träumt von einem Staat, der nicht Maschine, nicht Leviathan, sondern ›Makroanthropos‹ ist, ein einheitlicher Organismus also. Er lebt in seinen Gliedern und seine Glieder leben durch ihn und für ihn. In einem solchen Gemeinwesen hört die Verfeindung auf – aber selbstverständlich nur in den Grenzen dieses Organismus. Diese Grenzen dürfen nicht zu weit gesteckt sein. Das Gemeinwesen darf nicht größer sein als die Reichweite des nachbarschaftlichen Sinns. Wer vorgibt, die ganze Menschheit lieben zu können und mit Hinweis auf die Menschenliebe die Liebe zu einem beschränkten Gemeinwesen kritisiert, ist ein Betrüger: er »liebt die Tartaren, damit es ihm erlassen bleibt, seine Nachbarn zu lieben«.

Der menschliche Sinn für Nähe bringt es mit sich, daß man nicht mit dem großen Ganzen befreundet sein kann. »Der Patriot ist hart gegen den Fremden.« Er ist es, gerade weil er sein Gemeinwesen liebt. Würde der Einzelne seinem Gemeinwesen gleichgültig gegenüberstehen, würde ihn der Fremde und das Fremde weniger schrecken. »Daher«, so fügt Rousseau in einer Anmerkung hinzu, »sind die Kriege einer Republik grausamer als die einer Monarchie.« Aber es ist für Rousseau besser, nach außen verfeindet zu sein und dafür im Inneren der Gemeinschaft einen Zustand zu genießen, der auch das Herz befriedigt. »Das Wesentliche ist, gut zu den Menschen zu sein, mit denen man lebt.« Zur Illustration wählt Rousseau wieder das Beispiel Sparta. »Nach außen hin war der Spartaner ehrgeizig, geizig, ungerecht. Aber Uneigennutz, Rechtlichkeit und Eintracht herrschten innerhalb seiner Mauern.«

Die universelle Verfeindung wird nicht aufhören. Nur lokal, in begrenzten Gemeinschaften, ist Friedensstiftung möglich, und hier auch nur unter der Voraussetzung, daß der Einzelne seine Freiheit im Selbstbehauptungswillen der Gemeinschaft aufgehen läßt.

Wie aber konnte Rousseau, der neben dem ruhigen Daseinsgefühl die Spontaneität der Freiheit als die zweite große Gunst des Menschseins rühmte, wie konnte dieser Freiheitsphilosoph sich bereit finden, die persönliche Freiheit in der Gemeinschaft untergehen zu lassen?

Rousseau hat über die Freiheit nachgedacht wie über ein Mysterium. So berauschend war sie für ihn, daß er sogar die Idee Gottes und des Weltanfangs nach ihrem Vorbild dachte. Auf die Frage, ob ein Anfang der Welt überhaupt denkbar sei, antwortete er kühn, daß ein solcher Anfang denkbar sei, weil man ja auch selbst jederzeit wieder neu anfangen kann. Wie kein anderer hatte Rousseau dieses Anfängliche des menschlichen Wesens bedacht. Das ruhige »Daseinsgefühl« empfängt die Welt, die Freiheit aber erschafft sie. Freiheit bedeutet Handeln und das Sein wachsen lassen, im Guten wie im Bösen. Durch Freiheit gewinnt man ein Selbstsein, das nicht in sich verschlossen bleibt, sondern herauskommt. Die Freiheit macht aus den »Affektationen« der Seele »Aktionen«. Das Verlangen nach Beisichsein, beseligender Ruhe und Einheit wehrt das Fremde ab, die Freiheit aber, als Bewegung, treibt hinaus in die Fremde. Freiheit ist das Prinzip des Schöpferischen und der Beweglichkeit. Sie verhindert auch, daß man sein Selbst mit der jeweils konkreten Gestalt seiner Selbst-Verwirklichung verwechselt. Aus der Perspektive der Freiheit existiert das Selbst nur in der Möglichkeitsform, und Rousseau war in seinen einsamen Stunden ein Meister darin, sein Selbst in der Fülle der Möglichkeiten festzuhalten und inwendig zu genießen.

Aber gerade weil Rousseau so intim vertraut war mit der inneren Unabsehbarkeit und Unbestimmtheit der eigenen Freiheit, konnte ihm nicht verborgen bleiben, daß sich dort draußen, wo die vielen Freiheiten der Anderen sind, dieselbe oder eine noch viel größere Unbestimmtheit und Unabsehbarkeit auftut. Doch was nach innen als Reichtum erlebt wird, begegnet von außen als Gefahr. Und das ist der Umschlag: Der Genuß der eigenen Freiheit wird bei Rousseau zur Angst vor der Freiheit der Anderen. Durch sie wird die Welt draußen unverläßlich und undurchsichtig. Wer sich als freies Wesen erfährt, das immer wieder neu anfangen, aus Konsequenzen, Normen, Berechenbarkeiten herausspringen kann, weiß: die Anderen können es auch. So aber verschwindet die Transparenz aus der Welt.

Erst vor diesem Hintergrund wird der ganze Sinn des Transparenzideals deutlich: Wenn ich davon träume, daß Ich und Du oder eine ganze Gesellschaft »ein Herz und eine Seele« werden möge, dann fürchte ich mich in Wirklichkeit vor den beängstigend vielen Freiheiten, vor dem Chaos der Spontaneität draußen, und wünsche mir, es möge doch nur die eine große Freiheit geben, in der wir alle zusammenstimmen. Die eine große Freiheit – welche soll das sein? Es kann nur die sein, die ich von innen her kenne, und so kenne ich nur eine: meine.

Das »ruhige Daseinsgefühl« ist das Auskosten eines Lebens jenseits möglicher Verfeindungen. Die Freiheit aber, die sich auf die vielen Freiheiten einläßt, muß entdecken, daß die Welt voller Feinde sein kann.

Das »ruhige Daseinsgefühl«, das die Welt empfängt, und die Freiheit, welche in die Welt hinausschickt, stehen nicht nur in einer polaren Spannung. Bei Rousseau wird sogar ein zerreißender Widerspruch daraus. Am Ende hat Rousseau seine Freiheit, die in die Welt hinausschickt, dazu benutzt, sich aus ihr zurückzuziehen.

In seinen gesellschaftstheoretischen Visionen aber wählt er einen anderen Weg. Dort will er die Freiheit in einer gemeinsamen Freiheit, der »volonté général», aufgehen lassen, um sich so gegen die Angst vor den fremden Freiheiten zu sichern.

Rousseaus idealer Staat sollte im Innern die Verfeindungen dadurch eliminieren, daß der Einzelne sein Glück in der staatlichen Gemeinschaft sucht. Er würde seine natürliche Selbstliebe, die ihn vereinzelt, aufgeben müssen. Statt dessen würde er nun die Gemeinschaft und ihr verbindendes Gesetz lieben; seine Selbsterhaltung dem Gemeinwohl unterordnen, nicht mehr sich selbst gehorchen, sondern dem vom gemeinsamen Willen getragenen Souverän; seine Freiheit für die Gesellschaft aufopfern und damit zu einem neuen Menschen werden müssen. Und deshalb muß es, so Rousseau im Schlußkapitel des GESELLSCHAFTSVERTRAGES, ein staatsbürgerliches Glaubensbekenntnis geben. Denn dem Menschen steht keine andere positive Karriere mehr offen, als vom gesellschaftlich entarteten Tier zum gutartigen Gesellschaftstier zu werden. Da er seine ursprüngliche Natur unwiderruflich verloren hat, muß er mit seiner ganzen geistigen Existenz vergesellschaftet werden. Die Zivilreligion, die Rousseau entwirft, soll die seelisch schwer erträgliche und politisch gefährliche Zerrissenheit zwischen den Mächten des Himmels und der Erde beenden. Diese Zivilreligion sollte den Staatsbürger dazu anhalten, seine gesellschaftlichen und politischen Pflichten »liebzugewinnen«. Es handelt sich um eine Religion der sozialen Daseinserfüllung. Sie sollte das »öffentliche Wohl« an die Spitze aller Zwecke stellen, sollte verpflichten zum Glauben an die Existenz einer weisen und wohltätigen Gottheit, einer umfassenden Vorsehung, eines zukünftigen Lebens mit der Belohnung der Gerechten und der Bestrafung der Gottlosen. Doch all dies nur als Sanktionsmittel für den entscheidenden Zweck: den Glauben an die »Heiligkeit des Gesellschaftsvertrages und seiner Gesetze«.

Die Glaubensartikel der Zivilreligion münden in diese Heiligsprechung der sozialen und politischen Vernunft. Wer nicht bereit ist, diese Glaubensartikel zu übernehmen, den muß man aus der Gesellschaft verbannen. Verbleibt er doch in ihr – etwa um den Schutz, die Bequemlichkeit und Sicherheit der Gesellschaft in Anspruch zu nehmen – und gibt sich gleichzeitig als ungläubig zu erkennen, sei es erklärtermaßen oder durch Heuchelei des Gegenteils, »so verdient er die Todesstrafe«. Denn er hat das »größte aller

Verbrechen« begangen: er hat einen »Meineid im Angesicht der Gesetze geleistet«.

Doch Rousseau bleibt nicht verborgen, daß er mit seiner totalitären Vision des Aufgehens der Freiheit im Sozialen gegenüber der Gesellschaft eine Art Dankesschuld abträgt, denn es ist ihm bewußt, daß seine Lust, ein Ich zu sein, sich der gesellschaftlichen Individualisierung verdankt. Offenbar bringt sie Typen wie ihn hervor, die so individualisiert sind, daß sie das höchste Glücksgefühl im Rückzug aus eben dieser Gesellschaft finden. Er ist nicht so naiv zu glauben, er würde zur ›Natur‹ zurückkehren, er weiß, daß er nichts weiter ist als die gesellschaftlich bedingte Negation der Gesellschaft. Er erfährt sich als kritischer Parasit der gesellschaftlichen Kultur und bleibt in der Schuld der Gesellschaft, daran besteht kein Zweifel. Würde er sich gar nach den Maximen seines GESELLSCHAFTSVERTRAGES beurteilen, müßte er sich als einen Menschen ansehen, der sich nicht von der Gesellschaft konsumieren lassen will, der mit seinem Eskapismus die Sünde wider die Gesellschaft begangen hat, der also von der eigenen Zivilreligion aus gesehen – böse ist.

Rousseau droht in die Falle seines eigenen Denkens zu geraten. Er muß sich selbst den Prozeß machen. ROUSSEAU RICHTET ÜBER JEAN-JACQUES heißt eine seiner letzten Schriften. Darin zeichnet er sich als ein monströses Exemplar, weder ein natürliches Wesen noch ein Bürger. Aber er plädiert für mildernde Umstände. Er sei ganz einfach jemand, der ein Asyl gesucht und gefunden hat in einer Welt, die ihm nur noch wie ein gefährlicher Dschungel vorkommt. Er kopiert Noten, botanisiert und ergeht sich in den Träumereien eines einsamen Spaziergängers. Er bitte darum, ihn in Ruhe zu lassen und nicht zu verfolgen, denn er sei kein schädlicher Mensch, sondern nur ein »unbrauchbarer Bürger«.

Und doch wäre es gut möglich gewesen, daß Jean-Jacques Rousseau, wenn er die Französische Revolution noch erlebt hätte, von Robespierre, seinem gelehrigen Schüler, auf die Guillotine geschickt worden wäre – als ›unnützer Mensch‹, was im Zeitalter der totalen Mobilisierung eine ›Sünde wider die Gesellschaft‹ ist. Das Asoziale ist das Böse, das eliminiert werden muß.

ZEHNTES KAPITEL

Pluralität als Herausforderung. Die optimistische Aufklärung. Ein Programm gegen das Böse: die Arbeit der Vernunft und die Vernunft der Arbeit. Heines Wiederentdeckung der Sünde. Negativer und positiver Freiheitsbegriff. Gewaltenteilung und Markt. Wir konkurrieren uns empor!

Niemand kümmert sich mehr um die Wirklichkeit; alle setzen ihr Wesen in den Schein«, schrieb Rousseau in seiner Rechtfertigungsschrift ROUSSEAU RICHTET ÜBER JEAN-JACQUES. Er aber habe sich um die Wirklichkeit gekümmert, ohne Rücksicht darauf, was die Dogmen der Wissenschaft und Kunst, was die Gunst des Publikums und die Meinungen der Gesellschaft fordern. Er habe sich durch den »Firnis der Worte« hindurchgegraben, um sich und seinen Lesern die wirkliche Wirklichkeit vor Augen zu bringen, die so lange »verkannten Züge der Menschheit« und ihrer Geschichte.

Warum hat er das getan? Erkenntnis ist für ihn kein Selbstzweck. Er hat es getan, weil er die von der Lüge, Konkurrenz und Selbstsucht herrührende allgemeine Verfeindung, die Bosheit und das Böse im gesellschaftlichen Leben überwinden wollte. Wo dies nicht möglich wäre, wollte er sich wenigstens individuell der mißlichen Lage entziehen. Von einem »bösen Willen« abhängig zu sein, war für ihn das Schlimmste.

Begonnen hat er sein Befreiungswerk mit der Entdeckung seines Selbst. Sich »um die Wirklichkeit kümmern« bedeutet zunächst die Sorge um sich selbst. Er hat sich dem ruhigen Daseinsgefühl überlassen, den Augenblicken der wahren Empfindung in der großen Kommunion, dem Einheitsverlangen. Wer sich verströmen oder alles in sich aufsaugen will, wer nach vollkommener Transparenz verlangt, der bemerkt, daß alles, was dem widersteht, der Andere also, ihm zum Fremden und sogar zum Feind wird. Mit der Erfahrung der Freiheit als schöpferischer Spontaneität ist es ihm ähnlich ergangen. Die Freiheit der Anderen läßt die Welt zu einem undurchdringlichen, gefährlichen Chaos werden. Wie kann man bei sich bleiben? Rousseau sieht schließlich keinen anderen Weg, als das Soziale und Politische zu meiden und sich auf Sympathie und Symbiose zu beschränken.

Doch er wollte sich noch in einem anderen Sinn »um die Wirklichkeit kümmern«. Er wollte nämlich Verantwortung für Gesellschaft und Geschichte übernehmen. Er wollte mitwirken am politischen Werk der Verbesserung der Gesellschaft. So dehnte er das Verlangen nach Kommunion aus auf den Bereich des Sozialen und übertrug das ›Ich‹ auf die Einheit der Gemeinschaft. Der Gemeinwille wurde ihm zur Verkörperung des wahren Selbst mit der Folge, daß dieses Kollektivsubjekt die vielen Einzelsubjekte verschlingen mußte. Und wenn er dann am Ende aus dieser Perspektive auf sich selbst schaute, mußten seine Urteile zur Verurteilung seiner selbst führen. Er bezeichnet sich als »unbrauchbaren Bürger«.

Obwohl Rousseau das soziale und politische Leben zum Thema machte, war sein Denken doch immer nur auf *den* Menschen im Gattungssingular gerichtet: Der politische Körper, von dem er träumte, war das eigene Selbst im großen Format.

Aber zwischen *dem* Menschen und dem großen Ganzen – *dem* Sein, *dem* Geist, *der* Geschichte – gibt es noch einen anderen Bereich, jenes ›Dazwischen‹, wo es *die* Menschen in ihrer Pluralität gibt, die Vielen, die sich voneinander unterscheiden, unterschiedlichen Interessen nachgehen, sich handelnd begegnen und dabei das erst hervorbringen, was politische Wirklichkeit genannt werden kann. Diese ganze Sphäre, deren Bedeutung in der Vielheit und der Unterschiedenheiten der Einzelnen liegt, verschwindet in Rousseaus Panorama.

Es gibt nur zwei Arten des Selbst: die wahre Natur und das kulturelle Blendwerk aus Täuschung und Selbsttäuschung, eine Unterscheidung analog der Heideggerschen zwischen dem Eigentlichen und dem Uneigentlichen. Natürlich leugnet Rousseau nicht die Unterschiede. Aber sie sind für ihn keine positive Herausforderung, sondern eine Bedrohung für das Verlangen nach Kommunion und Transparenz. Daß wir mit dem Faktum leben müssen, von Menschen umgeben zu sein, die anders sind, die wir nicht verstehen oder allzu gut verstehen, die wir lieben, hassen, die uns gleichgültig oder rätselhaft sind, von denen uns ein Abgrund oder nichts trennt – diesem Universum von Bezugsmöglichkeiten hat Rousseau wenig Aufmerksamkeit geschenkt. Er war in sein Selbst verliebt und vertieft. Es wurde ihm schließlich zur Zitadelle gegen den Rest der Welt. Kein Zufall, daß sein Denken um die ursprüngliche Gleichheit des Menschengeschlechts kreist. Das Denken der Differenz war ihm keine Herzenssache. Ein solches Denken würde bedeuten, sich positiv herausfordern zu lassen von der Verschiedenheit der Menschen und die Schwierigkeiten und Chancen anzunehmen, die sich daraus für das Zusammenleben ergeben.

In der philosophischen Tradition gibt es schon lange die Mystifikation, daß immer nur von *dem* Menschen gesprochen wird, wo doch immer nur *die* Menschen vorkommen. Auf der philosophischen Bühne agieren Gott und Mensch, Ich und Welt, das *ego cogito* und die *res extensa* und nun bei Rousseau das ›wahre Selbst‹. Aber mag dieses auch ein Kosmos für sich selbst sein, so findet es sich doch immer auch als Atom in der unübersichtlichen Welt der Anderen. Statt nun die fundamentale Pluralität dieser Menschenwelt zu bedenken, weicht Rousseau in den kollektiven Singular aus: der »gemeinsame Wille«, das Volk. Und dieser völkische Singular wird unter das Existenzideal des wahren Selbst gestellt – ein Ideal, das am einzelnen Selbstsein entwickelt und auch nur von ihm verwirklicht werden kann.

Das Pathos der Rousseauschen Gesellschaftsvision entstammt der Einsamkeit. Wenn aber das Volk zum kollektiven Singular des Daseins wird, dann ist diese Einsamkeit in der ominösen Einheit des Volkes verschwunden. Dann zeigt sich diese Einsamkeit allenfalls noch in der Entgegensetzung der verschiedenen politischen Körper. Jedes Volk ist für sich allein und muß sich an den Grenzen behaupten und kämpfen. Nach innen friedlich und nach außen gewaltsam, einmal mit der Wahrheit, das andere Mal mit List und Trug.

Politisches Denken, das sich nicht nur zwischen den Polen des wahren Selbst und der ganzen Menschheit bewegt, sondern das ›Dazwischen‹ bedenkt, entspringt aus der Bereitschaft, das Zusammen- und Miteinandersein der verschiedenen Menschen ernst zu nehmen. Es widersteht der Versuchung, das Gewimmel des geschichtlichen Geschehens auf eine wahrhafte Geschichte hin eilig zu durchqueren, die dann jene Logik besitzen soll, die dem Chaos der wirklichen Geschichte, die nur aus unendlich vielen sich kreuzenden Geschichten besteht, immer fehlen muß. Die Konstruktionen der ›wahren‹ Geschichte bieten in der Regel ein Allheilmittel zur Verbesserung der Menschheit an, zur vollständigen Überwindung des Bösen, wie auch immer es definiert wird.

Im Zeitalter der Aufklärung und des Rationalismus entdeckte man bereits die Abgründe und Widersprüche der Vernunft, aber bei den populären und wirkungsmächtigen Versionen des Aufklärungsdenkens galt die Vernunft als Allheilmittel. Natürlich wußte man, daß es nicht ganz einfach ist, sie zur Herrschaft zu bringen. Zwar hat sie schon ihren Siegeszug in der Erkenntnis der Natur angetreten, erste eindrucksvolle Schritte auf dem Weg der technischen Naturbeherrschung sind schon vollzogen, und ihr Prestige ist dadurch gewachsen. Aber gesellschaftlich und individuell herrscht noch immer nicht die Vernunft, wie die Aufklärer bedauernd feststellen. Wer nicht vernünftig ist, ist auch nicht Herr im eigenen Haus. Er ist unmündig, weil er sich seines Verstandes nicht zu bedienen weiß, er wird beherrscht von seinen Leidenschaften, Ängsten, falschen Hoffnungen, ist ein Opfer jedes Aberglaubens und Dogmas, wodurch ihn andere lenken und beherrschen. Der Ausgang aus der Unmündigkeit beginnt mit einer inneren Selbstbefreiung. Das Individuum muß bei sich selbst die wahrhafte Hierarchie und Harmonie seiner Wesenskräfte etablieren. Man muß ihm den Kern seines Wesens, eben die Vernunft, enthüllen und ihm dabei helfen, sie zur Herrschaft zu bringen.

Was gebietet die Vernunft? Sie lenkt den Menschen so, wie die nichtmenschliche Natur sich selbst lenkt: nach dem Gesetz der Selbsterhaltung und dem der Harmonie des Ganzen. Beides gehört zusammen, gerade in dieser Zusammengehörigkeit besteht ja das Wunderwerk der Natur. Die aufklärerische Rationalität schwelgt im Anblick des zusammenstimmenden Naturkosmos, der bei den einen mechanisch, bei den anderen eher dynamisch und vital verstanden wird. Doch gemeinsam ist bei den Optimisten der Aufklärung, zu denen Kant freilich nicht gehört, die Überzeugung, wie gut doch alles in der Natur geregelt ist und wie gut es ist, daß wir Vernunft haben, alles erkennen können, und daß es noch besser ist, wenn wir diese Vernunft dazu nutzen, uns in Übereinstimmung mit dem großen Ganzen zu bringen.

Wenn man die Gesetze dort draußen erkennt und sie bewußt auf den Menschen anwendet, dann muß das Leben gelingen, einzeln wie allgemein. Allerdings zeigt die Natur auch Aspekte des Grauens. Man denke nur an jene berühmte Szene in Goethes WERTHER. Eben noch schwelgt der Jüngling in den Vorstellungen einer »allliebenden« Natur, ihrer Schönheit, Fruchtbarkeit, ihres lebendigen Atems. Dann der jähe Stimmungsumschwung. In dem sanften »Stirb und Werde« erblickt er nun ein grausames Fressen und Gefressenwerden. Der »Schauplatz des unendlichen Lebens« verwandelt sich ihm in den »Abgrund des ewig offenen Grabes«. Die Natur ist nur noch ein »verschlingendes, ewig wiederkäuendes Ungeheuer«. Gerade in solchen Momenten triumphiert dann doch wieder die Vernunft – zwar nicht bei Werther, aber bei den rationalistischen Zeitgenossen –, wenn sie bemerkt, daß es nicht ihre Aufgabe ist, nur das Einzelleben festzuhalten und aus seiner Perspektive verängstigt auf das Ganze zu blicken, sondern daß die Vernunft das Bewußtsein vom Ganzen in der Nußschale des Einzelnen ist. So wird die Vernunft zum Komplicen jener Gesetze, die sich unter Umständen auch gegen den Einzelnen übel auswirken können. »Nicht lachen, nicht jammern, noch verwünschen, sondern verstehen«, sagt Spinoza.

Daß Notwendigkeiten schmerzlich sind, mag ja sein, doch wir werden entschädigt durch die Lust der Erkenntnis. »Wenn diese Dinge auch unbequem sind, so sind sie doch notwendig und haben bestimmte Gründe, durch die wir ihr Wesen zu verstehen suchen, und die Seele freut sich über ihre wahre Betrachtung ebenso wie über die Erkenntnis derjenigen Dinge, die den Sinnen angenehm sind.« Daß die Vernunft so von ihrer verkörperten Einzelheit absehen kann, macht sie erhaben. Sie ist das Erhabene, sagt auch Kant. Das vernünftige Selbst begreift sich als etwas, das größer ist als das Individuum. Durch die Vernunft ist man aktiv mit dem Ganzen der Natur, der Gesellschaft, der Menschheit verbunden. Vernunft ist die Stimme der Menschheit im einzelnen Menschen. So kann der Mensch

Ehrfurcht vor sich selbst empfinden, allerdings nur vor dem besseren, dem vernünftigen Selbst – demjenigen Teil, das sich zum Universellen erhoben hat. Diesen Teil zur Herrschaft zu bringen, heißt, die anderen Anteile zu integrieren oder – wo das nicht möglich ist – zu unterdrücken oder zu eliminieren. Das Unvernünftige, Irrationale, die Leidenschaften, die einen versklaven – das gilt von nun an als das Böse. Doch in der Regel spricht man gar nicht vom ›Bösen‹. Die Assoziation von ›bösen‹, dämonischen Mächten liegt zu nahe. Aufklärung indes versteht ihr Geschäft als Entdämonisierung. Das Böse ist keine eigene Macht, sondern nur ein Mangel. Ein Mangel an Vernunft. Die Natur wirkt gesetzlich, schon darum kann es in ihr nichts Böses geben. Auch im Menschen wirken Gesetze. Darüber hinaus erkennt er sie, hat Einsicht in ihre Notwendigkeit und kann sie mit Bewußtsein auf sich selbst anwenden. Er kann es auch unterlassen, dann aber verfehlt er seine essentielle Natur, seine Vernunftnatur, und sinkt herab auf die Stufe der natürlichen Natur. Nicht diese natürliche Natur ist das Böse, sondern das Verfehlen und Verspielen der Vernunft-Natur. Verblendete Eigensucht, träge Schlaffheit und viele andere Gründe können die Ursache dafür sein. Doch wie auch immer – solange der Mensch seiner Vernunft nicht aus natürlichen Gründen beraubt ist, etwa im Falle einer Krankheit, bleibt es in seiner Verantwortung, ob er die Vernunft in sich gelten und wirken läßt oder nicht. Unmündigkeit ist kein Schicksal, sondern ist immer auch selbstverschuldet, zu einem Teil wenigstens.

Der aufgeklärte Rationalismus besaß ausgeprägte Vorstellungen davon, in welcher Weise und zu welchem Zweck der Mensch seine Freiheit nutzen sollte. Die innere und äußere Natur soll er mit Hilfe der Einsicht in die Notwendigkeiten beherrschen. Er soll das empirische Bündel von Wünschen und Leidenschaften disziplinieren und sie damit auch der Gesellschaft gefügig machen. So entsteht das Kunstwerk der Gesellschaft, das gut funktionieren kann, wenn das gesellschaftliche Regiment der gesammelte Ausdruck selbstbeherrschter Individuen ist. Die gesellschaftlichen Gesetze mögen den Einzelnen einschränken, da aber diese Gesetze, so erklärt Locke, »von Sümpfen und Abgründen fernhalten, haben sie den Namen Einschränkung nicht verdient«.

Der radikale Rationalismus, wie er sich seit Spinoza entwickelte, war davon überzeugt, daß die positiven Werte des menschlichen Lebens – Glück, Wahrheit und Tugend – logisch miteinander zusammenhängen und man sie deshalb wissenschaftlich erforschen kann. Ihre Wahrheit galt als ebenso zwingend wie die Wahrheiten der Mathematik. Hier gibt es keine Freiheit des Denkens, allenfalls eine Freiheit zum Denken. Man kann Mathematik meiden, diese Freiheit hat man. Wenn man sich aber darauf eingelassen hat, dann gibt es nur noch den Zwang von Logik und Wahrheit. Warum sollte, was für die Mathematik gilt, nicht auch für andere Bereiche des Lebens gelten? Wir sind so frei, uns auf die Vernunft einzulassen. Haben wir dies aber einmal getan, dann geraten wir unter den Zwang der Vernunftwahrheiten – zu unserem eigenen Wohl. Der Wissenschaftsglaube des 19. Jahrhunderts wird daraus weitreichende Folgerungen ziehen. August Comte zum Beispiel erklärt: »Wenn wir das freie Denken in der Chemie oder der Biologie nicht gestatten, warum sollten wir es dann in der Moral oder der Politik zulassen?«

Wer sich von der Wissenschaft nicht vorschreiben läßt, was gut für ihn ist, würde ›böse‹ genannt werden müssen, wenn nicht dieser Ausdruck selbst als ein Fossil aus vorwissenschaftlicher Zeit gelten würde. Deshalb spricht man lieber von Torheit, Irrtum, schädlichem und unproduktivem Verhalten. Jedenfalls kann ein wissenschaftlich abgestütztes Gesetz, das mir verbietet, etwas zu tun, was ich als vernünftiges Wesen im eigenen Interesse eigentlich gar nicht wollen kann, nicht als Einschränkung der Freiheit angesehen werden. Denn Freiheit bedeutet in diesem Zusammenhang: zwischen den erkannten Notwendigkeiten manövrieren und die eigenen Zwecke daran anpassen. Es läßt sich auch von einem ›wissenschaftlichen‹ Standpunkt aus ein rationaler Gesellschaftsmechanismus konstruieren, der das mögliche Optimum zu erreichen verspricht – gemessen an den Wünschbarkeiten, die als Prämissen in dieses Modell eingegangen sind. Sogar diese Wünschbarkeiten – wie z. B. Gerechtigkeit, Produktivität, Sicherheit, materielles Glück für die größtmögliche Bevölkerungszahl – gelten als wissenschaftlich valorisierbar (was Max Weber dann allerdings bestreiten wird). Die Hierarchie der Präferenzen kann, so Comte, wissenschaftlich ausgewiesen werden. So geht Freiheit vollkommen in dem geschlossenen Universum einer verwissenschaftlichten Vernunft auf. Sogar die Geschichte ist machbar. Man begreift ihren Mechanismus und macht ihn sich zunutze. Das 19. Jahrhundert bringt das Projekt einer verwissenschaftlichten Politik hervor; davon träumt Comte, vor allem aber Karl Marx.

Die Welt verstehen und erklären können galt in der Aufklärung als gleichbedeutend mit befreit sein. Der von Hegel und Adam Smith inspirierte Gesellschaftspragmatismus eines Marx wollte noch viel mehr. Bisher, so behauptet er, ist die Welt nur verschieden interpretiert worden, es kommt aber darauf an, sie zu verändern. In der Erkenntnis der Naturnotwendigkeiten war man schon sehr weit fortgeschritten. Was aber die Einsicht in die vermeintlichen Gesetze der Gesellschaft und Geschichte betrifft, so steckt man erst in den Anfängen, erklärt Marx. Das liegt aber nicht an mangelnder Klugheit. Die Struktur der Gesellschaft selbst hat es bisher erschwert, sie zu erkennen. Nicht nur der Einzelne kann sich von sich selbst entfremden und sich selbst zum undurchdringlichen Rästel werden, auch einer Gesellschaftsstruktur insgesamt kann dies widerfahren. Sie erzeugt notwendig falsches Bewußtsein, Mystifikationen, Ideologien. Die wahren Beziehungen der Menschen werden zu Warenbeziehungen und nehmen Fetischcharakter an. Die Menschen produzieren ihre Geschichte, aber sie wissen es nicht, und nennen es Schicksal, Gnade oder Verdammnis, was mit ihnen geschieht. Marx nennt es »Naturwüchsigkeit«. Die Logik des Marktes und des Kapitalismus sind eine solche Naturwüchsigkeit. Eine blinde Gesetzmäßigkeit, resultierend aus dem Zusammenwirken aller, aber von keinem so gewollt und von keinem beherrscht. Das Gesetz des Handelns muß von der Struktur wieder auf die Subjekte übergehen, man muß die Produktionsverhältnisse umwälzen. Das gelingt aber nicht durch einen voluntaristischen Akt, sondern die technische Entwicklung der Produktivkräfte selbst erzwingt die Revolution. Das Proletariat ist nur der subjektive Faktor dieses objektiven Prozesses. Der Sozialismus, so glaubt man, sei von einer Utopie zu einer wissenschaftlich konstatierbaren Zwangsläufigkeit geworden.

Für das Denken im Maschinenzeitalter wird auch die Geschichte und die Gesellschaft zu einer Art Maschine. Man kann ihr die Herstellung des gelingenden Lebens anvertrauen, unter der Voraussetzung allerdings, daß man sich funktionsgerecht verhält. Für Marx wird der Sieg des Proletariats unvermeidlich sein wie für seinen Lehrer Hegel der Sieg des Weltgeistes. Solche Unvermeidlichkeiten gibt es, wenn man die ›Maschine‹ der historischen Gesetzmäßigkeit ungestört arbeiten läßt. Störende Faktoren müssen ausgeschaltet werden, deshalb läßt man Manifeste, wie das Kommunistische, zirkulieren. Die Freiheitstheoretiker, welche die Gesellschaftsmaschine für sich arbeiten lassen wollen, verstehen sich als Ingenieure des Fortschritts. Die Revolutionäre des wissenschaftlichen Sozialismus antizipieren im 19. Jahrhundert die Träume der Gesellschaftstechnologen des 20. Jahrhunderts. Daher ihre Polemik gegen unzuverlässige Hedonisten und Spontaneisten wie Heinrich Heine; deshalb die Verurteilung der Maschinenstürmerei und der Utopisten; deshalb auch die Ausfälle von Marx und Engels gegen die Theoretiker der Sofort-Freiheit wie Max Stirner oder Michail Bakunin.

In dieser Welt der ›wissenschaftlichen‹ Befreiung kann es das Böse nicht mehr geben. Natürlich gibt es den Klassenfeind. Aber auch er spielt seine Rolle auf der geschichtlichen Bühne: eine Charaktermaske. Und was es sonst noch an üblen Gewohnheiten, Lumpereien usw. gibt, ist Unkraut auf dem schlecht besorgten Acker der Geschichte. Damit wird es ein Ende haben, wenn erst der gesellschaftliche Boden tüchtig umgepflügt worden ist.

Indem diese wissenschaftlich drapierte Eschatologie die *conditio humana* nach der Seite der Krankheit, Sterblichkeit, Zufall, Fehlbarkeit und Bosheit ignoriert, streicht sie den Sündenfall aus und ersetzt ihn, in der Religion des Diesseits, durch den Fortschritt. Der zeitweilige Weggefährte dieser Träume, Heinrich Heine, entdeckt in seinen späten Lebenstagen wieder die Sünde. Er bleibt zwar dem Sensualismus seiner Jugend treu, aber jetzt ist es nicht mehr die Emanzipation des Fleisches, wovon er sich alles erhofft. Nun ist es die Sinnlichkeit des Schmerzes, von dem er alles befürchtet und den er gegen die großen geschichtlichen Projekte geltend macht. Das Leiden vereinzelt und den Augenblick der Qual wiegt keine Geschichte auf. Das Studium der *conditio humana* in der Matratzengruft hat Heine eines Schlechteren belehrt. Ein Billett der allerletzten Lebenszeit signiert er mit »Nebukadnezar der Zweite«, ironisch darauf anspielend, daß er einst diese Geschichte von jenem König erzählt hatte, »der sich selbst für den lieben Gott hielt, aber von der Höhe seines Dünkels erbärmlich herabstürzte, wie ein Tier am Boden kroch und Gras aß«.

Die Aufklärung, der Rationalismus, die Kirche der Wissenschaft waren angetreten als eine machtvolle Bewegung der Freiheit. Es war, legt man die Unterscheidung Isaiah Berlins zwischen dem »negativen« und dem »positiven« Freiheitsbegriff zugrunde, eine Bewegung der »positiv« verstandenen Freiheit. Man glaubte zu wissen, was und wer der Mensch ist und zu welchen Zwecken er sich bilden soll. Diese Bewegung ist schließlich in den Terror des Menschenbildes umgeschlagen. »Proletarischer Zwang«, schreibt Bucharin 1920, »in all seinen Formen, von der Exekution bis zur Zwangsarbeit, ist, so paradox das klingen mag, die Methode, mit der aus dem Menschenmaterial der kapitalistischen Ära die kommunistische Menschheit geformt wird.«

Es war eine Bewegung, die ursprünglich gegen die Fremdbestimmung die Selbstbestimmung, gegen die Abhängigkeit von Zufall und Schicksal den Plan der eigenen Vernunft setzte, gegen die Verausgabung von Lebenszeit ihre rastlose Verwertung, gegen das Seinlassen die Selbstvervollkommnung. Der teleologische Optimismus dieses Programms sollte abschirmen gegen das schwankende, unverläßliche Innere des Bewußtseinstieres, aus dem dunkle Sinnlosigkeitsgefühle aufsteigen. Die Vernunft der Arbeit und die Arbeit der Vernunft waren das Programm gegen das Böse. Man vertraute den Gründen und wollte von den Abgründen nichts mehr wissen. Es galt Hegels kluger Satz über den Sündenfall: »Erkennen heilt die Wunde, die es selber ist.«

Eine andere geistige Haltung, im Denken des 18. Jahrhunderts verwurzelt, begnügte sich mit einem »negativen« Freiheitsbegriff. Hier war man bescheidener und skeptischer. Bescheidener, weil das Denken nicht um die Macht und die Frage kreiste, welches Menschenbild mit ihrer Hilfe durchgesetzt werden könnte. Es ging vielmehr darum, die Macht zu begrenzen. Wenn für die Anhänger des positiven Freiheitsbegriffs die Frage entscheidend war, wer herrscht und wie man die Staatsgewalt in die Hand bekommen kann, so kommt für die Anhänger der negativen Freiheit alles darauf an, wie die Staatsgewalt eingedämmt werden könne. Sie sind skeptisch, weil sie wissen, daß Macht stets zum Mißbrauch verführen kann.

Die verschiedenen Freiheitsbegriffe sind mit unterschiedlichen Einstellungen zum Leben verbunden. Die einen glauben ziemlich genau über die Bestimmung des Menschen Bescheid zu wissen und sind deshalb bereit, ihre Vorstellungen mit Macht durchzusetzen. Die anderen dagegen erklären, daß die Frage nach der Identität des Menschen durch keinen Machtspruch, wie wohlwollend er auch gemeint sein mag, beantwortet werden darf. Jeder soll nach seiner Facon selig werden können; die existentiellen und moralischen Aspekte der Wahrheit – also die Frage des Lebenssinns, der Religion usw. – sollen der Entscheidung und Freiheit des Einzelnen überlassen bleiben. Im Namen solcher ›Wahrheiten‹ soll es keine Machtkämpfe mehr geben.

Diese Verlagerung des Kampfgebietes hat Carl Schmitt »Neutralisierung« genannt. In jeder Epoche, so sein Gedankengang, gibt es jeweils ein Zentralgebiet, wo über eine verbindliche Lösung der Fragen des Lebens gestritten wird. Was ein Gebiet zu einem solchen Zentralgebiet macht, ist der Umstand, daß von hier aus alle anderen Fragen des Lebens zugleich mitentschieden werden, sie gelten dann nur noch als »Probleme zweiten Ranges, deren Lösung sich von selber ergibt, wenn nur die Probleme des Zentralgebietes gelöst sind«. So war das Mittelalter das »theologisch-metaphysische« Zeitalter, dem das »humanitär-moralische«, das 17. und 18. Jahrhundert, folgte. Höhepunkt dieser Entwicklung von der Theonomie zur Autonomie war die Französische Revolution. Das 19. Jahrhundert erlebte den Siegeszug des Liberalismus, den Übergang vom Leitbild der »positiven« zur »negativen«

Freiheit. Autonomie galt zwar auch weiterhin als hoher Wert, doch das Kampfgebiet, wo man ihn zu realisieren hoffte, hatte sich verlagert. Politik ist das Schicksal, hatte Napoleon am Anfang des Jahrhunderts erklärt, und gerade deshalb bedeuteten für den Liberalismus die politischen Freiheitsrechte vor allem: Freiheit von der Politik, Schutz gegen die politischen Eingriffe, politikfreie Entwicklung. Als das alles entscheidende Kampfgebiet galt jetzt die Ökonomie. Die Wirtschaftsform entscheidet alles. Das ökonomische Sein bestimmt das Bewußtsein, erklärte Marx; Anarchismus und Syndikalismus favorisierten die Gemeinwirtschaft, und der Liberalismus setzte auf die segensreiche Wirkung des Marktes. Die Ökonomie ist das Schicksal.

Der Liberalismus benötigte keinen starken Begriff der menschlichen Freiheit, er konnte die Bestimmung des Menschen unbestimmt lassen, sie in den Privatbereich verweisen und dort individualisieren, weil er auf die Kräfte des Marktes und der Konkurrenz setzte. Sie würden es schon richten, hier zeige sich, was es mit dem Menschen auf sich hat und wozu er imstande sei. Für den Liberalismus steckt das Gute in der Logik von Markt und Konkurrenz. Der Mensch mag moralisch gesehen ein »krummes Holz« (Kant) sein, etwas Gutes kann aber trotzdem aus der Art seiner Vergesellschaftung entspringen. Die positive Wirkung beruht dann nicht darauf, daß die Menschen zuerst sittlich veredelt, sondern daß sie in eine kluge Verbindung zueinander gebracht werden. Wie eine »unsichtbare Hand« (Adam Smith) fügen der Markt und die Konkurrenz das Puzzle der Wirklichkeit zu einem gelingenden Bild zusammen. Das System von Markt und Konkurrenz hat also eine Vernunft, die gleichsam hinter dem Rücken der Beteiligten wirkt, ob sie sich nun im einzelnen zum Guten oder zum Bösen entscheiden. Für den Liberalismus steckt diese Systemvernunft in der Rivalität der Interessen, die sich gegenseitig begrenzen und sich im Wettbewerb wechselseitig zu einem Höchstmaß von Produktivität und schöpferischer Initiative herausfordern. Die Menschen sind in der Regel nicht ›gut‹, aber durch die Art ihrer gesellschaftlichen Verbindung kann es zu einem guten Ergebnis kommen.

In den FEDERALIST PAPERS, dem Gründungsdokument der amerikanischen Verfassung, heißt es: »Diese Politik, dem Mangel an besseren Motiven durch entgegengesetzte und miteinander rivalisierende Interessen abzuhelfen, könnte man durch das gesamte System der menschlichen Angelegenheiten hindurch, der privaten wie auch der öffentlichen, verfolgen.« Madison formuliert hier in pragmatischer Absicht ein Prinzip, dem Kant zur selben Zeit die höchste philosophische Weihe gegeben hatte. Wie kann aus dem »krummen Holz« des Menschen Gutes entstehen – fragt er und gibt eine Antwort, die sinngemäß lautet: wir konkurrieren uns empor! Das Wunderwerk der menschlichen Angelegenheiten besteht darin, daß »die Zwietracht der Menschen Eintracht selbst wider ihren Willen emporkommen« läßt. Er erläutert diesen Grundsatz: »Die Menschen, gutartig wie die Schafe die sie weiden, würden ihrem Dasein kaum einen größeren Wert verschaffen, als dieses ihr Hausvieh hat; sie würden das Leere der Schöpfung in Ansehung ihres Zwecks, als vernünftige Natur, nicht ausfüllen. Dank sei also der Natur für die Unvertragsamkeit, für die mißgünstig wetteifernde Eitelkeit, für die nicht zu befriedigende Begierde zum Haben, oder auch zum Herrschen! Ohne sie würden alle vortrefflichen Naturanlagen in der Menschheit ewig unterentwickelt schlummern. Der Mensch will Eintracht; aber die Natur weiß besser, was für seine Gattung gut ist: sie will Zwietracht. Er will gemächlich und vergnügt leben; die Natur will aber, er soll aus der Lässigkeit und untätigen Genügsamkeit hinaus, sich in Arbeit und Mühseligkeit stürzen, um dagegen auch Mittel auszufinden, sich klüglich wiederum aus den letzteren heraus zu ziehen. Die natürlichen Triebfedern dazu … verraten also wohl die Anordnung eines weisen Schöpfers; und nicht etwa die Hand eines bösartigen Geistes, der in seine herrliche Anstalt gepfuscht oder sie neidischer Weise verderbt habe.«

Die Geschichte muß nicht so schlimm enden wie die zwischen Kain und Abel. Eine günstige Entwicklung des Menschengeschlechtes ist unter der Voraussetzung möglich, daß die Menschen lernen, zu konkurrieren statt sich totzuschlagen. Die Konkurrenz ist der segensreiche Ersatz des Totschlags. Kant denkt an das liberale Kunstwerk der Gesellschaft, worin die Verfeindungsenergien umgewandelt werden zu Antriebskräften gesellschaftlicher Stabilität und Fortschritt.

Was im Ökonomischen die Konkurrenz, ist im Politischen die Gewaltenteilung. Da Macht immer mißbraucht werden kann, muß sie aufgeteilt werden, so wie zur Öffnung eines Tresors oder zur Auslösung eines Waffensystems mehrere Schlüssel, auf verschiedene Personen und Institutionen verteilt, erforderlich sind. Zu diesem Prinzip der Gewaltenteilung geben die FEDERALIST PAPERS folgende Erläuterung: »Es mag ein Ausdruck des Mangels der menschlichen Natur sein, daß solche Kniffe notwendig sein sollen, um den Mißbrauch der Regierungsgewalt in Schranken zu halten. Wenn die Menschen Engel wären, wäre keine Regierung notwendig … Bei der Planung einer Regierung, die von Menschen über Menschen ausgeübt werden soll, liegt die große Schwierigkeit hierin: Zuerst muß man die Regierung dazu in die Lage versetzen, die Regierten zu kontrollieren; dann muß man sie dazu zwingen, sich selbst zu kontrollieren.«

Das Prinzip der Gewaltenteilung hat eine Abrüstung der Wahrheitsansprüche zur Voraussetzung. Das kann man ganz gut bei Montesquieu studieren, der diesem Prinzip zum erstenmal eine umfassende philosophische Begründung gegeben hat. Menschliches Sinnen und Trachten werden sich niemals in einer einzigen gültigen Synthese zusammenfassen lassen. Die Menschen können keinen sterblichen Gott schaffen und sie sollten es, zu ihrem eigenen Wohle, erst gar nicht versuchen. In den menschlichen Angelegenheiten bleibt die Differenz verschiedener und gegensätzlicher Interessen und Perspektiven bestehen. Deshalb kommt es darauf an, ein geregeltes Spiel dieser Differenzen in Gang zu setzen. Das ergibt vielleicht nicht die schlechthin ›wahre‹, dafür aber eine lebbare Ordnung. Die Gewaltenteilung ist eine Konsequenz der Einsicht in die menschliche Unvollkommenheit. Sie wäre nicht nötig, wenn es beim Menschen eine Einheit von Macht und Güte gäbe. Diese Einheit aber gibt es nur in Gott.

Nicht nur die Gesellschaft, auch der einzelne Mensch tut gut daran, das Prinzip der Gewaltenteilung für sich selbst anzuwenden. Er ist ein in sich geteiltes, vielleicht sogar zerrissenes Wesen, und das erfordert, den Antrieben der Natur die Vernunftgründe entgegenzusetzen. Er muß in sich selbst eine Balance der verschiedenen Mächte schaffen, die ihn bestimmen. Das Prinzip der Gewaltenteilung gilt also nicht nur für den politischen Körper, sondern auch für den einzelnen Menschen.

Und das gilt, nach den Erfahrungen mit verwilderten Märkten und ruinöser Konkurrenz, auch für die Regelung des Verhältnisses von Markt und Politik. Marx hatte bekanntlich vorausgesagt, daß der kapitalistische Markt, wenn er seinen eigenen Gesetzen überlassen bleibt, notwendig zum Zusammenbruch und schließlich zum Sozialismus führen würde. Das ist, wie man weiß, nicht geschehen. Jedenfalls nicht in dem Sinne eines Triumphes des Sozialismus über den Kapitalismus. Der Sozialismus war in den unterentwickelten Ländern eine Art Umweg zum Kapitalismus. Und in den entwickelten Ländern war er eine vom Sowjetimperium oktroyierte Ordnung, die zusammenbrach, als ihre ökonomischen Reserven aufgebraucht waren.

Und doch hat der politisch ungenügend gesteuerte Marktmechanismus im 20. Jahrhundert ruinöse Folgen gehabt. Die Geschichte dieses Jahrhunderts hat gezeigt, daß Märkte zusammenbrechen und ökonomische Depressionen und soziale Unruhen mit katastrophalen Folgen auslösen können. Die Weltwirtschaftskrise war eine der Voraussetzungen für den Aufstieg des Nationalsozialismus. Der Markt allein gewährt keine Stabilität. Sie muß durch politische Anstrengung bewahrt werden. Es ist eine Lehre aus den Katastrophen dieses Jahrhunderts, daß ökonomische Macht durch die politische Gewalt ausbalanciert werden muß. Gerechtigkeit und Solidarität setzen sich nicht allein mit Hilfe des Marktes durch, sondern erst im Ergebnis politischen Handelns. Der moderne Sozialstaat ist ein Produkt dieser Gewaltenteilung zwischen Ökonomie und Politik.

Das Prinzip der Gewaltenteilung gilt auch für das Verhältnis des Öffentlichen zum Privaten. Dort findet der »negative« Freiheitsbegriff seine klassische Formulierung: Es geht darum, den Bereich genau zu definieren, der von politischer Beeinflussung frei bleiben und vor der Gewalt des Ökonomischen geschützt werden soll. Die Formulierungen der Menschenrechte und Menschenwürde dienen diesem Zweck. Sie definieren die Grenzen der Macht und sind doch zugleich auf Macht angewiesen, um wirksam geschützt werden zu können.

Gewaltenteilung bedeutet auch: anerkennen, daß die Wahrheit teilbar ist, daß sie aufgeteilt ist zwischen den Individuen, daß die eine unteilbare Wahrheit nicht in der Verfügung des Menschen liegt. Darum ist mit der Idee der Gewaltenteilung auch das Prinzip der Toleranz verbunden. Ich bekämpfe deine Meinung, aber ich kämpfe darum, daß du sie sagen darfst, so definierte Voltaire die Toleranz.

Die politische Verfassung der »negativen« Freiheit, Gewaltenteilung und Toleranz, die auf einer Ökonomie der einträchtigen Zwietracht basiert, bedeutete für Kant ein politisches Kunstwerk, mit dessen Hilfe der Einzelne ein guter Bürger zu sein gezwungen wird, ohne doch zuvor erst zum guten Menschen geläutert worden zu sein. Kant war von der Vernunft dieses Systems so sehr überzeugt, daß er schließlich sogar erklärte: »Das Problem der Staatseinrichtung ist, so hart es auch klingt, selbst für ein Volk von Teufeln (wenn sie nur Verstand haben) auflösbar.« Auflösen läßt es sich eben dadurch, daß die »unfriedlichen Gesinnungen in einem Volke« in ein solches Verhältnis zueinander gebracht werden, daß sie, sich wechselseitig neutralisierend, zu einem »Friedenszustand« führen, vorausgesetzt allerdings, es handelt sich um »verständige« Teufel. Sie müssen sich rational und berechenbar verhalten im Sinne der Selbsterhaltung. Nur dann, das gibt Kant zu, geht die Rechnung auf.

Wie aber, wenn es sich mit dem Bösen anders verhält, wenn es nicht nur eine Funktion der rücksichtslosen Selbsterhaltung ist, sondern Grausamkeit und Zerstörung zum Selbstzweck werden können, wenn das Böse nichts erreichen will, sondern das Nichts will –?

ELFTES KAPITEL

Noch einmal Kant: die moralische Befreiung von der Natur. Die Natur droht mit Sinnentzug. Das Böse als Preis der Freiheit. Kants finsterer Doppelgänger: der Marquis de Sade. Die Ordnung der Exzesse und die heilige Kopulation. Obszöne Vernunftspiele. Sade auf der Suche nach dem absolut Bösen. Der Wille zum geistigen Verbrechen: das Schreiben.

Es drängt sich der Verdacht auf, daß die skizzierten Theorien der Freiheit – ob nun ›positiv‹ oder ›negativ‹ verstanden – vor dem dunklen Mysterium der Freiheit zurückscheuen. Die Freiheit ist eben nicht unauflöslich mit dem Willen zur Selbsterhaltung verknüpft. In Hinsicht auf das ›Gute‹ hat Kant dies auch in aller Deutlichkeit hervorgehoben. Der Mensch ist so frei, daß er sogar von seinem Eigeninteresse absehen kann. Wenn er der Stimme seines Gewissens, der Pflicht, dem kategorischen Imperativ folgt, so handelt er nicht einfach nach seinem Nutzen. Er entscheidet sich für das Gute – weil es das Gute ist, und nicht etwa deshalb, weil es gut für ihn ist.

Im Mysterium der Freiheit liegt das geheime Gravitationszentrum der Kantschen Philosophie. Er sei aus dem »dogmatischen Schlummer« aufgewacht und zu seiner »Kritik der reinen Vernunft« gekommen, so berichtet er, als ihm das Problem der Antinomie der Freiheit bewußt geworden ist. Er formuliert es so: »Der Mensch ist frei und dagegen: es gibt keine Freiheit, alles ist naturgesetzliche Notwendigkeit.«

Wenn Kant das Ereignis der Freiheit als jeweils unbedingten Anfang einer Kausalkette bestimmt, so klingt Rousseau an, bei dessen Lektüre er zum erstenmal seinen regelmäßigen Spaziergang verschob. »Du wirst mich fragen«, heißt es in Rousseaus EMILE, »wieso ich denn weiß, daß es Bewegung aus eigenem Antrieb gibt; dazu sage ich dir, daß ich es weiß, weil ich es fühle. Ich will meinen Arm bewegen, und ich bewege ihn, ohne daß diese Bewegung eine andere unmittelbare Ursache hätte als meinen Willen.«

Rousseau hatte den Willen als die Kraft der Freiheit geltend gemacht. Hier aber geht Kant bemerkenswert andere Wege. Ihm wird das Sollen zum Inbegriff dieser Freiheit. Eine verschlungene Argumentation, aber ein zuletzt doch einfacher Gedanke führt ihn dahin. Wille – das ist die Natur im Menschen. Was die Natur will, das ist eben Naturnotwendigkeit und keine Freiheit; Freiheit zerreißt die Ketten der Naturnotwendigkeit. Sie ist der Triumph über die Triebnatur.

Wie bekundet sich dieses Sollen? Kants Antwort: im Gewissen. Vom Gewissen aufgerufen kann der Mensch sich als Naturwesen überschreiten, indem er etwas tut, wozu ihn keine Notwendigkeit, dafür aber die Stimme des Gewissens ›zwingt‹. Solches ›Zwingen‹ ist etwas anderes als ›bedingt‹ sein. Denn ›bedingen‹ bedeutet, zum Ding gemacht werden. Anders als die in der Kausalkette verknüpften Dinge und Lebewesen, kann der Mensch handeln, sogar ›unbedingt‹ handeln, wenn er auf die Stimme des Sollens hört und sich davon bestimmen läßt. Dann triumphiert im Menschen sein geistiges Wesen, was für Kant nichts anderes als die moralische Freiheit ist. Bei Kant ist die Sittlichkeit das erhabene Geheimnis der Welt. Tiefer kann man nicht dringen, höher kann man nicht hinaus. Mit Kant tritt die sittliche Freiheit – die praktische Vernunft – das Erbe der alten Metaphysik an. Der leere Himmel draußen wird durch den inneren Himmel der Sittlichkeit kompensiert.

Die moralische Freiheit ist für Kant so bedeutsam, weil er nur hier die Transzendenz retten kann, die aus der übrigen Natur gewichen ist – auch infolge seiner eigenen Erkenntnistheorie. Diese Entzauberung und Rationalisierung einer Welt, die zuvor stets durch religiöse Temperamente gesehen worden war, gehört zur epochalen Wirkung des »Alleszermalmers« Kant – wie er bei den Zeitgenossen hieß.

Gott wohnt im Gewissen – draußen in der Natur bleibt kein Platz mehr für ihn. Das eröffnet eine bedrohliche Perspektive. Kant scheut sich nicht, sie auszumalen: Auch die Menschen, welche ihren Gott im Gewissen tragen, würden durch diese sinnverlassene Natur »allen Übeln des Mangels, der Krankheit und des unzeitigen Todes, gleich den übrigen Tieren der Erde, unterworfen sein und es auch immer bleiben, bis ein weites Grab sie insgesamt (redliche oder unredliche, das gilt gleichviel) verschlingt, und sie, die da glauben konnten, Endzweck der Schöpfung zu sein, in den Schlund des zwecklosen Chaos der Materie zurückwirft, aus dem sie gezogen waren«.

Aber kann man es dabei bewenden lassen? Kant kann es nicht. Dieses »trostlose Ungefähr« einer »zwecklos spielenden Natur« ist nicht auszuhalten. Vielleicht konfrontiert gerade dieser Chaos-Verdacht mit einer besonders schrecklichen Dimension des Bösen, in die der sinnsuchende Mensch geraten kann. Reicht das Vertrauen in die eigene »sittliche Kraft« aus, um nicht in Verzweiflung zu geraten? Kant ist skeptisch. Deshalb begnügt er sich nicht mit dem sittlichen Selbstvertrauen inmitten einer im übrigen kalten, sinnabweisenden Naturwelt. Mit seiner Idee der Sittlichkeit will er auch die übrige Welt ein wenig erwärmen. Allerdings geht das nur in der schon fast frivolen Gesinnung des Als-ob. Unsere sittliche Kraft, sagt Kant, soll so wirken, »als ob« ein Gott darüber wachte, und man kann auch die Natur so ansehen, »als ob« in ihr eine geheime Teleologie am Werke sei, da doch immerhin die »Natur auch selbst im Chaos nicht anders als regelmäßig und ordentlich verfahren kann«.

Indem Kant die alte Metaphysik, die ihren Platz in der Naturerkenntnis verloren hat, ins Innere des Subjektes und dort in den kategorischen Imperativ verlegt, bleibt von Gott nur noch eine rigorose Moral übrig. Das Göttliche an ihr ist ihre kompromißlose Unbedingtheit, mit der jede Orientierung an Eigennutz und Nützlichkeit zurückgewiesen wird. Daran erkennt man ihre metaphysische Herkunft.

Gegen diese drohende Erosion des Sinnes – das »zwecklose Chaos der Materie« – etabliert Kant sein Reich der moralischen Freiheit und erklärt, daß die Religion nicht mehr ein Fundament für die Moral sein könne, sondern umgekehrt die Religion auf die Moral gegründet werden müsse. Die Transzendenz allein in der Moral – das wird den einen, z. B. Schelling und Hegel, zu wenig, den anderen, den Naturalisten und Positivisten, zuviel des Guten sein.

Als Kant sich in die moralische Freiheit vertiefte, mußte er natürlich auch auf das Böse stoßen. Er deutet das Böse als eine Option der Freiheit. Das Böse ist nicht etwa, wie oft fälschlich behauptet wird, die ›Natur‹, verstanden als Trieb, Begierde usw. Es entspringt aus dem Spannungsverhältnis zwischen Natur und Vernunft, es ist kein Naturgeschehen am Menschen, sondern eine Tat der Freiheit. Es gibt zwar einen »Hang«, nicht aber einen »Zwang« zum Bösen, denn als Vernunftwesen besitzen wir immer noch den Entscheidungsspielraum, welchen Antrieben wir Einfluß auf die »Maximen« des Handelns geben. Dieser Spielraum ist die Dimension der Freiheit. Das Böse ist darum das Risiko und der Preis der Freiheit. Es ist erschreckend, aber es ist nichts Pathologisches, und es ist, die Freiheit vorausgesetzt, darum auch zurechnungsfähig. Es ist der schlechte Gebrauch, den der Mensch von seiner Freiheit machen kann.

Das böse Handeln ist für Kant ein Handeln, bei dem die

»Selbstliebe« zum obersten Prinzip gemacht wird: wenn man also den anderen Menschen zu einem Mittel für eigene Zwecke herabsetzt; wenn man ihn betrügt, benützt, ausbeutet, quält, tötet; wenn egoistische Selbstbehauptung statt der Verpflichtung zu einem gemeinsamen Leben im Mittelpunkt steht. Kant beschreibt die großen und die kleinen Schrecken, die daraus im menschlichen Zusammenleben erwachsen.

Und doch bleibt Kants Bild des Bösen seltsam harmlos. Er kennt zwar das ›Gute‹, das man um seiner selbst willen tut; nicht aber das Böse, das man um des Bösen willen tut, und nicht nur, weil es ›gut‹ ist für die Eigenliebe und irgendeinem Nutzen dient. Das absolut Böse, das man um seiner selbst willen tut, gehört für Kant nicht mehr in den Bereich des Menschenmöglichen. Er nennt es »teuflisch« und behauptet, daß es unter Menschen nicht vorkommt.

Ist Kant, der über das »radikal Böse« nachgedacht hat, hier zu wenig radikal gewesen? Das Gute, das sich bei ihm im kategorischen Imperativ unbeirrbar hören läßt, ist ja gerade darum etwas Transzendentes, weil es über die empirischen Motive der Selbsterhaltung hinausreicht. So aber verhält es sich beim Bösen, Kant zufolge, nicht. Es bleibt an die Motive der Selbsterhaltung gebunden, im schlimmen Fall nach dem Grundsatz: ›Ich töte, also bin ich.‹ Daß aber das Böse eine geheime Verbindung mit der Transzendenz des Guten unterhalten und ebenfalls über alle empirischen (Selbsterhaltungs-)Interessen triumphieren könnte – vor diesem Gedanken scheute Kant zurück, obwohl er doch zum Mysterium der Freiheit gehört. Warum sollte die Freiheit nur im ›guten‹ Sinne vom Unbedingten ergriffen werden und über die empirischen Interessen hinausgehen? Warum sollte das nicht auch im ›bösen‹ Sinne möglich sein? Genau hier ist der Punkt, an dem der finstere Doppelgänger Kants ansetzt, der Marquis de Sade.

Sade gehört zu den großen Erforschern der Dunkelzonen des menschlichen Universums. Wie Kant geht es auch ihm um den Triumph der Freiheit des Geistes über die Natur. Aber es ist ein Triumph am entgegengesetzten Ende des Spektrums. Bei Kant soll das moralische Sollen über die natürlichen Neigungen triumphieren. Bei Sade aber stürzt sich die Freiheit des Geistes schließlich in die absolute Negation: das ganze Sein soll nicht sein. Dieses Verlangen wird zum verzehrenden Feuer. So wie Kant das absolut Gute, so sucht Sade das absolut Böse, das sich ihm schließlich ebenso entzieht wie der Gott des Bilderverbotes. »Wer Gott gesehen hat, kann unmöglich am Leben bleiben«, heißt es im Alten Testament.

Donatien Alphonse Francois Marquis de Sade stammt aus altem französischen Adel. 1740 geboren, wird er mit vierzehn Jahren Soldat des Königs und nimmt am Siebenjährigen Krieg teil. Aus dem Kriegsdienst entlassen, erhält er das in der Familie erbliche Amt des königlichen Statthalters und Gouverneurs in der Provence und heiratet die Tochter des reichen Obersteuergerichtspräsidenten de Montreuil. Der junge Marquis hatte sich gegen diese Ehe zunächst gewehrt, aber die Schwiegermutter bringt die Heirat zustande. Sie wird den Marquis über viele Jahre mit ihrer Haßliebe verfolgen. Eine verhängnisvolle Beziehung, denn die »Präsidentin«, so nennt man sie, besitzt großen Einfluß am königlichen Hof und verfügt über einen der berüchtigten *lettre de cachet*, ein Geheimbefehl des Königs, der es ihr erlaubt, mit ihrem Schwiegersohn nach Gutdünken zu verfahren. Und sie wird ihre Macht gebrauchen. Zunächst wird sie ihn vor dem Gefängnis bewahren wollen, dann aber wird sie dafür sorgen, daß Sade mehr als zehn Jahre in Vincennes und in der Bastille eingekerkert bleibt.

Was wirft man ihm vor? Er führte, wie viele Adlige damals, das Leben eines Libertin. Er war selbstverständlich kein treuer Ehemann, sondern umgab sich mit Mätressen.

Aber das war es nicht, wofür man ihn anklagte. Solche Libertinage war damals durchaus üblich. Es waren lästerliche Ausschweifungen, die Aufsehen erregten und zur Anklage führten. Da gab es 1763 den Fall »Rose Keller«. Sade hatte die Prostituierte ausgepeitscht, ihr Messerstiche beigebracht, Wachs in die Wunden gegossen und sie Unzucht mit christlichen Symbolen begehen lassen: Oblaten wurden in diverse Körperöffnungen eingeführt. Die Notdurft wurde an unpassender Stelle verrichtet. Die Anklage bezog sich auch auf Sodomie, das bedeutete damals: Analverkehr. Der Marquis wird verhaftet, der Prozeß aber – dank des Eingreifens der Schwiegermutter – verhindert. 1772 wird Sade wegen der sogenannten »Kanthariden-affäre« in Marseilles angeklagt. Er soll vier Dirnen stimulierende Bonbons verabreicht haben. Ein Mädchen wäre beinahe gestorben. Der Marquis wird in Abwesenheit – denn er ist mit einem Diener und seiner Schwägerin nach Italien geflohen – zum Tode verurteilt. Daß Sade mit einer Schwester seiner Frau ein Verhältnis unterhält, steigert den Haß der Schwiegermutter. Bei seiner Rückkehr nach Frankreich wird Sade verhaftet, kann aber bald auf seinen Stammsitz La Coste in der Provence fliehen. Das Todesurteil wird 1778 aufgehoben, doch inzwischen häufen sich die Gerüchte über schlimme Orgien auf La Coste, so daß Sade abermals gefangengesetzt wird, zuletzt in der Bastille.

Dort befreit ihn 1789 die Revolution. Sade verwendet ein Rohr, das ihm zum Entleeren des Schmutzwassers dient, als Sprachrohr und hetzt die Menge auf, die sich um die Bastille versammelt hat. Stolz berichtet er später, daß er die Garnison im Gefängnis für die »Sache des Volkes« gewonnen habe. Die Entfesselung, wovon sein literarisches Werk ein Zeugnis sei, habe er in die politische Tat umgesetzt. Die Ironie der Geschichte ist, daß ein Teil dieses Werkes in den Revolutionswirren verlorengeht und erst nach Sades Tod wieder aufgefunden wird. Nur wenige Jahre bleibt Sade in Freiheit. 1794 wird er nochmals zum Tode verurteilt, kann sich aber dem Zugriff entziehen. Es erscheinen 1797 zehn Bände der NOUVELLE JUSTINE. Sade streitet die Urheberschaft ab, wird 1801 verhaftet und 1803 in die Irrenanstalt von Chareton eingeliefert, wo er mit den Geisteskranken die berühmten Theateraufführungen für die Pariser Schickeria inszeniert. Er stirbt am 2. Dezember 1814.

Als Sade 1777 zum erstenmal wegen einiger Orgien verhaftet wurde, die öffentliches Ärgernis erregten und die er mit dem später häufig verwendeten Argument verteidigte, man müsse die Natur gegen die Lügen der Kultur endlich zur Geltung bringen – begann auch in Frankreich Goethes WERTHER seinen Siegeszug. Man feierte dieses Werk als Triumph der natürlichen Empfindung über das konventionelle Leben. Wir haben es hier mit der hellen, harmloseren Seite desselben Motivs zu tun, das auch den Marquis umtrieb.

»Das bestärkte mich in meinem Vorsatze«, so läßt Goethe seinen Werther in einem Brief schreiben, »mich künftig allein an die Natur zu halten. Sie allein ist unendlich reich, und sie allein bildet den großen Künstler. Man kann zum Vorteile der Regeln viel sagen, ungefähr was man zum Lobe der bürgerlichen Gesellschaft sagen kann. Ein Mensch, der sich nach ihnen bildet, wird nie etwas Abgeschmacktes und Schlechtes hervorbringen, wie einer, der sich durch Gesetz und Wohlstand modeln läßt, nie ein unerträglicher Nachbar, nie ein merkwürdiger Bösewicht werden kann; dagegen wird aber auch alle Regel, man rede, was man wolle, das wahre Gefühl von Natur und den wahren Ausdruck derselben zerstören! ... O, meine Freunde! warum der Strom des Genies so selten ausbricht, so selten in hohen Fluten hereinbraust und eure staunende Seele erschüttert? – Liebe Freunde, da wohnen die gelassenen Herren auf beiden Seiten des Ufers, denen ihre Gartenhäuschen, Tulpenbeete und Krautfelder zugrunde gehen würden, die daher in Zeiten mit Dämmen und Ableiten der künftig drohenden Gefahr abzuwehren wissen.«

Den Vorsatz, »sich allein an die Natur zu halten«, hatte auch Sade gefaßt, auch er wollte den »Strom seines Genies« entfesseln, und davon sollte das moralische Regelwerk der Gesellschaft überflutet werden.

Was gebietet die ›Natur‹? Sie gebietet, was sie auch bei Rousseau – auf den sich ja auch Goethe beruft – fordert: man soll den moralischen Regeln der Zivilisation den Kredit aufkündigen; man soll auf sich selbst hören, der Selbstliebe folgen; sich die eigene Natur aneignen, im Widerspruch zur entfremdenden Zivilisation.

Aber bei Sade ist diese ›Natur‹ – anders als bei Rousseau und Goethe – ein grausamer Moloch, er nennt sie eine »Bestie«. Sie ist dafür verantwortlich, »daß das unglückselige Individuum namens Mensch ohne seine Einwilligung in dieses triste Universum geworfen« wurde. Sie läßt ihn leben und wird ihn wieder verschlingen. Warum sollte man die beschränkte Lebensfrist noch zusätzlich belasten durch Moral und daraus folgender Gewissensnot? Man muß sich frei machen von trügerischen Hoffnungen und törichten Ängsten. Warum sollte man nicht »ein paar Rosen auf die Dornen des Lebens streuen«, indem man »den Bereich seiner Neigungen und Liebhabereien erweitert« und alles »der Lust aufopfert«?

Die Lust gehört zur Innenausstattung eines Asyls. Inmitten eines kalten, gleichgültigen Universums gibt es den sicheren Tod, ein Leben voller Qualen und, wenn man klug und skrupellos zu Werke geht, einige Augenblicke der Lust. Mehr nicht.

Der Geschlechtsakt in allen seinen möglichen Varianten

und Kombinationen ist, wie bekannt, für Sade die große Gelegenheit der Lust. Das Verlangen macht erfinderisch. Sade wird die Sexuallust so zu steigern wissen, daß sie am Ende in etwas anderes übergeht.

Man soll die Lust nicht mit der Liebe verwechseln. Die Liebe schafft Verbindlichkeiten, der freie Genuß aber verlangt Abwechslung und Austausch der Objekte. Überhaupt müssen es ›Objekte‹ sein, nicht Personen, oder genauer: es müssen Personen sein, die im Augenblick des Genusses zum Objekt gemacht werden. »Solange der Geschlechtsakt dauert, kann es zweifellos sein, daß ich jenes Objekt zur Teilnahme daran brauche; doch sobald es befriedigt ist, was bleibt zwischen ihm und mir, frage ich Sie.« Nichts, antwortet Sade. Nur die gesellschaftliche Moral auferlegt Verpflichtungen, um der Suche nach neuen Objekten der Lust eine Schranke zu setzen. Wer in Liebe entflammt, der bleibt bei seinem Objekt hängen und betrügt sich um weitere Genüsse. »O wollüstige Mädchen, gebt uns also eure Körper, so oft ihr könnt! Kopuliert, vergnügt euch, darauf kommt es an; doch flieht mit Vorbedacht die Liebe. Man hat nichts Gutes als seinen Körper ...« Es gibt nichts Heiliges zwischen den Menschen außer der Kopulation. Sie ist das neue Heiligtum. Damit feiert man den Gottesdienst des Körpers.

Kant hatte auf seine trockene Art die Ehe als einen Vertrag zwischen zwei Partnern definiert, die sich gegenseitig das ausschließliche Nutzungsrecht an ihren Geschlechtswerkzeugen garantieren. Sades egalitäre Utopie universalisiert dieses Gebrauchsrecht: Alle sollen alle gebrauchen können, keiner soll keinem etwas vorenthalten dürfen – besonders dann nicht, wenn die Natur jemanden mit Reizen ausgestattet hat, denen zu widerstehen wider die Natur wäre. Sade würde Schillers Ode an die Freude »Seid umschlungen, Millionen!« ziemlich drastisch interpretieren.

Für Sade ist der Andere das Objekt des eigenen Genusses. Es kommt nicht darauf an, daß dieses Objekt selbst auch Lust empfindet. Der Libertin hat keine Genüsse zu verschenken, er will sie alle behalten. »Was begehrt man, wenn man genießt? Daß alles, was uns umgibt, sich nur mit uns beschäftigt, nur an uns denkt, nur uns umsorgt. Wenn die, die uns dienen, genießen, dann sind sie sehr viel mehr mit sich beschäftigt als mit uns, und unser Genuß ist folglich gestört.«

Doch nicht in jedem Falle bedeutet es eine Minderung der Lust, wenn der Andere mit sich selbst beschäftigt ist. Wenn er zum Beispiel mit den Schmerzen beschäftigt ist, die man ihm zufügt, kann das durchaus eine Steigerung der Lust bedeuten. Die Lust ist tyrannisch. Sie will nicht Vergnügen schenken, sondern sich selbst ein Vergnügen machen. Und sie kann es steigern, wenn man dem anderen etwas Böses antut, ihm Schmerzen bereitet. Dann erst kann man sich als »Tyrann« fühlen. »Welch ein Unterschied für die Eigenliebe!«

Der einzelne Mensch steht im Mittelpunkt seiner Welt – vollkommen isoliert von den anderen. Sade nennt es »Isolismus«. Es gibt nur eine einzige Verbindung, die sexuelle Lust und die Qualen, die man dem anderen zufügt und die beim Quäler einen »Rückstoß« erzeugen, einen ganz besonderen »Kitzel« der Lust.

Die vorgestellten Orgien des Marquis de Sade enden in der Regel in einem überaus blutigen Delirium des Verbrechens. Da werden zuerst einzelne qualvoll umgebracht, beim Sexualakt oder danach, und schließlich tobt sich in einem rasenden Crescendo ein Vernichtungsfuror ohnegleichen aus. Zunächst heißt es noch: »Meine Leidenschaften, auf einen Punkt konzentriert, gleichen den im Brennglas vereinten Strahlen eines Gestirns: sie vernichten alsbald den Gegenstand, der sich im Brennpunkt befindet.« Hier geht es noch um einen einzelnen, dann aber wird das Prinzip wirksam: »Alles ist gut, wenn es maßlos ist.« Ein besonders ruchloser Libertin erklärt: »Das Vergnügen, eine Frau zu töten, ist nur von kurzer Dauer; sie fühlt nichts mehr, wenn sie tot ist; die Wonne, sie leiden zu lassen, erlischt mit ihrem Leben ... Die da wollen wir mit dem glühenden Eisen zeichnen und brandmarken; unter dieser Schmach wird sie leiden bis zum letzten Moment ihres Lebens, und unsere Wollust, unendlich verlängert, wird um so köstlicher sein.« Und doch wird sie am Ende sterben und das wird eine große Enttäuschung und Ernüchterung sein, und deshalb muß man sich sogleich in die nächste Tat stürzen. »Die Wollust-Idee, die dir den Kopf erhitzt – die Idee, die Martern des Todgeweihten ins Unendliche zu verlängern –, ersetze sie durch eine größere Menge von Morden; töte nicht ein und dasselbe Individuum über längere Zeit hin, denn das ist unmöglich, sondern ermorde recht viele von ihnen, was sich leicht ausführen läßt.«

Sade formuliert sein Prinzip lakonisch: »Nichts unterhält, nichts macht den Kopf so heiß wie die große Zahl.« Am Ende schlägt das Delirium in eine furchtbare Monotonie um: Da werden dann in einer einzigen Orgie von jedem der Beteiligten Hunderte von Opfern gefoltert und hingeschlachtet. In DIE HUNDERTZWANZIG TAGE VON SODOM sagt der Herzog von Blangis zu den zahlreichen Frauen, die zum Vergnügen der vier Libertins zusammengetrieben sind: »Betrachtet eure Situation, was ihr seid, was wir sind, und zittert, wenn ihr sie erkennt. Ihr seid außerhalb Frankreichs, tief in einem unbewohnbaren Wald, jenseits steiler Gebirge, deren Übergänge sofort nach eurem Durchzug zerstört werden, ihr seid gefangen in einer unzugänglichen Zwingburg, kein einziger weiß, daß ihr hier seid, ihr seid euren Freunden, euren Eltern genommen, für die Welt seid ihr schon tot.«

Sade, selbst viele Jahre eingekerkert, imaginiert geradezu obsessiv Zwingburgen der grausamen Lust, die vollkommen abgeschnitten sind vom Rest der Welt. Ein umgekehrter Platonismus. Sades monströse Gegenwelten sind platonische Höhlen noch unter der Höhle Platons. Seine Sehnsucht will nicht aus der Höhle hinaus und hinauf ans Licht, nichts lockt ihn in jene Über-Welt der reinen Ideen. Sades Transzendieren geht nicht nach oben, sondern in eine Unterwelt der Exzesse, in eine noch tiefere Höhle. Juliette wird in dem gleichnamigen Roman von der Zeremonienmeisterin der Orgie mit den folgenden Worten eingeführt: »Erfahre denn, du Unschuld ..., daß wir hier nur um zu lieben und um Greueltaten zu begehen zusammenkommen. Wenn wir in die Region des Todes hinabsteigen, geschieht es nur, um von den Lebenden so weit als möglich entfernt zu sein. Wenn man so verderbte Neigungen hat wie wir, möchte man sich am liebsten ins Innere der Erde verkriechen, um besser die Menschen und ihre unsinnigen Gesetze fliehen zu können.«

Doch auch in der Unterwelt hemmungsloser Entfesselung gelten Gesetze. Sade ist ein Ordnungsfanatiker. »Lassen Sie uns bitte ein wenig Ordnung in diese Orgie bringen: man braucht sie selbst in Rausch und Schändlichkeit.« Und deshalb werden die Kopulationsszenen zu einem mechanischen Ballett ausgestaltet, dessen Zusammenspiel genau geregelt ist, so daß »kein Augenblick ungenützt, keine Körperöffnung vernachlässigt, keine Funktion untätig bleibt« (Adorno).

Aber nicht nur auf die Orgie selbst bezieht sich dieser Ordnungssinn. Sade ist ein Kind der Aufklärung. Und deshalb entwirft er ein Gesellschaftsmodell, das eine Art Grundrecht auf Exzeß etabliert. Die Orgie wird vergesellschaftet. Die Körperöffnungen und Geschlechtswerkzeuge werden zum Allgemeinbesitz erklärt. Bordelle, Lustgärten, Verliese werden zu staatlichen Einrichtungen. Dort ist alles erlaubt – bis hin zum Lustmord. Die allgemeine

Gerechtigkeit wird dadurch hergestellt, daß jeder ein Täter sein darf unter der Voraussetzung, daß er auch bereit ist, zum Opfer zu werden. Doch auch als Opfer kann man eine triumphierende Lust empfinden. »O Juliette«, sagt die Gräfin Borghese, »das Schafott selbst wäre für mich der Thron der Wollust, dort würde ich dem Tode trotzen, glücklich vor Lust, als Opfer meiner Frevel den Geist aufzugeben ... Erst so erreicht der Mensch den letzten Grad bewußter Verderbtheit.«

Wenn Sade in seinem Werk DIE PHILOSOPHIE IM BOUDOIR sein Gesellschaftsmodell entwickelt, worin der Grundsatz ›Alles ist erlaubt‹ mit möglichster Konsequenz durchgeführt wird – bemerkt man bald, daß es nicht Sades Ehrgeiz ist, zum Gesellschaftsreformer und Utopiker zu werden. Tatsächlich möchte er die Vernunft prostituieren. Er spielt ihren Zuhälter und zeigt: sie läßt sich zu allem gebrauchen – auch zur vernünftigen Begründung von Mord und Grausamkeit.

Martin Luther hat die Vernunft eine ›Hure‹ genannt. Er hat sie in dieser Weise beschimpft, weil sie sich für alle Zwecke hergibt. Aber er hat sie nur beschimpft. Sade aber läßt die ›Hure Vernunft‹ agieren, er demonstriert ihre Prostitution, treibt Unzucht mit dieser Vernunft – vor den Augen des Publikums. Bei Sade wird die Vernunft selbst wollüstig, wenn sie sich in ihren durchsichtigen Sophismen zeigt.

Warum sollte es nicht erlaubt sein zu verleumden? Entweder ist die Verleumdung ungerechtfertigt, dann wird sie dem Betroffenen vermehrten Anlaß geben, sie zu widerlegen, wodurch er tugendhafter werden kann. Oder sie enthält einige Berechtigung, dann ist es gut, daß die anderen vor einem Übel durch Übertreibung gewarnt werden.

Warum sollte man nicht stehlen dürfen? Stiehlt ein armer Schlucker, so verschafft er sich auf eigene Faust, was ihm eine ungerechte Gesellschaft vorenthält. In jedem anderen Falle mag dem Bestohlenen Unrecht widerfahren, doch nützlich bleibt die erzieherische Wirkung: Jeder ist angehalten, auf seinen Besitz zu achten. Vermag er ihn nicht zu schützen, ist er nicht wert, ihn zu besitzen.

Warum sollte man nicht morden dürfen? Es gibt drei Instanzen, die den Menschen daran hindern könnten: Gott, die Natur oder das Gesetz, die gesellschaftlichen Übereinkünfte also.

Das Gesetz betreffend sind diese Übereinkünfte konventionell und können durch andere ersetzt werden. Sade weist auf einige Kulturen und Stammessitten hin, die den Mord ausdrücklich erlauben – jedenfalls zu bestimmten Gelegenheiten wie Krieg, Ritus, Blutrache usw. Übereinkünften liegt kein absolutes Kriterium zugrunde. Sie sind Ausdruck kollektiver Willkür, auf keiner Wahrheit gegründet. Ohne tiefere Wahrheit ist deshalb auch das auf gesellschaftliche Übereinkunft gegründete Tötungsverbot. Und was Gott betrifft, so muß man an ihn glauben. Für den Marquis ist er nur eine erhabene Konvention, mehr nicht. Und darüber hinaus: Hat es nicht auch Götter gegeben, die zu Mord und Totschlag anstifteten?

Und wie verhält es sich mit der Natur in Hinsicht auf das Tötungsverbot? Legt die Natur wert auf die Individuen? Nein, antwortet Sade. Vielleicht hat die Natur Interesse an der Gattung. Aber auch hier kann man nicht sicher sein. Warum sollte vom Standpunkt der Natur das Überleben des Menschen bedeutsamer sein als das der Elefanten und Ratten? Bedient sich die Natur nicht der Zerstörung? Aus dem Dung des verendeten Lebens schafft sie neues Leben. Zerstörung ist nichts anderes als »Verwandlung von Formen«, woraus folgt: »Da die Vernichtung eines der ersten Gesetze der Natur ist, kann nichts, was vernichtet, ein Verbrechen sein.« Die Natur verhindert nicht den Mord, sie stiftet sogar dazu an durch die

Lust am Verruchten. Wo aber eine Lust ist, da ist auch ein Trieb, und wo ein Trieb ist, da spricht die Natur und gibt ihren Beifall. Wo die Natur etwas gestattet, kann es kein Verbrechen geben, oder, was auf dasselbe hinausläuft: die Natur ist selbst verbrecherisch. »Geh, Freund, du kannst sicher sein, daß alles ... erlaubt ist und daß sie (die Natur) nicht so unvernüftig war, uns die Macht zu geben, sie zu beunruhigen oder aus dem Gang zu bringen. Würde sie uns, blinde Werkzeuge ihrer Inspiration, befehlen, das Universum in Brand zu setzen, so bestünde das einzige Verbrechen darin, sich diesem Befehl zu widersetzen, und alle Verbrecher der Welt sind nur ausführende Organe ihrer Launen ...«

Sade bedient sich einer argumentierenden Vernunft, um sie zu verhöhnen. Er äfft die Aufklärung nach. Er zelebriert die guten Gründe des Bösen. Mehr noch: die Argumentation geilt auf. Die soeben zitierte Verteidigung des Mordes durch den Libertin Dolmance endet mit der Aufforderung: »Los, Eugenie, nehmen Sie Ihren Platz ein ...« Dann legt sich Eugenie auf ihre Mutter und es beginnt die nächste vertrackte Kopulationsszene.

Und doch verwickelt sich Sade in einen heiklen Widerspruch. Er läßt die Lüstlinge argumentieren, um sich zu rechtfertigen. Wenn aber alles erlaubt ist, wo bleibt dann der Reiz der Grenzübertretung? Darauf aber kommt es doch an. Die Lust des Körpers ist nicht lustvoll genug. Sie braucht zum Zwecke der Steigerung das Bewußtsein des Frevels. Juliette, die Furie des Bösen, benötigt eine Justine, eine Tugendhafte, die geschändet und gequält werden kann. Das Universum der Enthemmung darf nicht grenzenlos sein. Es muß Grenzen geben, die mit Gewalt und gezückten Geschlechtsteilen übertreten werden können. Wo bleibt die Lust an der Profanierung, wenn es nichts Heiliges gibt? Deshalb beginnt der JULIETTE-Roman über »Die Vorteile des Lasters« im Kloster. Dort ist für den nötigen Kontrast gesorgt, denn Lust braucht widerstrebende Zuschauer, um in den Genuß des Obszönen zu kommen. Der stummen Verrichtung in der geschlossenen Welt der Zweisamkeit fehlt das Entscheidende: der Skandal, und deshalb muß es Zeugen geben, beteiligte und unbeteiligte. Den stärksten Reiz erreicht man, wenn die Unbeteiligten, auch gegen ihren Willen, beteiligt werden. Die Schändung braucht eine Bühne, deshalb schreibt Sade. Schreiben bedeutet, sich an ein Publikum wenden und es Zeuge werden lassen. Der Marquis erregt sich durch den Gedanken, daß er mit seinem Schreiben die anderen erregen wird. Er genießt den Triumph, wenn er sich vorstellt, wie bei seinen Lesern der Abscheu zum Kitzel wird und er auch die Ehrbaren und Tugendhaften in seine Falle locken kann. Mit Schadenfreude registriert er, daß ihnen die guten Überzeugungen nicht helfen werden, wenn es ihnen kommt.

Will er ihnen ihre Freiheit nehmen? Gewiß, wenn die Freiheit als körperfreie Souveränität verstanden wird. Diese Freiheit will er ihnen tatsächlich rauben, indem er sie an die Lust und Qual des Körpers festnagelt. Der Wille zur körperfreien Souveränität soll sich blamieren. Der Marquis will, auch indem er schreibt, verführen und damit seine Macht beweisen, denn Macht besitzt, wer Spielräume hat. Sade spielt auf der Klaviatur der Lüste. Er bleibt wirklich souverän, er kann es sich jedenfalls einbilden – auch im Kerker, wo er seine Papiere mit Zeichen bedeckt. Man hat ihn eingesperrt, aber er bestätigt sich seine Freiheit, indem er sich seinen imaginären Exzessen hingibt und sich das einstweilen noch imaginäre Publikum unterwirft.

Warum hat man ihn ins Gefängnis geworfen? Sade zweifelt nicht, daß es eine Verabredung der Schwachen ist, die sich gegen den Starken schützen. Das ist überhaupt der geheime Sinn der verlogenen Tugend. Die Natur ist grausam, und der Mensch ist es auch. Sollen die Menschen sich voreinander schützen? Nein, sagt Sade, laßt geschehen, was geschehen muß. »Alle Leidenschaften haben einen zweifachen Sinn ...: für das Opfer sind sie sehr ungerecht, für den jedoch, der sie ausübt, ganz und gar gerecht ...«

Über diesen Widerspruch wird man nie hinauskommen. Er ist für Sade die tiefste Wahrheit. Jeder Mensch ist in seine Einsamkeit eingekerkert. Das Gute kann nicht gelingen, denn alle Gesetze, die in seinem Sinne verkündet werden, geben ebenso viele Anreize, sie zu übertreten. Der Wille zur Lust ist erfinderisch und entzündet sich am vermeintlich Guten, das eben darum profaniert werden kann.

Auch wenn diese Lust ein Publikum braucht, wirft sie den Einzelnen doch in seine Einsamkeit zurück. Jede Hingabe ist zynisch, denn sie endet schließlich doch bei sich selbst. Der Himmel ist leer und die Erde kalt. Das Gute ist eine Einbildung, das Böse aber ist wirklich. Ihm gegenüber kann man sich nur behaupten, indem man es annimmt, indem man ihm die eigene Souveränität hinzufügt. Man muß die Natur überbieten.

Es ist das Verdienst von Maurice Blanchot, darauf hingewiesen zu haben, daß die Exzesse der Phantasie und das Delirium der Vernunft bei Sade nicht damit enden, daß die ›Natur‹ als unerschöpfliche ›Rechtsquelle‹ für alle Scheußlichkeiten in Anspruch genommen wird. Es gibt bei Sade – und das ist nun wirklich der tiefste oder höchste Punkt seiner Erkundungen – eine bezeichnende Wendung *gegen* die Natur, eine Inversion, mit der Sade dem absolut Bösen noch um einen Schritt näher kommen will. »Wir müssen es endlich wagen, diese unverständliche Natur zu beleidigen, um besser die Kunst zu erlernen, sie zu genießen.«

Sades Scharfsinn konnte nicht umhin zu bemerken, daß beim Argumentieren für das Verbrechen die Natur stets als eine positive Bezugsgröße angeführt wird. Wenn die Natur alles legitimiert, wird plötzlich auch das Böse, das man begehen kann, eine Funktion dieser Natur. Es ist somit immer noch für etwas ›gut‹. Man dient also auch noch im Exzess irgendwelchen Zwecken der Natur. Sade will – auf dem Gipfel des Verbrechens – seine Freiheit entdecken und bemerkt doch nur, daß er am Gängelband der Natur bleibt. Und so richtet sich schließlich sein ganzer Zerstörungsfuror gegen diese Natur: »O du blinde und blöde Kraft, hätte ich von der Erde alle Geschöpfe verjagt, die dort ihr Wesen treiben – mein Ziel hätte ich trotzdem verfehlt, denn ich hätte dir Rabenmutter nur einen Dienst erwiesen; mir aber geht es allein darum, mich an deiner Dummheit und Bosheit zu rächen, unter der du die Menschen leiden läßt – und ermöglichst ihnen doch nie, sich den abscheulichen Neigungen auszuliefern, die du ihnen einflößt.«

Und was ist die »abscheulichste Neigung«, welche die Natur offenbar in uns gelegt hat, ohne daß wir sie doch in dem Maße befriedigen können, wie wir das wollen? Es ist der Wunsch nach totaler Vernichtung. Indem wir ›nein‹ sagen können, indem wir unseren Tod denken können, indem wir überhaupt etwas wegdenken können, mit alledem sind wir doch schon offenbar Komplicen des Nichts; aber man ist doch nicht so tief in die Erfahrung des Nichts eingesenkt, daß man von dem Etwas ganz loskommen könnte. Aber genau dieses Loskommen ist die große Obsession Sades. Ein Loskommen nicht durch mystische Versenkung – das ist der sanfte Weg –, sondern durch einen Akt übermäßiger Gewalt, eine infernalische Explosion. Sade träumt davon, die Tür so hinter sich zuzuschlagen, daß davon ein ganzer Weltraum erzittert und die Lichter ausgehen. »Mit allem, was wir tun, beleidigen wir nur Götzen und Kreaturen, nicht aber die Natur, und ihr gerade möchte ich zuwiderhandeln; ihre Pläne stören; ihrem Lauf entgegentreten; das Rad der Gestirne anhalten; die Himmelskörper in Verwirrung bringen, wie sie im Raum treiben; zerstören, was ihr dient; begünstigen, was ihr schadet; mit einem

Wort, ihrer spotten in ihren Werken – und hier ist mir jeder Erfolg versagt.«

Das absolut Böse, von dem Sade träumt: die ganze Schöpfung rückgängig machen. In diesen Verwünschungen hört man dann doch wieder den religiösen Unterton. Sade wütet gegen die Natur, wie er in einer früheren Phase gegen Gott gewütet hat. »Dein System«, so läßt er eine seiner Figuren das eigene Gedankengebäude kommentieren, »hat seinen Ursprung allein in dem tiefen Abscheu, den du Gott gegenüber empfindest.«

Gegen Gott und gegen die auf ihn begründete Moral hatte sich Sade mit der Natur verbündet. Aber diese Natur ist nun auch jenes übermächtige Etwas – wie vormals Gott – , von dessen Seinsmacht man nicht loskommt. Sades tiefste Leidenschaft aber ist es, vom Sein überhaupt loszukommen. Einen Vorgeschmack darauf findet er im sexuellen Rausch. Auf dem Höhepunkt der Sinnenlust vergehen einem die Sinne. Solches Vergehen verweist auf das ganz große Vergehen, von dem Sade inbrünstig träumt und phantasiert. Sade verlangt es nach einer Dissidenz im Fundamentalen. Wenn er könnte, würde er mit der Natur brechen, so wie er mit Gott gebrochen hat.

Dieser phantasierte Bruch mit der Natur ist – das darf man nicht vergessen – ein Exzeß der Freiheit. Wie bei Kant geht es auch bei Sade um den freien Triumph über die Natur. Aber es handelt sich, wie schon gesagt, um einen Triumph am entgegengesetzten Ende der Skala: es ist nicht die Pflicht zum Guten um des Guten willen; bei Sade geht es um die Zerstörung um der Zerstörung willen. Auch der Wille zum Bösen ist am Ende so »rein«, wie der Kantsche Wille zum Guten es sein soll. Er ist nicht mehr nützlich, er dient nicht mehr der Selbsterhaltung, er ist sich selbst zum Zweck geworden. Bei Kant wählt die sittliche Freiheit das absolute Sollen. Bei Sade stürzt sich die Freiheit in die absolute Negation: dieses alles soll nicht sein.

In den Kerkerjahren verfaßte Sade die meisten seiner monströsen Werke, die seinen Namen berühmt und berüchtigt machten. Er selbst allerdings erklärte immer wieder: »Was man mir einzig vorwerfen kann, sind Ausschweifungen, wie sie alle Männer praktizieren, entsprechend dem Temperament und den Neigungen, die ihnen die Natur dazu gegeben hat. Jeder hat seine Fehler, und wir sollten keine Vergleiche anstellen, denn vielleicht würden meine Peiniger dabei nicht besser abschneiden als ich. Ja, ich gestehe, ich bin ein Wüstling; alles, was man sich auf diesem Gebiet vorstellen kann, habe ich mir vorgestellt, aber ich habe durchaus nicht alles getan, was ich mir vorgestellt habe, und werde es auch nie tun. Ich bin ein Wüstling, aber ich bin weder ein Verbrecher noch ein Mörder.«

Was Sade tatsächlich getan hat, werden wir wohl niemals genau erfahren. Doch die Ungeheuerlichkeiten, die er sich vorgestellt hat, sind dokumentiert in seinem Werk. Sade hat darauf bestanden, daß dieses Werk nicht nur vom Bösen handelt, sondern daß es selbst das Böse ist. Es ist ein Werk des Bösen. DIE HUNDERTZWANZIG TAGE VON SODOM – jenes Werk also, das in den Revolutionswirren zunächst verlorenging und Sade zu der Bemerkung veranlaßte, jetzt habe die Freiheit keinen Sinn mehr für ihn – dieses Werk beginnt mit den Sätzen: »Jetzt, lieber Leser, muß ich dein Herz und deinen Verstand auf die unsittlichste Erzählung gefaßt machen, die es je gegeben hat, seit die Welt besteht. Ein solches Buch findet sich weder bei den Alten noch bei den Neuen. Stell dir vor, daß jeder anständige Genuß …, daß all diese Genüsse also aus diesem Band ausdrücklich verbannt sind, und wenn du ihnen zufällig doch begegnen solltest, so nur in Begleitung irgendeines Verbrechens oder von irgendwelchen Schändlichkeiten gefärbt.«

Es war Sades Obsession, das absolut Böse zu finden,

und es wird sich dabei erweisen, daß es sich schließlich ebenso entzieht wie der unergründliche absolute Gott. Denn die absolute Zerstörung ist nicht möglich – nicht einmal in der Phantasie. Immer wieder muß sie ihr Vernichtungswerk aufs neue beginnen lassen. Eine Sisyphusarbeit. Doch der Marquis ist stolz. Er wird den alles zermalmenden Stein immer wieder hinabrollen lassen und er wird lustvoll mit ansehen, wie er alles zerschmettert. »O Juliette, wie köstlich sind die Freuden der Phantasie. Die ganze Erde ist unser in diesen Augenblicken der Wonne; kein einziges Wesen leistet uns Widerstand, man verwüstet die Welt, man bevölkert sie wieder mit neuen Objekten, die man wiederum tötet; wir haben die Möglichkeit zu allen Verbrechen, aller Dinge bedienen wir uns, wir verhundertfachen die Greuel.« Das sind die Wonnen der mörderischen Imagination. Doch wir sind noch nicht am Ende.

Es stimmt, der Marquis hat nicht alles getan, was er sich vorstellte. Aber von diesen Vorstellungen hat er sich lustvoll ausgemalt, wie zerstörerisch sie wirken könnten. Er hat endlich alle Energie des bösen Handelns ins Schreiben, in die Schrift gelegt. Seine Texte sollten das Dynamit sein, mit dem die gesittete Welt in die Luft gesprengt würde. »Ich möchte«, sagt die Clairwil im Roman JULIETTE, »ein Verbrechen finden, das unaufhörlich fortwirkt, auch unabhängig von mir, so daß es keinen Augenblick meines Lebens gäbe, nicht einmal wenn ich schlafe, da ich nicht Ursache einer Unordnung bin – einer Unordnung solchen Ausmaßes, daß sie zu allgemeiner Verderbnis führt, zu so eindeutiger Zerrüttung, daß auch über mein Leben hinaus sich ihre Wirkung noch fortsetzt.« Welches Verbrechen könnte das sein? Juliette gibt die Antwort: »Versuch es mit dem geistigen Verbrechen, indem du schreibst.«

Der Marquis de Sade hat eine Darstellung des Bösen gegeben, die zur bösen Darstellung wird – jedenfalls war dies der Traum des Autors. Er wollte ein Schreiben erfinden, das selbst ein Akt des Bösen ist. Die Kräfte der Verführung und Zerstörung sollten sich im Text sammeln, und jeder, der damit in Berührung kommt, sollte davon angesteckt werden, wie man von einer Krankheit infiziert wird. Die Literatur sollte zur Penetration werden. Mit der Vernunft wollte er seinen Spott treiben, ihre Fackel sollte der dunklen Leidenschaft voranleuchten. So wurde Sade zum umgekehrten Aufklärer. Die Vernunft tritt in den Dienst der abgründigen Leidenschaft. Die infernalische Phantasie des Marquis de Sade entdeckt das dunkle Reich des Menschenmöglichen. »Das vollkommenste Wesen, das wir uns vorstellen können, ist jenes, das sich am weitesten von unseren Konventionen entfernt und sie am verächtlichsten findet.«

Man hat zu Recht bemerkt, daß Sade, was den Stil seines Schreibens angeht, ziemlich konventionell geblieben ist. Seine Nachfahren, die ästhetischen Revolutionäre wie Baudelaire, Poe oder Rimbaud, werden ihn zwar nicht thematisch, aber stilistisch an Radikalität überbieten. Wenn Baudelaire von den »Blutgerüsten« lyrisch träumt, wenn Poe den »Alp des Perversen« in sprachliche Magie übersetzt oder wenn Rimbauds trunkene Bilderfluten auf die »systematische Verwirrung« der Sinne zielen – dann folgen sie den Spuren des Marquis. Sie führen ins Herz der Finsternis oder ans Ende der Welt. Das Böse wird zur ästhetischen Versuchung für diejenigen, die, der Wonnen des Gewöhnlichen überdrüssig, das Überirdische nun im Unterirdischen suchen.

ZWÖLFTES KAPITEL

Ästhetik des Schreckens. Flauberts böser Blick. Baudelaires Träume vom Blutgerüst. Joseph Conrads Herz der Finsternis. Das Absurde bei Camus. Sartres Ekel. Die Einbildungskraft, ihre Karriere und ihre Risiken. Das romantische Feuerwerk. Das Schicksal der modernen Literatur. Nooteboom zum Beispiel. Das Böse in der Kunst: ihre Anfechtung durch sich selbst.

In bezug auf Sade erklärte Saint-Beuve im Jahre 1843: »Verliert niemals diesen letzten Schlüssel.« Damals konnte Sade noch als Geheimtip gelten. Der Zeitgeist ging andere Wege. Man wollte die Gesellschaft seligen Zeiten entgegenführen. Die Entfremdung sollte überwunden werden, der Mensch sollte in den Vollbesitz seiner positiven Wesenskräfte gelangen. Poesie und Philosophie sollten dabei helfen. Humanisierung der Natur und Naturalisierung des Menschen galten als die Perspektiven einer großen Geschichte, die den Menschen zu sich selbst befreien würde. Das Gute wird siegen, wenn man es nur läßt. Gewiß, eine schwierige Aufgabe, denn noch steckt man tief im Morast einer üblen Vergangenheit, die nicht vergehen will.

Doch einige Poeten, die sich als Avantgarde fühlten, wie Gautier, Flaubert oder Baudelaire, hielten wenig von solcher Befreiung. Ihre Obsessionen offenbarten ihnen eine ganze andere Wirklichkeit. »Mir ist das Bewußtsein von Gut und Böse völlig verlorengegangen«, schrieb Gautier, »ich könnte kaltblütig die grausamsten Szenen ansehen ... im Leiden und Mißgeschick der Menschheit liegt etwas, was mir nicht mißfällt.« Allerdings mußten die Greuel malerisch sein, andernfalls gab man ihnen ein solches Aussehen. Die künstlerische Avantgarde um die Mitte des neunzehnten Jahrhunderts experimentiert mit einer Ästhetik des Schreckens. Flaubert imaginiert einen barbarisch wilden Orient: »Sudan ... ach, laßt uns immer fortschreiten! Ich möchte das wilde Malabar und seine Tänze sehen, bei denen die Menschen sich töten; seine Weine bringen den Tod wie Gift, seine Gifte sind süß wie Wein. Die See, die blaue See, voll Korallen und Perlen, hallt wider vom Lärm der heiligen Orgien, die in Bergeshöhlen gefeiert werden, ... der wolkenlose Himmel spiegelt sich im lauen Ozean, ... die Haie folgen den Schiffen und fressen die Toten.« Das sind die Träume des jungen Flaubert. In späteren Jahren fühlt er sich von seinen Evasionen erschöpft und kann doch, in einem Brief an Louise Colet, befriedigt feststellen: Indem er das Böse »im Nahkampf« gepackt und ihm eine künstlerische Gestalt gegeben habe, sei er vor Schlimmerem bewahrt worden. »Wahnsinn und Wollust sind zwei Dinge, die ich so eingehend erforscht habe, mit denen ich mich in voller Absicht so viel beschäftigt habe, daß ich – hoffentlich – niemals geisteskrank noch ein Marquis de Sade werde.«

Die Kunst schützt vor dem Bösen aber nur, indem sie sich ihm vorbehaltlos überläßt. Man wird seine Träume nicht dadurch los, daß man sie zensiert. Man muß sich ganz in ihre Gewalt begeben, sie müssen sich austoben dürfen. Nur dann wird man Ruhe vor ihnen haben können. Doch ein Zweifel bleibt, denn Flaubert weiß nicht genau, ob er diese Ruhe überhaupt will. Erstrebt er das Festland des bürgerlichen Lebens oder bevorzugt er die offene See mit ihren imaginären Leidenschaften und der Leidenschaft für die Imagination –? Die Dinge sind noch komplizierter. Denn eigentlich stellt sich die Alternative nicht in dieser Weise. Wer einmal die offene See erfahren hat, der wird auf dem Festland der bürgerlichen Tugenden nie mehr recht heimisch werden können. Flaubert erinnert sich, daß er schon als Knabe die verruchten Orte bevorzugte. Der Anatomiesaal eines Krankenhauses zog ihn an und weckte seinen »Kannibalenhunger«. Er weidete sich am Anblick der Toten. »Wie viele grausige Dinge habe ich mir im Leichenschauhaus ausgedacht ...« Später braucht er keine Leichenschauhäuser mehr, um das Böse zu imaginieren. Eine kleinstädtisch-bürgerliche Welt wie die des Arztes Charles Bovary und seiner Frau Emma reichen aus. In den Augen Flauberts verwandelt sich diese Welt in eine Hölle. Doch Flaubert ist kein Sozialkritiker, sondern ein Poet mit dem bösen Blick. Er entzieht dem Alltag die Wonnen der Gewöhnlichkeit. Er verfremdet die Wirklichkeit bis zu dem Punkt, wo sein Haß und seine Verfeindung ihr Genügen finden. Seine Leidenschaft ist eine boshafte Unversöhnlichkeit. »Hat man ein klares Bild vor Augen, so schreibt man immer gut. Wo aber wäre das Wahre deutlicher sichtbar als in der nüchternen Schaustellung des menschlichen Elends.«

Baudelaire, nicht weniger verfeindet mit der bürgerlichen Welt, sucht im Eröffnungsgedicht der BLUMEN DES BÖSEN nach einer häßlichen Muse. Seine Wahl fällt auf ein Laster, das »gähnend« die Welt einschluckt, den *horror vacui*, die Attraktion des schwarzen Lochs im Inneren. »Die Langeweile ists! – das Auge schwer von willenloser Träne, träumt sie von Blutgerüsten, ihre Wasserpfeife schmauchend; du kennst es, Leser, dieses zarte Scheusal, – scheinheiliger Leser, – Meinesgleichen, – mein Bruder!«

Baudelaires Menagerie des Lästerlichen und Obszönen entsteht aus der Anstrengung, dem für ihn wahrhaft Bösen, nämlich dieser saugenden Leere einen Widerstand entgegenzusetzen. Die Bildergalerie der Blumen des Bösen bewahrt vor dem Absturz.

Am Ende des Jahrhunderts erscheint Joseph Conrads

Erzählung Herz der Finsternis. Ein Schiff liegt in der Themsemündung vor Anker. Besatzung und einige Passagiere sitzen beieinander, unter ihnen Marlow, ein vielerfahrener Seemann. Während die Dämmerung in die Nacht übergeht und nur ferne Lichter der Stadt die Finsternis durchdringen, beginnt Marlow, zögernd zuerst, mit der Erzählung einer langen Geschichte. Er nennt sie den »Höhepunkt« seiner Erfahrung, eine Grenze, über die er nie hinaus- und über die er nie hinweggekommen ist. Als junger Schiffskapitän hatte er bei einer Handelsgesellschaft angeheuert. Er sollte den Kongo befahren. Dabei hatte er sich von einer Phantasie seiner Kindheit leiten lassen. Ihn hatten die weißen Flecken auf der Landkarte fasziniert, besonders der Kongo, jener »riesengroße Fluß«, der auf der Karte aussah »wie eine ungeheure entrollte Schlange«, deren Kopf im Meer liegt, deren Leib sich über unermeßliche Räume ringelt und deren Schwanz tief im Landesinneren endet. Dorthin war er nun also unterwegs. Sein Transportschiff ist verrottet und er muß es erst fahrtüchtig machen. Die Stationen der Handelsgesellschaft den Fluß entlang erweisen sich als verkommene Vorposten einer grotesken Zivilisation, verwaltet von korrupten »Pilgern des Fortschritts«. Überwältigend aber ist die Wildnis, welche die winzigen Orte umgibt, in denen die Habgier sich sammelt. Die Wildnis, dieses ungeheuer große Etwas, »das nicht sprechen und vielleicht auch nicht hören konnte« – würde sie sich vom Willen der Eindringlinge beherrschen lassen, oder würde es umgekehrt sein, und würde sie den Eindringlingen ihre eigene Wildnis enthüllen? Bei den Handelsstationen unterwegs ist überall von dem geheimnisumwitterten Agenten Kurtz die Rede, der sich am weitesten ins Innere des Landes vorgewagt hat. Er ist nicht mehr zurückgekehrt, schickt aber große Mengen Elfenbein den Fluß hinunter. Die Gerüchte verdichten sich, daß Kurtz, der einst einer »internationalen Gesellschaft zur Abschaffung wilder Sitten« angehört und menschenfreundliche Reden gehalten hatte, inzwischen offenbar zu einem Ungeheuer geworden ist. Er beutet seinen Distrikt mit brutaler Furchtlosigkeit aus; er mordet, raubt und hat sich einen ganzen Stamm gefügig gemacht. Er wird als Zauberer verehrt und inszeniert Rituale orgiastischer Ausschweifung. Es ist ihm gelungen, »einen hohen Platz unter den Teufeln des Landes« einzunehmen. Marlow merkt allmählich, daß es ihm bei seiner Reise schließlich nur noch um das eine geht: die Begegnung mit Kurtz.

Er findet ihn an seinem Vorposten, krank, bis zum Skelett abgemagert, aber immer noch mit einer mächtigen Stimme; man muß ihm zuhören, man kommt nicht von ihm los. Die Hütte ist umringt von aufgepfählten, vertrockneten Menschenköpfen. Man will Kurtz auf einer Tragbahre aufs Schiff bringen. Die Eingeborenen aber wollen ihn nicht freigeben. Doch wieder ist es die Stimme von Kurtz, die den Ring aufsprengt, der sich um ihn zusammengezogen hat. Auf der Fahrt den Fluß hinunter lauscht Marlow dieser Stimme, die noch kräftig ist, während der Körper verfällt. Eines Tages, während man an den Ufern vorbeigleitet, befiehlt Kurtz dem Kapitän, die Fenster zu schließen, er könne den Anblick nicht mehr ertragen. »›Oh, ich werde dir schon noch das Herz herausreißen!‹ rief er der unsichtbaren Wildnis zu.« Wenige Tage später geht es mit Kurtz zu Ende. Auf seinem Gesicht zeigt sich ein Ausdruck, gemischt aus düsterem Hochmut, grausamer Gewalt, Schrecken, hoffnungsloser Verzweiflung. Ein Augenblick vollkommener Erkenntnis, so kommt es Marlow vor. Im Flüsterton, als beschwöre er eine Vision oder ein Vermächtnis, haucht Kurtz, ehe er stirbt: »Das Grauen, das Grauen!«

Aber was war nun eigentlich mit Kurtz geschehen? Marlows Gedanken kommen von dieser Frage nicht los. Kurtz war nicht verrückt geworden. Sein Verstand war

»kristallklar« bis zum Ende. Während er eine ganze Region ausplünderte, schreckliche Taten beging, Menschen in seinen Bann zog, war er doch auf »erschreckende Weise« nur mit sich selbst beschäftigt. Und das wurde seiner Seele zum Verhängnis. »Als sie sich in der Wildnis allein sah, hatte sie den Blick nach innen gekehrt und war darüber wahrhaft wahnsinnig geworden.« Doch was hatte sie gesehen oder gehört, als sie sich auf sich selbst zurückzog? »Die Wildnis aber hatte schreckliche Rache an ihm genommen für sein unliebsames Eindringen. Ich glaube, sie hatte ihm über sich selbst Dinge zugewispert, von denen er nichts wußte, von denen er keine Vorstellung hatte, bis er mit der großen Einsamkeit zu Rate gegangen war – und dieses Wispern hatte sich als unwiderstehlicher Reiz erwiesen. Es hatte ein lautes Echo in ihm gefunden, weil er hohl war bis aufs Mark …«

Es kommt alles darauf an zu verstehen, was es hier zu verstehen gibt – wenn die »Wildnis wispert«. Joseph Conrad hat einiges getan, um den Leser – zunächst – auf die falsche Fährte zu locken, und die zahllosen Interpretationen dieser rätselhaften Erzählung sind ihm zumeist brav gefolgt. Das gilt auch für die filmische Adaption durch Francis Ford Coppola, APOCALYPSE NOW. Tatsächlich liegt die Deutung nahe: Die Wildnis ist in Kurtz eingedrungen und hat in ihm die eigene barbarische Wildheit wachgerufen und die zivilisatorischen Grenzen gesprengt. Davon ist in der Erzählung auch die Rede, aber zu einem Zeitpunkt, da Marlow noch nicht mit Kurtz zusammengetroffen und noch nicht mit seinem Geheimnis konfrontiert ist. Marlow beobachtet am Ufer den ekstatischen Tanz der Eingeborenen, hört den dumpfen Trommelwirbel. Was Marlow beunruhigt, ist der Gedanke, »diesem wilden, leidenschaftlichen Getümmel entfernt verwandt zu sein«, die Ahnung, daß darin »ein Sinn« liegt, den man verstehen könnte – »wie fern man auch den dunklen Uranfängen sein mochte«.

Hier läßt sich noch etwas verstehen. Doch auf dem Höhepunkt der Erfahrung der Wildnis, in die sich Kurtz verloren hatte, geschieht etwas anderes: Die Wildnis enthüllt sich als etwas vollkommen Sinnabweisendes, sie ist auf eine Art bedeutungslos, daß der bedeutungssuchende Sinn des Menschen sich unwiderruflich verloren und vereinsamt fühlt. Die Wildnis offenbart gerade in ihrer wuchernden Lebendigkeit die absolute Kontingenz.

Der verstörende Aspekt der Wildnis ist nicht ihre Wildheit, sondern ihre sinnabweisende Stummheit. Sie »wispert« dem Menschen zu, daß sie ihm auf überwältigende Weise nichts zu sagen hat. Genau davor graut es Kurtz, vor diesem Nichts an Bedeutung. In diesem überquellenden und doch leeren Raum ist deshalb alles möglich. Wenn die Wildnis eine Botschaft hat, dann diese: Tu, was du willst, es wird nicht von Bedeutung sein! Die Wildnis wird gleichgültig darüber hinweggehen, sie wird ihre grünen Tatzen überall hinlegen, als wäre nichts geschehen. Sie wird weiter wuchern, sinnlos, fruchtbar und furchtbar. »Die schweigende Wildnis ... mutete mich als etwas Großes, Unbesiegbares an, der Wahrheit oder dem Bösen vergleichbar, das geduldig wartet, bis die wunderliche Invasion ein Ende hat ... Ich fragte mich, ob die Schweigsamkeit auf dem Antlitz der Unendlichkeit ... als Bitte oder als Drohung gemeint war.« Zunächst ist Marlow, als Bewohner der Zivilisation, geneigt, aus dem wuchernden Universum eine Bitte herauszuhören, den Anspruch der Sinngebung, der Humanisierung, dann aber wird die Drohung so übermächtig, daß sein Leben schließlich entwurzelt wird. Nichts mehr wird so sein wie zuvor, wenn man einmal in dieses Herz der Finsternis geraten ist.

Einige Zeit nach dem Tod von Kurtz erkrankt auch Marlow. Auch er ringt nun mit dem Tod. »Es ist der denkbar langweiligste Kampf«, berichtet Marlow, »er spielte sich in nebelhaftem Grau ab, die Füße tappen im Nichts, ringsum ist nichts, es gibt keine Zuschauer, keinen Lärm, keinen Ruhm, kein unbändiges Begehren nach Sieg, keine unbändige Furcht vor der Niederlage ... Wenn sich die letzte Weisheit so darstellt, dann ist das Rätsel des Lebens viel größer, als manch einer denkt.« Und dann geschieht etwas, das Marlow erlaubt, Kurtz wirklich bis zum Ende zu verstehen. Marlow bemerkt nämlich, daß er selbst in dieser Situation des möglichen Todes, anders als Kurtz, »nichts zu sagen« hat. Und dies beschämt und demütigt ihn. Jetzt erst begreift er, inwiefern Kurtz ein »ungewöhnlicher Mensch« war. Er hatte sich einen Rest Trotz bewahrt, er hatte sich aufgelehnt, denn er hatte geurteilt. Er hatte das Ganze verurteilt – das war der Sinn seiner letzten Worte: »Das Grauen, das Grauen!« Im Herzen einer »siegreichen Finsternis« hatte sich Kurtz noch eine absurde Souveränität bewahrt. »Er hatte die Erde von sich gestoßen.« Eine hilflose Geste, gewiß, denn es war zuerst die Erde gewesen, diese Wildnis, die über ihn hinweggegangen, ihn abgewiesen und schließlich von sich gestoßen hatte.

Später gestand Joseph Conrad, daß er von dem Verdacht nicht loskomme, »das Ziel der Schöpfung könne kein ethisches sein«. Seine Erzählung versucht diesen Verdacht zu ergründen. Was sich ihm dabei enthüllt: Das »Herz der Finsternis« ist die Kontingenz. Kontingenz bedeutet: Was es gibt, könnte es genausogut auch nicht geben, es ist ohne Bedeutung.

Wer aber nach verbindlichem Sinn sucht, dem muß die Kontingenz zum Bösen werden. Es handelt sich dann allerdings nicht um ein moralisch Böses – obwohl dieses, wie das Beispiel Kurtz zeigt, daraus erwachsen kann. Es ist das Böse in dem Sinne der Abwesenheit der guten Gründe in der Welt. Es ist die Erfahrung des Abgrunds oder, wie es dann bei Camus heißt, des Absurden.

Camus beschreibt diese Erfahrung als die plötzlich aufbrechende Ahnung, »mit welcher Intensität die Natur oder eine Landschaft uns verneint«. Man entdeckt zum Beispiel, daß auch in der Tiefe des Eindrucks von Naturschönheit etwas Unmenschliches liegt, »diese Hügel, der sanfte Himmel, die Konturen der Bäume – sie verlieren im Augenblick den trügerischen Sinn, mit dem wir sie bedachten«. Und indem die Natur »sie selbst wird«, muß der Mensch auch »er selbst« werden, zurückgeworfen auf seine zufällige Existenz, ein Ding unter Dingen, zufällig, mit einem Gesicht wie eine Zeichnung im Sand, von der nächsten Welle wieder ausgelöscht.

Schon bei Conrad sowie bei Camus hat diese Erfahrung der Kontingenz im Herzen der Finsternis gleichwohl etwas Erleuchtendes. Vollends wird sie dazu in der Philosophie Sartres. Berühmt ist jene Baumszene im Roman DER EKEL, eine inzwischen klassische Formulierung der Kontingenzerfahrung. »Also, ich war gerade im Park. Die Wurzel des Kastanienbaums bohrte sich in die Erde, genau unter meiner Bank. Ich erinnerte mich nicht mehr, daß das eine Wurzel war. Die Wörter waren verschwunden und mit ihnen die Bedeutung der Dinge, ihre Verwendungsweisen, die schwachen Markierungen, die die Menschen auf ihrer Oberfläche eingezeichnet haben. Ich saß da, etwas krumm, den Kopf gesenkt, allein dieser schwarzen und knotigen, ganz und gar rohen Masse gegenüber, die mir angst machte. Und dann habe ich diese Erleuchtung gehabt.« Die Erleuchtung: Roquentin, der Erzähler, sieht die Dinge ohne Zusammenhang und ohne die Bedeutung, die ihnen das Bewußtsein gibt, sie stehen nackt da. Geradezu obszön breiten sie sich vor ihm aus und geben ihm »das Geständnis ihrer Existenz«. Existenz bedeutet hier: pure Vorhandenheit und Kontingenz. »Das Wesentliche ist die Kontingenz … kein notwendiges Sein kann die Existenz erklären: die Kontingenz ist kein Trug, kein Schein, den man vertreiben kann; sie ist das Absolute, folglich die vollkommene Grundlosigkeit. Alles ist grundlos, dieser Park, diese Stadt, und ich selbst. Wenn es geschieht, daß man sich dessen bewußt wird, dreht es einem den Magen um.«

Die Erfahrung im Park konfrontiert mit einem Sein, das die vernünftige Rede durchschlägt. Die Szene ist eine literarische Anordnung, in der Kojèves Satz: »ohne den Menschen wäre das Sein stumm: es wäre da, aber es wäre nicht das Wahre« in der Anschauung überprüft wird. Der Erzähler erfährt sich als Ding unter Dingen, hinabgezogen ins vegetative An-sich – »Ich war die Wurzel des Kastanienbaums«. Mit seinem ganzen Leib spürt er das Sein, ein schweres, undurchdringliches Etwas, und das treibt ihn angstvoll zurück. Wohin? In die Welt des Bewußtseins. Aber dort erwartet den Menschen eine andere, bisweilen auch angsterregende Erfahrung: Dieses Bewußtsein nämlich entleert das Sein, raubt ihm seine Substanz, löst es reflexiv auf, kann es verneinen, kann sogar sich selbst verneinen. Das Bewußtsein wurzelt in keinem Erdreich, es ist überall und nirgendwo, es ist mit einem eigenartigen Mangel an Sein geschlagen. »Der Mensch ist das Sein, durch das das Nichts in die Welt kommt«, heißt es in Sartres philosophischem Hauptwerk Das Sein und das Nichts.

Das nichtige Sein des Bewußtseins enthüllt noch einen ganz anderen Abgrund als den der schweigenden, sinnabweisenden Natur. Daß der Mensch jenes Sein ist, wodurch das Nichts in die Welt kommt, hätte in einem bestimmten Sinne auch schon Platon sagen können. Denken wir an das Höhlengleichnis. Die Menschen lassen sich umgaukeln von leeren Schattenbildern, von nichtigen Vorstellungen, wenn man sie vergleicht mit der wahren Substanz der Dinge. Ein höheres Erkenntnisvermögen soll einem zwar die Wahrheit enthüllen, aber alltäglich lebt der unphilosophische Mensch im Gemenge der Meinungen und im Getümmel der Phantasmen. Die Spezialisten solcher Phantasmen sind für Platon die Künstler. Sie vor allem sind es, durch die das Nichtige und damit das Nichts in die Welt kommt. Seit Platon ist die Kunst diesen Verdacht, daß sie den leeren, luftigen Schein befördert und von der Wahrheit entfernt, nicht mehr losgeworden. Platon war der erste Medienkritiker.

Auch wenn die Zweifel an den sonstigen Erkenntnismitteln – den alltäglichen, den wissenschaftlichen und philosophischen – wachsen, greift man gerne auf das Beispiel der Kunst zurück, um darzutun, daß die vermeintliche Erkenntnis nichts anderes ist als ein Bilderdienst. Wir legen uns die Wirklichkeit nach Menschenmaß zurecht. Sie selbst aber bleibt stumm, undurchdringlich, in ihrem Wesen unerkennbar. Es gilt dann sogar als Kriterium der Wahrheit und der Beredtheit der Bilder, wenn sie imstande sind, das Schweigen der Wirklichkeit darzustellen. Es ist deshalb auch bezeichnend, daß die einprägsamsten Formulierungen der Kontingenzerfahrung, dieser *choks* durch eine sinnabweisende Wirklichkeit, gerade in der Kunst zu finden sind. Die Kunst muß es ja wissen, denn es ist ihr Betriebsgeheimnis, Sinn zu stiften, wo vielleicht keiner ist. »Was bleibet aber, stiften die Dichter«, hat Hölderlin gesagt. Aber bleibt wirklich, was sie gestiftet haben?

Im Inneren der Kunst rumort ein Geheimnis, das sie selbst bedroht. Sie kommt aus der Einbildungskraft, sie ist – und das weiß sie in ihren stolzen Augenblicken – auch eine *creatio ex nihilo*. Aber eben darum ist sie von diesem *nihil* bedroht, von dieser eigenen Nichtigkeit. Es muß nur, vielleicht durch äußere Legitimationsprobleme angeregt, zu einer Krise der Einbildungskraft kommen, dann stürzt sie zurück ins Nichts, aus dem sie sich herausgearbeitet hat. Penelope trennte des Nachts wieder auf, was sie tagsüber gestrickt hatte. Das kann auch das Schicksal der Einbildungskraft sein.

Das ist das Böse für die Kunst in einem noch ganz anderen Sinne als jenes Böse, das sie thematisieren und in Bildern und Abbildern einfangen kann. In der Kunst gibt es das Böse als Thema und als innere Produktionsbedingung. Ein neuer Aspekt, denn es handelt sich um das Risiko der Einbildungskraft, um die Anfechtung der Kunst durch sich selbst – wenn ihr Sein durch das ihr inhärente Nichtsein verschlungen zu werden droht.

Blicken wir zurück auf Augustin, wie er der Kunst angesichts des Nichtigen und darum Bösen im Menschen gleichwohl ein Daseinsrecht zugesteht.

Die ganze Welt ist aus den Händen Gottes hervorgekommen, deshalb ist sie insgesamt ›schön‹. Nur muß man das erkennen und erfahren können, was nur gelingt, wenn der Mensch sich im Inneren Gott zugewendet hat. Das verleiht ihm erst die Kraft, die Schönheit auch der äußeren Ordnung zu entdecken. Die Bindung an Gott erlaubt das Weltvertrauen, das sich bis zur Feier des Lebens steigern kann. Die Schönheiten der Kunst sind die entsprechende Antwort auf die Schönheit der Schöpfung. Gleichwohl bleibt das Verhältnis zur Welt zweideutig. Denn wenn man begehrend nach den Dingen greift, sagt Augustin, entzieht sich die Schönheit. Für die Begierde verwandelt sich die Welt in ein obskures Objekt; das obskure Objekt der Begierde läßt eine ästhetische Haltung nicht mehr zu. Die Gier verschlingt, und man wird vom Objekt seiner Gier verschlungen. Kunst aber bewahrt die Würde der Welt und läßt die Dinge – sein. Schönheit ist ein kosmologischer Grundcharakter, und die Welt gilt als Kunstwerk Gottes, auf das der Mensch mit seinen Kunstwerken antwortet. Das Kunstwerk fischt nicht im trüben, sondern durchquert das Gewimmel der Welt und läßt die zugrundeliegende Ordnung transparent werden.

Wichtig ist: Der Künstler wird nicht von der möglichen Parallele zu Gott her begriffen, nämlich von seinem Schöpfertum, sondern von der Schöpfung, die er nachahmt. Der Künstler als Schöpfer – das wäre Hybris. Gott hat die Welt aus dem Nichts geschaffen – dem Menschen steht solches nicht zu. Deshalb bestimmt die Konzeption der Nachahmung oder Symbolisierung und nicht die der kreativen Produktion den mittelalterlichen Begriff der Kunst. Deshalb auch bleiben die Künstler des frühen Mittelalters in der Regel ungenannt, deshalb auch gibt sich jede geistige Innovation als *restitutio*, als Wiederherstellung einer Tradition oder als ihre Wiederholung.

Das ändert sich dramatisch in der Renaissance. Schöpferische Subjekte waren die Künstler auch zuvor, aber jetzt sind sie es mit einem eminent gesteigerten Selbstbewußtsein. Es bleibt zwar die Besinnung auf Gott und den großen Kosmos erhalten. Aber nun wird nicht so sehr die Welt der Schöpfung, sondern der Schöpfungsakt und die darin liegende Freiheit ausdrücklich ins stolze Selbstbewußtsein aufgenommen. Der Künstler will es auf seine Weise Gott gleichtun bei der *creatio ex nihilo*. Er schafft das Neue, das Niegesehene. Michelangelo sagt: er macht die im Stein verborgene Gestalt sichtbar. Kunst spiegelt eine bestehende Welt nicht einfach wieder, sondern erweckt eine neue Welt, die verborgen in der alten ruht; wie die vollendete Plastik im rohen Stein enthalten ist, aber erst durch den Künstler hervorgeholt wird. Ein Programm, das einige Jahrhunderte später der Romantiker Eichendorff so formuliert: »Und die Welt hebt an zu singen, triffst du nur das Zauberwort.«

Es konnte nicht ausbleiben, daß solches selbstbewußtes Schöpfertum unter Häresieverdacht geriet. Giordano Bruno wird verbrannt, weil er die schöpferische Kraft des Menschen, die *natura naturans*, allzusehr gefeiert hatte. Savonerola läßt am Ende des 15. Jahrhunderts im Kampf gegen das adelsstolze und kunstverliebte Geschlecht der Medici in Florenz die Bilder des Botticelli verbrennen. Künstlerisches Schöpfertum denunziert er als zügellos und lasterhaft.

Die Kunst, die sich als autonome Schöpfungsmacht erfährt und diese Macht selbstbewußt herauskehrt, gilt nicht nur bei den Orthodoxen als ›böse‹. Sie wird nicht nur von außen als ›böse‹ denunziert, sie entdeckt auch in sich selbst eine eigenartige Negativität, die in ihrer schöpferischen Freiheit beschlossen liegt. Denn die *creatio ex nihilo* – das kann zum einen bedeuten, daß aus dem Nichtsein ein Sein herausgehoben, erschaffen wird. Das ist die triumphale Version des Schöpfertums – das Bewußtsein der ›creatio‹. Aber es gibt noch dieses ›ex nihilo‹, und damit ist in jedem Schöpfungsakt auch zugleich die Erfahrung des Nichts und des Nichtenden gegeben. Jeder Schriftsteller, der das weiße unbeschriebene Blatt zunächst einmal als Horror empfindet, ist mit dieser Erfahrung vertraut. Der schöpferische Mensch fühlt sich tief im Inneren von diesem Nichts bedroht – wenn ihm nämlich nichts mehr einfällt oder ihm die eigene Hervorbringung plötzlich nichtig vorkommt.

Das Gefühl für die Bedrohung durch Leere und Nichtigkeit im schöpferischen Aufschwung hat besonders die Romantik ausgesprochen. Sie war intim vertraut mit den inneren Abgründen der Einbildungskraft. Die Romantik ist das Feuerwerk einer triumphierenden Subjektivität. Mit dem Blick ins eigene Geheimnis glauben die Romantiker, an das Geheimnis der Welt zu rühren. Man kann nicht tief genug hinabsteigen. Solche Abstiege sind die wahren Aufschwünge, die Versenkung führt ins Zentrum der Einbildungskraft. Hier gerät die Vernunft ins Taumeln. Das Bewußtsein wird zur Phantasie und die Phantasie zum reißenden Strom. Die Sprache kann kaum mehr folgen, daher liebt die Romantik die Musik, das Unsagbare.

Zugang zum Unsagbaren in uns – dem inneren Reichtum – eröffnen in erster Linie also Kunst und, nach wie vor, Religion. Eine Religion aber, die der Kunst zum Verwechseln ähnlich sieht. Denn beide, Kunst und Religion, sind Erzeugnisse der Einbildungskraft. Diese gilt als göttlich. Eine Göttlichkeit von unten gewissermaßen. Der philosophische Zeitgenosse Jacobi, dem damals die ganze Richtung nicht paßte, deckt sehr scharfsichtig die Alternative auf: »Gott ist außer mir, ein lebendiges, für sich bestehendes Wesen, oder Ich bin Gott.« Die Romantiker also entscheiden sich in der Regel für ihre eigene Göttlichkeit. Schleiermacher: »Nicht der hat Religion, der an eine heilige Schrift glaubt, sondern, welcher keiner bedarf und wohl selbst eine machen könnte.«

Diese schwelgerische, aus der empfindsamen Eigenmacht hervorströmende Religiosität fasziniert die junge Generation um 1800, weil sie keinen väterlichen Corpus von Offenbarungen und sittlichen Normen, sondern einen Modus von Ich- und Welterfahrungen darstellt, der sich ästhetisch genießen läßt.

Die Symbiose von Kunst und Religion ist – zunächst – für beide von Vorteil. Die Religion als Kunst emanzipiert sich vom Dogma und wird zur Offenbarung des Herzens, und die Kunst als Religion gibt diesen ›Offenbarungen‹ überirdische Weihe. Die Kunstreligion erlaubt, »daß wir über dem wüsten Abgrund in kühner Stellung schweben, zwischen Himmel und Erde«. Das Bewußtsein dieser Zwischenstellung rührt daher, daß die Romantiker nicht genau wissen können, ob sie nun hinüberwechseln in eine himmlische Überwelt oder in eine seelische Unterwelt. Wenn die Einbildungskraft Regie führt, läßt sich das nicht mehr so genau unterscheiden. Im traditionellen Glauben war die Welttranszendenz ein grundsolides Guthaben. Die romantische Kunstreligion gleicht demgegenüber, auch in ihrem Selbstverständnis, einem riskanten Unternehmen. Der junge Tieck schreibt in seinem Roman WILLIAM LOVELL: »Wenn ein solches Wesen einst fühlt, wie die Kraft seiner Fittige erlahmt ... so läßt er sich blindlings herunterfallen, seine Flügel werden zerknickt, und er muß nachher in Ewigkeit *kriechen*.«

Im romantischen Enthusiasmus gibt es eine Unterströmung der Angst. Die Angst vor der Ernüchterung, vor dem Ende der traumwandlerischen Sicherheit. In ihren schonungslosesten Augenblicken weiß die Romantik, daß der Resonanzraum ihrer Himmelsmusik beängstigend leer ist. »Bald ist die Tonkunst mir ganz ein Bild unseres Lebens«, schreibt Heinrich Wackenroder, »eine rührend-kurze Freude, die aus dem Nichts entsteht und ins Nichts vergeht, – die anhebt und versinkt, man weiß nicht warum: – eine kleine fröhliche grüne Insel, mit Sonnenschein, mit Sang und Klang, – die auf dem dunkeln, unergründlichen Ozean schwimmt.«

Die Romantiker, die nach der großen Götterdämmerung aus eigener Kraft ihre Götter hervorbringen wollen, stecken in folgendem Dilemma: Sie sollen an das glauben, was sie selbst gemacht haben, sie sollen das Hergestellte wie etwas Empfangenes erleben. Sie wollen vor der Rampe das große Spiel bewundern und stehen doch zugleich als Drahtzieher in der Kulisse. Sie sind Regisseure, die sich selbst verzaubern wollen.

Der romantische Kunstglaube will das Unmögliche. Er will mit Raffinement zum Naiven zurückkehren mit dem Ergebnis, daß an die Stelle der alten Substanzen das Spiegelkabinett der Verdopplungen tritt: das Gefühl des Gefühls, der Glaube an den Glauben, der Gedanke des Gedankens. Jede Regung sieht sich selber zu. Je nach Stimmung ergibt das den Genuß eines unendlich vielgestaltigen Etwas – oder die Qual des Nichts. Jean Paul: »Ach, wenn jedes Ich sein eigener Vater und Schöpfer ist, warum kann es nicht auch sein eigener Würgeengel sein.«

Die Romantik also setzt die zerstörerische und selbstzerstörerische Potenz der Einbildungskraft frei. Das unterscheidet sie von dem klassischen, jahrhundertealten Paradigma der Kunst als des Guten. Das traditionelle Konzept gründet, wie schon gesagt, auf der Idee der Mimesis, der Nachahmung der vorgegebenen Wirklichkeit, sei es überhöhend oder in kritischer Absicht. In der Romantik aber kulminiert zum zweiten Mal nach der Renaissance die Idee der Poiesis. Das künstlerische Produktionsvermögen, die schöpferische Freiheit, rückt ins Zentrum der Aufmerksamkeit und des stolzen Selbstbewußtseins. Und dabei kommt es zur Erfahrung der Negativität. Indem der Künstler nicht mehr nur eine fertige Schöpfung nachahmt, sondern zum Komplicen des Schöpfungsprozesses werden will, wenn er sich also vom Konzept der Mimesis löst und sich der Poiesis hingibt, dann verwickelt er sich in das Problem der *creatio ex nihilo*. Er öffnet sich für die Erfahrung des Nichts, des Nichtigen. Deshalb muß Goethes Faust, ehe er das Bild der Helena hervorbringt, ins »Reich der Mütter« hinabsteigen, in diesen inneren Hades, in die Welt der wesenlosen Schatten, wo die Gestalt noch unentschieden schwankt zwischen dem Sein und dem Nichts. Und dieses Nichts und Nichtige sickert ins Werk ein, als Verdacht, als Selbstzweifel, als Beängstigung. Der Künstler hört durch seine Töne, Sätze, Fiktionen hindurch gewissermaßen das leere Grundrauschen. Die Kunst, die aus dem Nichts der freien Einbildungskraft hervorkommt, kann in dieses Nichts wieder zurücksinken. Es bildet sich, im Innern der Kunst, ein Potential der Zerstörung und Selbstzerstörung. Dann spricht man von der Krise des Erzählens, von dem absichtsvollen Fragment, von der Auflösung der Formen usw. Der Nichtigkeitsverdacht, der Verdacht, daß die Gebilde der Kunst Chimären und deshalb vielleicht sinnlos sind, dieser Verdacht, der aus dem ›nihilo‹ bei der ›creatio ex nihilo‹ aufsteigt, ist zweifellos etwas

Böses für die Kunst: das kunstimmanente Böse, wodurch die Kunst durch sich selbst anfechtbar wird, wodurch sie das Zutrauen in sich selbst verliert.

Das ist das Schicksal der modernen Literatur. Der holländische Gegenwartsautor Cees Nooteboom hat darüber eine Erzählung geschrieben, EIN LIED VON SCHEIN UND SEIN, worin der Leser Zeuge bei der allmählichen Verfertigung einer erzählten Welt wird und erleben kann, wie diese Geburt der Erzählung stets gefährdet bleibt durch das Nichts.

Bulgarien 1878, »ein kochender Kessel voll Blut aus stupiden, sinnlosen Kriegen«, ein Schopenhauer lesender und von Alpträumen verfolgter Oberst, ein Arzt, der sich hinaussehnt ins Licht Italiens, und die Frau des Arztes, in die sich der Oberst verliebt. Eine Dreiecksgeschichte mit einem Finale in Rom, wo der Erzähler dieser Geschichte hundert Jahre später in einem Hotelzimmer sitzt und ihm das Erfundene so auf den Leib rückt, daß ihm eng wird, zu eng. Dem Erzähler wächst die eigene Welt über den Kopf, außerdem sitzt ihm ein anderer Schriftsteller im Nacken mit seinen penetranten Nachfragen, was denn aus dieser angefangenen Erzählung geworden sei. Dem Erzähler kommen Zweifel am Sinn des Erzählens, er erfährt aber auch, daß, wenn die Magie des Erzählens ihre Wirkung entfaltet, die Frage nach dem Sinn keine Chance hat. Die Poesie ruft etwas hervor, das in den Bann schlägt, sie überwindet damit das stets drohende Nichts. Eine *creatio ex nihilo*. Die irritierende Sinnfrage macht sich störend bemerkbar, wenn und solange das Erzählte noch nicht zur Magie seiner Selbständigkeit gefunden, sich also noch nicht genügend aus dem Nichts herausgearbeitet hat. Nooteboom läßt seine Figuren zunächst noch unfertig auftreten, im wörtlichen Sinne. Der Oberst besteht zu Anfang nur aus seinen Epauletten, die im leeren Raum herumschwanken, und der Arzt nur aus einem Stethoskop, das an einem Nirgendwo baumelt. In diesem unfertigen Zustand sind die Figuren von der Sinnfrage besonders bedroht. Sie können wieder ins Nichts zurückgescheucht werden, aus dem sie im Begriffe sind hervorzutreten.

Leider kann sich der Erzähler dieses kuriosen Romans jenen »anderen Schriftsteller« nicht vom Halse schaffen, das ist die zweite Geschichte neben der im Jahre 1878 spielenden. Mit diesem anderen Schriftsteller ist der ganze Betrieb des Schreibens gegenwärtig. Der Betrieb aber potenziert die innere Störanfälligkeit des Schreibens durch die Sinnfrage. Wer sich selbst aus der Perspektive des Betriebs beim Schreiben beobachtet, kommt nicht umhin, sich zu fragen: Wozu das Ganze? Und wenn er sich diese Frage stellt, kann es geschehen, daß alles in sich zusammensinkt wie ein Soufflé, das man vor der Zeit aus dem Ofen holt.

Das Böse für die Kunst kommt aus ihrem schöpferischen Geheimnis. Als *creatio ex nihilo* hat sie das Nichts zur Mitgift. So ergeht es keinem Bankangestellten, keinem Wissenschaftler und keinem Koch. Sie hantieren mit vergleichsweise handfesten Beständen. Die Kunst aber hat es mit Sinn zu tun, der sich nicht von selbst versteht. Und gerade deshalb ist er besonders bedroht von dem Nichts der Sinnlosigkeit. Unselbstverständlicher Sinn ist zerbrechlich. Er kann mit der Frage ›Wozu das Ganze?‹ leicht zum Einsturz gebracht werden.

E. T. A. Hoffmann erzählt die Anekdote, wie jemand die Ouvertüre zu Mozarts Don Giovanni vollkommen ergriffen anhört. Dann stößt ihn sein Nachbar an und fragt: Und was nützet uns das ...?

Bleibt nur die Hoffnung, daß der »steinerne Gast« bei seinem Erscheinen am Ende der Oper auch solche Nachbarn mit in den Orkus reißt.

DREIZEHNTES KAPITEL

Rechtfertigung der Kunst in einer bösen Welt. Der Vogelflug oder die Solidarität mit der Galeere. Das Tolstoi-Syndrom: nicht singen, sondern kämpfen! Die Versuchungen der Kunst: die Moral, die Macht, der Markt. Auf der Suche nach Grenzüberschreitung. Kafkas Reinheit. Bataille: das heilige Böse.

Wenn man die Darstellung des Bösen *in* der Kunst und auch das Böse *für* die Kunst ins Auge faßt, also die Anfechtung der Kunst durch die Risiken der Einbildungskraft, die Gefahr des Nichtigen und des Nichts, so gerät das Selbstverständliche leicht aus dem Blick: die tiefsitzende Grundüberzeugung nämlich, daß die Kunst mit der Idee des Guten verbunden sei. Sie ist gut, so heißt es, weil sie das Kunststück fertigbringt, die Schönheit wahr und die Wahrheit schön erscheinen zu lassen. So lautet die Formulierung Hegels, der sich dabei auf eine mächtige Tradition berufen kann.

Zu dieser Grundüberzeugung, die so tief sitzt, daß man sich kaum Rechenschaft darüber abgibt, gehört auch die Auffassung, daß die Kunst eine nützliche Rolle in der Ordnung der Welt spielen sollte. Sie gilt als ›gut‹, sofern sie Gutes bewirkt. Die Kunst soll also nützlich sein, um ihre Daseinsberechtigung zu erweisen. Im Hintergrund wirkt ein Rechtfertigungszwang. Die Kunst sieht sich mit der Frage nach ihrer Daseinsberechtigung in einer Welt konfrontiert, die aus welchen Gründen auch immer im Argen liegt. Die Kunst wird in die Verantwortung für das Ganze genommen, damit es gut werde. Und nur dann ist auch sie selbst – gut.

Schon Platon hatte darüber nachgedacht, ob es in seinem idealen Staat überhaupt Kunst geben dürfe, und wenn, wie sie auszusehen habe. Der Platonismus stellt auch ein Konzept zur politischen Bewirtschaftung der Kunst dar. In moderner Zeit, da die Politik noch nachhaltiger zum »Schicksal« geworden ist, haben die Versuche zur politischen Instrumentalisierung der Kunst nicht nachgelassen. Kunst wird, auch ohne ideologische Bevormundung, unter das Kriterium der sozialen Nützlichkeit gestellt und in die Verantwortung genommen. Die Künstler haben sich diesem Ansinnen sozialer Nützlichkeit gebeugt oder es von sich gewiesen, gleichgültig jedenfalls konnten sie nicht bleiben.

Das soziale Nützlichkeitsdenken in seiner noblen Form fordert die Kunst auf, die Idee der Gerechtigkeit aufzunehmen. Denn die Frage, ob die Kunst in einer Welt voller Übel nicht ein elitärer Luxus sei, ob sie sich nicht auf eine Insel der Seligen zurückzieht – diese Frage kann sehr leicht zum Pfahl im Fleisch der Kunst werden. Der junge Hofmannsthal hat darüber ein Gedicht geschrieben: »Manche freilich müssen drunten sterben, / wo die schweren Ruder der Schiffe streifen, / andere wohnen bei dem Steuer droben, / kennen den Vogelflug und die Länder der Sterne.«

Die Kunst macht zunächst einmal nicht solidarisch mit der Galeere, sondern mit dem Vogelflug; mit der Galeere nur insofern, als daraus irgend etwas Vogelflugähnliches wird. Ist also der Wille zur Kunst sozial verantwortungslos und kann man vielleicht gerade in ihrem elitären Glück das böse Herz der Kunst entdecken?

Tatsächlich hat sich, worauf Odo Marquard nachdrücklich hinwies, die Kunst dem alten Theodizeeproblem zu stellen. Das hat nicht nur die Kunst verändert. Es hat sie skrupulös oder trotzig gemacht und entweder ins politische Engagement oder in den demonstrativen Eskapismus getrieben. Das hat auch zahlreiche Theorien auf den Plan gerufen, in denen das alte Theodizeeproblem in säkularisierter Form abgehandelt wird.

Die klassische Theodizeefrage, um daran zu erinnern, lautet von Hiob bis Leibniz: Wie läßt sich angesichts der Übel in der Welt die Existenz Gottes überhaupt denken? Nach dem Verschwinden des alten Gottes wird die Theodizeefrage an die Kunst gerichtet und lautet: Wie läßt sich angesichts der Übel in der Welt das luxurierende Unternehmen der Kunst rechtfertigen? Ist nicht schon ihre bloße Existenz ein Ausdruck der Ungerechtigkeit in der Welt? Der Jammer der Welt und das Singen der Kunst – wie soll das zusammenstimmen? »Viele Geschicke weben neben dem meinen, / durcheinander spielt sie alle das Dasein, / und mein Teil ist mehr als dieses Lebens / schlanke Flamme oder Leier« (Hofmannsthal).

Tolstoi beispielsweise hat gegen Ende seines Lebens, empfindlich für den Ozean des sozialen Leidens um ihn herum, die Leier fortgeworfen und dazu aufgefordert, sozial Nützlicheres zu tun als erfundene Geschichten zu erzählen. Es gibt also einen Verrat an der Kunst aus Solidarität mit dem Elend und der Ungerechtigkeit. In Rußland zum Beispiel entstand die revolutionäre Zerstörung der Kultur auch aus diesem Antrieb.

Ein Gespräch über Bäume kann, wie Brecht sagte, zu manchen Zeiten als Verbrechen gelten. Brecht löste das Theodizeeproblem der Kunst anders als Tolstoi. Die Kunst sollte zu einer ›Waffe‹ im Kampf gegen Elend und Ausbeutung werden. Überhaupt hatte während der von bürgerkriegsähnlichen Gegensätzen zerrissenen Weimarer Republik die politische Instrumentalisierung der Kunst große Konjunktur. Militärisches Frontdenken bemächtigte sich damals auch der Kunst, im rechten wie im linken politischen Milieu. Da wurden ›Literaturfronten‹ errichtet, Siege errungen, Niederlagen erlitten. Man ›bewaffnete‹ sich mit der richtigen Weltanschauung und suchte nach der

›schlagkräftigen‹ Form. Literatur mußte operational sein und ›funktionieren‹. Was wirkt, aber schlecht wirkt, muß man, gewitzt und an den empfindlichen Punkten ansetzend, umfunktionieren. »Man stellt sich nicht vor eine Maschine und übergießt sie mit Maschinenöl. Man spritzt ein wenig davon in verborgene Nieten und Fugen, die man kennen muß« (Walter Benjamin).

Die Arbeit am Fortschritt, für die auch die Kunst rekrutiert wurde, legte den Gedanken nahe, daß man am besten vom Ingenieur lernen könne. Dichter nannte man in Moskau dann auch folgerichtig »Ingenieure der Seele«. Man zitierte gerne Lenin: Dieser hatte gesagt, während man Musik von Beethoven hört, möchte man den Menschen, allen Menschen, über den Kopf streichen. So aber seien die Zeiten nicht, einige Köpfe müsse man abschlagen.

Wo die ›Partei des Elends‹ siegte, wurde sie bekanntlich zur Macht der totalen politischen Bewirtschaftung der Gesellschaft, und die Künstler, die dabei mitwirkten oder sich einnehmen ließen, handelten – wie das Beispiel des realen Sozialismus zeigte – nicht durchweg aus Machttrieb, Opportunismus oder Angst, sondern standen auch unter der Suggestion ihres sozialen Gewissens. Der politisch-moralische Utilitarismus hatte sie fest im Griff. Sie waren erpreßbar.

Daß die Kunst unter den Druck der politischen und sozialen Selbstrechtfertigung immer wieder bereit ist, sich ein politisches und soziales Gewissen zu machen oder machen zu lassen, zeigt auch das Beispiel der 68er Bewegung. Manche verkündeten damals den Tod der Literatur aus Gründen des politisch-moralischen Utilitarismus. In Vietnam, so hieß es, werden Kinder mit Napalmbomben verbrannt, deshalb sei Kunst Lüge. Angesichts der Verpflichtung für das sozial Gute sei für das Schöne keine Zeit und kein Platz. Kunst verleite zur falschen, jedenfalls aber voreiligen Versöhnung. Man muß sich vor ihren milden Stimmungen hüten, gerechtfertigt sei sie nur in ihrer Agitpropform. Literarisch hieß das: Straßentheater, Flugblatt, Reportage. Damit ist es vorbei. Geblieben aber sind die milderen Varianten, die Sozial- und Politikverträglichkeit der Kunst zu bedenken und einzufordern.

Wenn die Kunst in einer Welt voller Übel wohl oder übel ihre Existenzberechtigung erweisen muß, liegt die Versuchung nahe, aus der Rolle des Angeklagten in die des Anklägers überzuwechseln und ihr ›gesellschaftskritisches‹ Potential vorzuweisen. Sie verteidigt sich mit dem Gedanken, daß die Kunst mit den Übeln in der Welt unter folgenden Voraussetzungen koexistieren kann: daß erstens diese Übel ausdrücklich zum Thema gemacht werden, daß man zweitens nicht so tun braucht, als könne man sie allein durch die Kunst abschaffen, woraus drittens die Verpflichtung zur ohnmächtigen Sympathie mit der Ohnmacht folgt. Die schwache Stimme der Kunst soll zur Stimme der Schwachen werden.

In der Schule der ästhetischen Theorie Adornos gibt es einen besonders subtilen Versuch, die Wahrheit und Würde der Ohnmacht zu bedenken. Gemäß dieser Reflexion findet gelingende Kunst eine nichtkorrumpierte Sprache für das Leiden an der Gesellschaft. Sie hält in einer unversöhnten Welt den Anspruch auf Versöhnung fest, nicht als Botschaft, sondern in der inneren Logik des künstlerischen Gebildes. Das soziale Gewissen, das auf die Theodizeefrage empfindlich reagiert, wird zum künstlerischen Gewissen. Demzufolge kann Kunst mit dem Leiden in der Welt koexistieren, wenn die Künstler bereit sind, unter den strengen Anforderungen ihrer Kunst – zu leiden.

Wenn das Ganze das Unwahre ist, wie Adorno erklärt, dann wird die Kunst nur ›wahr‹ werden können, indem sie sich vorbehaltlos in ihre eigene Besonderheit, in ihre ›Logik‹ vertieft. Dann wird sie unter der Voraussetzung, daß sie nicht fremden Zwecken dient, sondern sich selbst

Zweck bleibt, dem Anspruch von Humanität gerecht werden können.

Die Versuche, die Kunst in den Dienst des Humanen zu nehmen, haben eine lange Geschichte. Es ist nicht nötig, sie in allen ihren Stationen zu erzählen. Nur eine Argumentationsfigur soll genannt werden, weil sie wirkungsmächtig geblieben ist und nicht nur von den Theorien über die Kunst, sondern auch von Künstlern favorisiert wurde und wird.

Schiller erklärte: Der Mensch ist erst dort wahrhaft Mensch, wo er spielt. Die Kunst ist Spiel. Also kommt der Mensch erst in ihr zu seiner Wahrheit. Und Richard Wagner verkündete: Der Daseinszweck ist ein künstlerischer, denn das Schöpferische ist das wahrhaft Menschliche. Schiller und Wagner weisen darauf hin, daß es gesellschaftliche Bedingungen gibt, die der Entfaltung des Schöpferischen entgegenstehen, weshalb man die Gesellschaft umwälzen muß – der Kunst zuliebe, genauer: damit jeder das Schöpferische in sich entdecke und entfalte. Das ist eine Argumentation, die den politisch-moralischen Utilitarismus ins Herz der Kunst setzt. Aber es gibt hier einen blinden Fleck.

Die Behauptung, das Spiel der Kunst sei ein Daseinszweck, vielleicht sogar der höchste, mag plausibel sein. Jedoch läßt sich die Forderung, jeder solle in den Genuß dieser Tätigkeit kommen, nur begründen durch ein zusätzliches, damit nicht notwendig verbundenes Prinzip: das der Gerechtigkeit und der Gleichheit nämlich. Wie wenig selbstverständlich dieses Prinzip im künstlerischen Bereich eigentlich ist, merkt man, wenn man den Willen zur Einmaligkeit im künstlerischen Schaffen berücksichtigt. Wenn alle, wie es sich zum Beispiel Beuys vorstellte, Künstler würden, wenn also die Demokratisierung der Kunst in diesem Sinne gelänge, wäre im selben Augenblick die Kunst entwertet, denn sie lebt von der Differenz zur Nichtkunst. Wenn jeder Künstler ist, ist es keiner mehr.

Das Bewußtsein der Einmaligkeit gehört zu den produktiven Voraussetzungen des Künstlers. Das bindet ihn an einen heimlichen oder unheimlichen Aristokratismus, der in Schwierigkeiten gerät bei der demokratischen Vergesellschaftung der Kunst.

Das hat wohl keiner so deutlich empfunden und ausgesprochen wie Friedrich Nietzsche, der nicht zuletzt aus Gründen der ästhetischen Lebensgestaltung seine radikale Absage an das demokratische Prinzip formulierte. Mit dem Satz »Nur als ästhetisches Phänomen ist das Dasein und die Welt ewig gerechtfertigt« hatte Nietzsche seine beispiellose Rangerhöhung der Kunst und des ästhetischen Lebensentwurfes begründet. Er hatte die künstlerische Praxis zum Paradigma des gelingenden Lebens erhoben und ihr jenen Ort zugewiesen, der einst der Religion vorbehalten gewesen war. Kunst war für ihn das Gegengewicht zur utilitaristischen Entzauberung der Welt. Nietzsche hatte die Künstler und Lebenskünstler zu einem überschwenglichen Autonomiebewußtsein ermuntert. Das ›L'art pour l'art‹ sollte nicht nur für die Kunst, sondern für das ästhetisch gestaltete Leben selbst gelten. Der ästhetische Mensch hat nach Nietzsche geradezu die Pflicht zur Rücksichtslosigkeit. Er soll sich nicht durch Mitleid und durch das davon abgeleitete Bewußtsein der sozialen Verantwortlichkeit herunterziehen und schwächen lassen. Er ehrt vielmehr die Menschheit, indem er sich selbst zur Persönlichkeit formt, und nicht dadurch, daß er Solidarität mit den »Allzuvielen« übt. Ausdrücklich setzt Nietzsche den ästhetischen Menschen in einen Gegensatz zum moralischen. Wenn er behauptet, die Welt sei nur als »ästhetisches Phänomen« gerechtfertigt, bedeutet das: Ihr Sinn liegt darin, daß sich das Leben in einigen gelungenen Exemplaren aufgipfelt. Nicht das Glück und Wohlergehen der größtmöglichen Zahl, sondern das Gelingen des Lebens in einzelnen Fällen ist der Sinn der Weltgeschichte.

Für Nietzsche ist die soziale Demokratie und die ihr entsprechende Kulturgesinnung eine Angelegenheit der verächtlich so genannten »letzten Menschen«. Er wirft die Ethik und Ästhetik einer allgemeinen Wohlfahrt über Bord und etabliert statt dessen eine Ethik und Ästhetik der Selbstgestaltung eines großen Individuums. Nietzsche ersetzt das ›Wohlwollen ohne Ansehen der Person‹ durch das Prinzip der Begünstigung des singulären Gelingens von Lebensentwürfen und Lebenswerken.

Der demokratische Staat mit seiner Orientierung an allgemeiner Wohlfahrt, ausgleichender Gerechtigkeit und Schutz der Schwachen behindert, aus der Perspektive Nietzsches, die Entwicklungsmöglichkeit großer Persönlichkeiten. Damit verschwindet der noch verbleibende Sinn aus der Geschichte. Weil er diesen Restsinn in der Geschichte verteidigt, greift er die Demokratie an und verkündet, es komme darauf an, die »gänzliche Vergutmüthigung des demokratischen Heerdenthiers« wenigstens zu »verzögern«. Der Zusammenhang zwischen den Ideen der Selbststeigerung und der Solidarität ist bei Nietzsche zerrissen. Für ihn bedeutet das wohlfahrtstaatlich organisierte Leben ein Triumph des menschlichen Herdentiers. Das läßt ihn »unzeitgemäß« erscheinen vor dem Hintergrund jenes Theodizeetribunals, das von der Kunst fordert, sie müßte an der Anstrengung teilnehmen, diese Welt besser einzurichten.

Allerdings ist der politisch-moralische Utilitarismus, welcher die Kunst auf den Kampf gegen die Übel der Welt verpflichten will, schwächer geworden und dem ziemlich moralfreien Effektivitätsdenken im Sinne des Marktes gewichen. Im Zeichen eines Denkens, das um den ›Wirtschaftsstandort‹ kreist, muß die Kunst eher ökonomische als moralische Nützlichkeit nachweisen. Der Nutzen, ob moralisch oder ökonomisch, realisiert sich in der massenhaften Wirkung. Der Wille zu solcher Wirkung ist nicht so selbstverständlich, wie es den Anschein hat, er ist vielmehr eine moderne Obsession. Es gab ja eine Zeit, in der die Ausdrucksbeziehungen zwischen dem Künstler und seinem Werk oder zwischen dem Werk und dem, was Gott oder Geist genannt wurde, maßgeblich waren. Das Publikum konnte dazukommen oder auch nicht. Es war gleichsam Zaungast dieser Beziehung. Die Kalkulation auf Publikumswirkung war eher anrüchig, das Wertvolle sollte vor breiter Aufmerksamkeit sogar geschützt werden. In der modernen Medienkultur aber ist das Kriterium der Massenwirksamkeit entscheidend, hier gilt der Satz: Was nicht wirkt, gibt es nicht. In den zwanziger Jahren wurde für diese Wirkungsbesessenheit der Begriff der ›totalen Mobilisierung‹ geprägt. Auch die Kunst soll mobilisieren oder sich mobilisieren lassen. Dabei gerät sie leicht in ein Dilemma. Will sie sich nützlich, wirksam, verkäuflich erweisen, droht ihr der Selbstverrat. Bewahrt sie ihren Eigensinn, kann es geschehen, daß sie auch als moralisch unverantwortlich gilt.

Auf die schlimmen dreißiger Jahre zurückblickend schrieb Georg Orwell: »Man kann nicht rein ästhetisches Interesse an einer Krankheit nehmen, an der man stirbt; man kann nicht gefühllos gegenüber einem Mann sitzen, der einem gerade die Kehle durchschneidet. In einer Welt, in der Faschismus und Sozialismus gegeneinander antraten, mußte jeder denkende Mensch Position beziehen ... Diese Zeit ... erwies der Literaturkritik einen großen Dienst, weil sie die Illusion des reinen Ästhetizismus zerstörte ... Sie nahm der Kunst um der Kunst willen ihren Nimbus.«

In drangvollen Perioden der Geschichte ist immer wieder gegen die »Illusion des reinen Ästhetizismus« polemisiert worden. Aber es war dieselbe drangvolle Periode, auf die Orwell seinen Blick richtet, in der Nabokov schrieb: »Ein Werk der Erfindung existiert für mich überhaupt nur, soweit es mir, das will ich ganz unverblümt sagen, ästhetisches Hochgefühl verschafft, also die Empfindung, irgendwie, irgendwo, mit anderen Seinszuständen zusammenzugehören.«

Nabokov formuliert hier etwas schwer Faßbares. Es ist etwas an der Kunst, durch das sie in ihren besten, in ihren heißen Augenblicken über alles Lebensdienliche und Realitätstüchtige hinausgeht. Sie verliert sich im Spiel und im Verlangen, in den eigenen Bildern zu verschwinden. Es gibt in ihr eine Intimität mit dem Unsagbaren. Sie will den anderen Zustand, die Weltfremdheit. Das ist ihr ekstatisches Element, das sich nicht in die Pflicht nehmen läßt vom realitätstüchtigen Prinzip der Lebenserhaltung, das für Politik und Moral sicherlich verbindlich sein sollte. Die Kunst aber ist nicht ganz von dieser Welt. Sie treibt die Genüsse, aber auch die Fraglichkeiten des Daseins auf die Spitze. Sie erlaubt eine Dissidenz im Fundamentalen. Um die große Kunst, sagt Thomas Mann, sei immer etwas von »Kreuz, Tod und Gruft« oder, wie man hinzufügen kann, vom spielenden Weltkind des Heraklit, das Welten aufbaut und wieder zerstört, respektlos auch gegen die lebensdienlichen Fiktionen der Sittlichkeit und Wahrheit. Zur ekstatischen Natur der Kunst gehört, daß sie den Weltbildern und Überzeugungen, mit denen man sich in der Welt einrichtet, mit ironischem, manchmal auch zynischem Vorbehalt begegnet.

Das Ekstatische der Kunst äußert sich als festlich-dionysische Überbietung des Alltags oder als schwarze, gnostische Unterminierung, als helle und als dunkle Ekstase. Die lebenstüchtige und konsensfähige Mitte des Lebens aber wird beidemal verlassen. Dieses ekstatische Element in der Kunst ist eine Beimischung. Kunst läßt sich nicht als Dauerekstase definieren. Denn sie ist mit vielen ihrer Antriebe ins realitätstüchtige politische und moralische Geschäft verwickelt. Und doch steckt in ihr ein Mehrwert, der über alle diese Bereiche hinausweist. George Steiner hat dafür den Terminus ›Gott‹, Lyotard den des ›Erhabenen‹ ins Spiel gebracht und Bohrer bewegt sich irgendwo dazwischen. Wie man es auch bezeichnet, gewiß ist: Kunst, wenn sie den Mut zu sich selbst hat, wird immer ein Stück weit ekstatisch über die Welt hinausgetrieben und beweist so, daß sie nicht ganz von dieser Welt ist.

Dieses Hinausstreben über die Wirklichkeit kann, wie gesagt, in verschiedene Richtungen gehen. Ins Heilige oder ins Böse – wobei dann allerdings dieses Böse selbst oft zu etwas Heiligem wird, wie das Beispiel Batailles zeigt.

Einer der großen Heiligen der modernen Literatur ist Kafka, der sein Schreiben einmal als das »Hinausspringen aus der Totschlägerreihe, Tat-Beobachtung« bezeichnete. Kafka hatte die unnachahmlich bescheidene Unbescheidenheit der Heiligkeit: Von seinem Schreiben wünschte er sich, daß es »die Kette der Geschlechter sprengend, ... die bisher wenigstens zu ahnende Musik der Welt zum ersten Mal bis in alle Tiefen hinunter abbrechend« sein sollte. Er empfand sich als Gescheiterten, aber nur in einem unwahrscheinlichen und unmöglichen Unternehmen: beim »Ansturm gegen die letzte irdische Grenze«.

Kafka war vielleicht doch ein Gnostiker, der mit der falschen Schöpfung haderte und mit einer Gegen-Schöpfung antwortete. Schreibend wollte er jenen Ort aufsuchen, wo das »Zögern vor der Geburt« noch einmal möglich wird. »In mir selbst gibt es ohne menschliche Beziehungen keine sichtbare Lüge. Der begrenzte Kreis ist rein.« Dieser begrenzte Kreis aber ist zugleich das Universum seines Schreibens. »Die ungeheure Welt, die ich im Kopfe habe. Aber wie mich befreien und sie befreien, ohne zu zerreißen. Und tausendmal lieber zerreißen, als in mir zurückhalten. Dazu bin ich ja hier, das ist mir ganz klar.«

Kafkas »ungeheure Welt« ist die gewöhnliche Welt, gesehen aus der Perspektive dessen, der zögert, in sie hineingeboren zu werden. Warum sollte derjenige, der selbst erfinden kann, an dieser schlechten Erfindung, die sich ›Welt‹ nennt, teilnehmen? Im Theodizeeprozeß gegen die Kunst wechseln bei Kafka Kläger und Ankläger die Rolle: Nicht mehr die Kunst muß sich vor der Welt, sondern die Welt muß sich vor der Kunst rechtfertigen, was ihr nicht mehr gelingt. Bei Kafka steht nicht die Kunst, sondern das Leben zur Disposition.

Mit seinem Schreiben, das nicht mehr den Prämissen der Lebensdienlichkeit gehorchte, wagte sich Kafka in einen Bezirk der Freiheit vor, von der es in bezug auf den Landvermesser K. im SCHLOSS heißt: »Da schien es K., als habe man nun alle Verbindung mit ihm abgebrochen und als sei er nun freilich freier als jemals und könne hier auf dem ihm sonst verbotenen Ort warten, solange er wolle, und habe sich diese Freiheit erkämpft, wie kaum ein anderer es könnte, und niemand dürfte ihn anrühren oder vertreiben, ja kaum ansprechen; aber – diese Überzeugung war zumindest ebenso stark – als gäbe es gleichzeitig nichts Sinnloseres, nichts Verzweifelteres als diese Freiheit, dieses Warten, diese Unverletzlichkeit.«

Es ist eine desperate Heiligkeit, von der Kafka erzählt. Das »Hinausspringen aus der Totschlägerreihe« verhilft zu einer Freiheit, die aber sogleich wieder als Mangel, als saugende Leere empfunden wird. Daraus wird ein verzehrendes Verlangen nach Welt. Und so kann die Geschichte wieder beginnen. Dem Bösen entkommt man doch nicht. Seine Anziehungskraft bleibt erhalten, wenn auch nur in dem abgründigen Gefühl der Schuld und der Scham.

Wenn man dem Bösen schon nicht entkommt, warum sollte man es dann nicht umgekehrt selbst zu etwas Heiligem und Erhabenem machen? Das hat Bataille versucht mit dem, was er »Transgression« nennt.

Transgression ist das Transzendieren mit Hilfe des Bösen. Was ist der ursprüngliche Sinn des Transzendierens? Bei Kafka ist es der »Ansturm gegen die letzte irdische

Grenze«. Für Bataille ist es der Abschied von der bloßen Selbsterhaltung mit ihren Tugenden und Berechnungen. Es ist die Verausgabung statt der Verwertung des Lebens. Die Moral der Selbsterhaltung verkennt die Freiheit des Menschen, seine wahre Souveränität. »Eine Moral hat in sich selbst keinen anderen Wert (im starken Sinne) als den, daß sie sich für die Überschreitung des Wesens ausspricht – daß sie die Sorge für die Zukunft verwirft. Eine Moral taugt nur insoweit, als sie uns vorschlägt, uns aufs Spiel zu setzen. Andernfalls ist sie nichts als eine Vorteilsregel, der das Element der Begeisterung fehlt (der Rausch des Gipfels ...).«

Die von Bataille bewunderten »Bösen« sind Künstler wie Sade, Poe oder Flaubert, denen die Leidenschaft das Leben verbrennt, die sich ihrer Kunst aufopfern, die sich weigern, ihre Obsessionen in den Dienst irgendeiner Sache zu stellen. Es kommt ihnen auf den ekstatischen Augenblick an, auf keinen Fall wollen sie ihr Leben und ihre Kunst so einrichten, daß sie für etwas gut sind. Genau dies: Sie wollen nicht für etwas gut sein. Das Prinzip der Nützlichkeit ist für sie der Horror. Die Nützlichkeit versklavt. Wahrhaft menschliches Leben ist dazu da, verschwendet, aufgeopfert, verspielt, verausgabt zu werden. »Die große Wahrheit: das Böse in der Welt ist wichtiger als das Gute. Das Gute ist die Basis, aber der Gipfel ist das Böse ...«

Bataille wendet sich der Frage nach dem Bösen zu in einem Augenblick, da das Denken weniger durch die bösen Poeten, sondern durch die Großverbrechen des Nationalsozialismus und Stalinismus herausgefordert wird.

Wie verhält sich das von Bataille gefeierte ekstatisch Böse zu dem Bösen der politischen Gewalt? Bataille unterscheidet das leidenschaftlich Böse vom niederträchtig Bösen. Das leidenschaftlich Böse ist nicht berechnend und von keiner Macht legitimiert. Das niederträchtig Böse aber dient einer Macht, einer Ideologie – es will sich in diesem

Sinne nützlich machen. Dieses Böse macht sich sogar ein gutes Gewissen, da es sich in Übereinstimmung mit einem offiziellen Staatszweck weiß. Nicht Leidenschaften, sondern Aufträge spielen hier die maßgebliche Rolle. Es handelt sich dabei nicht um Ekstasen aus dem Geist der Revolte, sondern um Exzesse von dienstbaren Geistern.

Mit Schrecken nimmt Bataille zur Kenntnis, daß aus dem Bösen, das er heilig gesprochen hatte, etwas ganz anderes geworden ist dadurch, daß es verstaatlicht und vergesellschaftet wurde. »Wer sieht im übrigen heute nicht«, schreibt er im Jahre 1947, »daß das Böse auf elementare Weise in der Bestialität im Dienste der Staatsräson gegeben ist: Buchenwald wäre ohne diesen Charakter nicht das entscheidende, unbestrittene, unaufhebbare Zeichen des Bösen.«

VIERZEHNTES KAPITEL

Die gnadenlose Natur. Sigmund Freuds Todestrieb. Das Glück der Erkenntnis und der Verlust der guten Gründe. Fröhliche Wissenschaft und unerträgliche Erkenntnis. Die großen Kränkungen. Nietzsche und der Nihilismus. Der Wille zur Macht.

Hitler, der soviel Vernichtung gebracht hat, kommt nicht aus dem Nichts. Er tritt eine Erbschaft des späten 19. Jahrhunderts an. Er sieht die Menschenwelt aus der Perspektive des Biologismus und Naturalismus.

In dieser Perspektive gibt es kein ›gut‹ und ›böse‹. Die Natur ist moralisch indifferent, es gibt hier nur ›stark‹ und ›schwach‹. In der biologisch definierten Arena des Lebens gelten andere ›Tugenden‹ als die moralischen. Die Natur ist jenseits von Gut und Böse. Daß über Jahrhunderte hin und in verschiedenen Kulturkreisen diese Unterscheidung von Gut und Böse getroffen worden ist, beweist nur, so argumentiert das moderne Bewußtsein, wie lange es gedauert hat, bis die Verführung zum Anthropomorphismus überwunden werden konnte. Er gilt als Kinderkrankheit des menschlichen Denkens und Vorstellens. Man hat Seelen- und Bewußtseinsverhältnisse in die Außenwelt projiziert, man hat also noch nicht die radikale Trennung zwischen der menschlichen Innenwelt und der Außenwelt vollzogen. Aus moderner Sicht gelten zumal die Religionen als Versuche, die Zusammenhänge der natürlichen und kosmischen Wirklichkeit so vorzustellen, daß man sich darin heimisch fühlen kann. Religionen werden gedeutet als Sichtblende vor dem gnadenlosen Gesicht der Natur.

Sigmund Freud hatte sich in seiner religionskritischen Schrift DIE ZUKUNFT EINER ILLUSION die Frage vorgelegt, ob er seine psychologische Kritik der »religiösen Märchen« – und als solche galten ihm die christlichen Lehren – unter die Leute bringen dürfe. Ist nicht die Religion angesichts der »erdrückenden Übermacht der Natur« und der »peinlich verspürten Unvollkommenheit der Kultur« eine wohltätige Illusion, die den Menschen das Gefühl der Geborgenheit verschafft und darüber hinaus die Moral kräftigt? War Kant nicht vielleicht doch gut beraten, als er seinem Hausdiener Lampe zuliebe die in der Vernunft begründeten sittlichen Pflichten als göttliche Gebote auftreten ließ?

Gegen solche Bedenken, die den Glauben aus sozialtherapeutischen Gründen schonen wollen, führt Freud das Ethos der Mündigkeit an. Der Mensch müsse den Mut aufbringen, erwachsen zu werden, auch wenn das zu der schmerzlichen Einsicht führt, daß im Ganzen von Welt und Natur das Glück des Menschen eigentlich nicht vorgesehen ist. Mehr noch: Der späte Freud mutet dem Menschen sogar die Einsicht zu, daß der Lebenstrieb auch von einem Verlangen nach Tod durchkreuzt wird.

Freud wurde, wie viele andere Zeitgenossen auch, von den Erfahrungen des Ersten Weltkriegs geprägt. Für ihn bedeutete dieser Krieg mit seinen bisher unvorstellbaren Massentötungen, mit dieser Explosion destruktiver Kräfte, das Ende der Illusion vom unaufhaltsamen Fortschritt der Humanität. Wenn die zivilisierende Unterdrückung der »bösen Gelüste« aufhört, so schreibt er, dann zeige sich, daß die »Menschen ... Taten (begehen) von Grausamkeit, Tücke, Verrat und Rohheit, deren Möglichkeit man mit ihrem kulturellen Niveau für unvereinbar gehalten hätte«. Vor dem Hintergrund dieser Erfahrung entwickelt Freud nach dem Krieg seine Theorie vom Todestrieb. Es ist bezeichnend, daß er diesen Todestrieb nicht nur als psychologische, sondern als eine geradezu kosmische Gegebenheit ansieht.

»Das Leblose war früher da als das Lebende – Das Ziel alles Lebens ist der Tod«, schreibt er und entwickelt daraus die These: Das Leben, das aus dem Anorganischen zur organischen Komplexität emporwächst, strebt wieder ins Anorganische zurück. Das Leben will sich einerseits ins Ozeanische auflösen – danach verlangen die erotischen Triebe –, andererseits will es aus der Unruhe zurückkehren in die große Ruhe des Steins. Das ist seine mineralische Sehnsucht, die Versteinerung wird zur Perspektive der Erlösung. Selbstverständlich hält Freud an der Existenz des Lebenstriebes, des Eros, fest. Aber er entdeckt nun eine polare Spannung zwischen Eros und Todestrieb, der ihm schließlich sogar als die mächtigere Strebung erscheint. »Wenn es wahr ist«, schreibt Freud, »daß – in unvordenklicher Zeit und auf unvorstellbare Weise – einmal aus unbelebter Materie das Leben hervorgegangen ist, so muß ... damals ein Trieb entstanden sein, der das Leben wieder aufheben, den anorganischen Zustand wieder herstellen will. Erkennen wir in diesem Trieb die Selbstdestruktion ... wieder, so dürfen wir diese als Ausdruck eines *Todestriebes* erfassen, der in keinem Lebensprozeß vermißt werden kann. Und nun scheiden sich uns die Triebe, an die wir glauben, in die zwei Gruppen der erotischen, die immer mehr lebende Substanz zu größerer Einheit zusammenballen wollen, und der Todestriebe, die sich diesem Streben widersetzen und das Lebende in den anorganischen Zustand zurückführen. Aus dem Miteinander- und Gegeneinanderwirken der beiden gehen die Lebenserscheinungen hervor, denen der Tod ein Ende setzt.«

Freuds Todestriebtheorie setzt den Anfang des Verhängnisses in den Augenblick, da der Stein aus seiner Ruhe aufgestört wird. Der Übergang vom anorganischen zum organischen Leben hätte nie geschehen dürfen. Es handelt sich gleichsam um eine Wucherung, mit der es kein gutes Ende nehmen konnte, besonders deshalb nicht, weil sich dieses Leben im Menschen seiner selbst bewußt wird und darum um seinen Tod weiß. Dieses Wissen, so Freud, kann der Mensch letztlich nur so verarbeiten, daß er entweder den Tod von sich ablenkt, indem er anderes Leben tötet, oder indem er die zerstörerischen Kräfte gegen sich selbst lenkt. Der Mensch ist eine Art Irrläufer der Evolution.

Bei Freud ist der Glaube an das notwendig gute Gelingen der menschlichen Geschichte zerbrochen. Das Entsetzen über die Greuel des Jahrhunderts aber trieben ihn bisweilen ins andere Extrem: Dort sieht er für die Offenheit der Geschichte, also für die menschliche Freiheit, die sich zum Guten wie zum Bösen bestimmen kann, kaum noch eine Chance. Die Destruktionskräfte der menschlichen Natur erscheinen übermächtig. Sie werden es dahin bringen, daß der Irrweg vom Stein zum Bewußtsein wieder rückwärts durchschritten wird: vom Bewußtsein zurück zum Stein.

In dieser Sichtweise ist das Böse weit über das Moralische hinaus zum ontologischen Problem geworden. Das Ganze ist eine einzige böse Geschichte. In dieser Perspektive kehrt die gnostische These von der verfehlten Schöpfung wieder, allerdings in säkularisierter Gestalt und deshalb ohne Erlösung. Es ist kaum nötig, darauf hinzuweisen, daß die Psychoanalyse nur Karriere machen konnte, indem sie sich von diesem tiefschwarzen gnostischen Hintergrund löste. Damit sie aufsteigen konnte, mußte das Allzuschwere über Bord geworfen werden.

Aber schon Freud selbst hütete sich davor, seine dunklen Überzeugungen zu dogmatisieren. Zwar zeigt sich ihm die Wirklichkeit als sinnverlassen und wenig trostreich, zwar mutet er dem Bewußtsein den Abschied von der »religiösen Illusion« zu, zwar plädiert er in bezug auf die Natur für einen Verzicht auf die verschiedenen Akte der Sinngebung des an sich Sinnlosen. Doch versuchte er an der Hoffnung festzuhalten, das Verschwinden der religiösen Illusion könnte durch eine Verbesserung der menschlichen Wirklichkeit vielleicht doch noch kompensiert werden. Er hält es für möglich, daß die wissenschaftlich-technische Beherrschung der Natur künftig ergänzt werden könnte durch die wachsende Fähigkeit zur geistigen Sublimierung der inneren Triebnatur. Er gesteht sich ein: »Unser Gott ist der Logos.« Der ist allerdings nicht allmächtig, er kann nur einen »kleinen Teil von dem erfüllen, was seine Vorgänger versprochen haben«. Aber immerhin, ohnmächtig ist er darum nicht. Freud traut den Menschen zu, daß sie sich irgendwann einmal mit einer Welt abfinden könnten, die aufs Ganze gesehen das Bedürfnis nach Sinn und Geborgenheit unbefriedigt läßt. Freud glaubt trotz allem daran, daß der Mensch den Glauben einst nicht mehr brauchen werde, und daß er eine neue Realitätstüchtigkeit aus dem Sinnverzicht gewinnen könnte. Die Sinnansprüche müßten dabei so reduziert werden, daß sie sich der Einsicht öffnen: Sinnwelten gibt es nur als winzige Inseln in einem Weltall ohne Sinn. Es handelt sich um Sinngebungen, die ihre Beschränkung kennen, die also den Schopenhauerschen Blick auf die Welt zur Voraussetzung haben: »Im unendlichen Raum zahllose leuchtende Kugeln, um jede von welchen etwan ein Dutzend kleinerer beleuchteter sich wälzt, die, inwendig heiß, mit erstarrter, kalter Rinde überzogen sind, auf der ein Schimmelüberzug lebende und erkennende Wesen erzeugt hat – dies ist die empirische Wahrheit, das Reale, die Welt.«

Nun hat aber der Schimmelüberzug zu denken begonnen und es ist ihm darum das Bild des Schimmelüberzugs aufgegangen, eine Erkenntnis, die er sich vielleicht doch lieber erspart hätte. Über die vergebliche Mühe, durch Erkenntnis ein Heil zu gewinnen, schreibt Nietzsche: »In irgend einem abgelegenen Winkel des in zahllosen Sonnensystemen flimmernd ausgegossenen Weltalles gab es einmal ein Gestirn, auf dem kluge Thiere das Erkennen erfanden. Es war die hochmüthigste und verlogenste Minute der ›Weltgeschichte‹: aber doch nur eine Minute. Nach wenigen Athemzügen der Natur erstarrte das Gestirn, und die klugen Thiere mußten sterben. – So könnte Jemand eine Fabel erfinden und würde doch nicht genügend illustrirt haben, wie kläglich, schattenhaft und flüchtig, wie zwecklos und beliebig sich der menschliche Intellekt innerhalb der Natur ausnimmt; es gab Ewigkeiten, in denen er nicht war; wenn es wieder mit ihm vorbei ist, wird sich nichts begeben haben.«

Hier bemerkt man, daß die theoretische Neugier zu Einsichten führen kann, die nicht mehr lebensdienlich sind, sondern in Verzweiflung umschlagen können; die auch den Verdacht nähren, daß es womöglich doch ein Verhängnis war, vom Baume der Erkenntnis gegessen zu haben. Denn von dem Erkenntnisgewinn hatte man sich ursprünglich etwas anderes versprochen, nämlich das Glück der Erkenntnis. So war es jedenfalls am Beginn der Karriere des abendländischen Willens zum Wissen.

Für Platon und Aristoteles sind Erkenntnis das höchste Gut. Beide denken dabei nicht in erster Linie an den praktischen Zweck. Platon unterscheidet ausdrücklich zwischen den Kenntnissen und Fertigkeiten der Schiffsbauer, Zimmerleute, Handwerker. Das sind die nützlichen Kenntnisse. Im Unterschied dazu gibt es eine andere Art der Erkenntnis, deren Zweck in sich selbst liegt. Eine Erkenntnis, die den Erkennenden verwandelt, ihm zu einem anderen Sein verhilft. Der Erkennende wird dem Erkannten ähnlich. Das Erkannte sind die unvergänglichen Ideen, die sich in der vielfältigen und unsteten Wirklichkeit zeigen. Wer die Ideen erkennt, auf den geht deren Ruhe, Ordnung, Harmonie und Beständigkeit über. Die Seele verwandelt sich, indem sie die große Ordnung erkennt. Sie wird Teil dieser Ordnung, sie verwirklicht in sich den kosmischen Einklang. Das Glück der Erkenntnis ist bei Platon sogar so überschwenglich, daß es der Todesfurcht trotzt. Wer von dieser Erkenntnis gekostet hat, der kann geradezu heiter in den Tod gehen – wie der platonische Sokrates. Bei Aristoteles ist dieser Überschwang schon ein wenig gemildert. Aber der *bios theoretikos*, das Leben für die theoretische Erkenntnis, gilt auch ihm als die höchste Lebensform, die ein großes Glück verspricht.

Woher das Glücksversprechen der Erkenntnis? Der Grund dafür liegt in der selbstverständlichen Erwartung, daß das Erkennen letztlich immer zu den guten Gründen führt. Gründe, die einen tragen und einem das Gefühl geben, zu Hause zu sein. Erkenntnis wurde verstanden als eine vertrauensbildende Maßnahme. Sie führt zur Übereinstimmung mit der Welt. Das Böse gilt demgegenüber als Verstimmung, Dissonanz, Täuschung. Es ist schlimm, wenn man sich in der Täuschung verirrt; noch schlimmer, wenn man darin verharrt; am schlimmsten, wenn man jemand anderen absichtsvoll täuscht.

In dieser Tradition gilt also die Erkenntnis als eine fröhliche Wissenschaft im doppelten Sinne. Erstens kann sie sich an dem erfreuen, *was* sie erkennt. Denn das Ganze ist das Gute und gut ist auch jedes Einzelne, man muß nur zu seinem Kern vordringen. Das Mißliche zeigt sich nur an der Oberfläche. Zweitens freut sie sich darüber, *daß* sie erkennt, daß sie dem Nichtwissen einen Triumph abgetrotzt hat.

Bis an die Schwelle zur Neuzeit gibt es diese fröhliche Wissenschaft, die sich darüber freuen kann, daß sie überhaupt erkennt und daß es etwas Gutes ist, was sie da erkennt. Kopernikus beispielsweise war weit davon entfernt, in seinem neuen heliozentrischen Weltbild, womit er die Erde aus dem Mittelpunkt des Weltalls rückte, eine metaphysische Entwertung von Natur und Mensch zu erblicken. Die mathematische Vereinfachung diente der Idee der harmonischen Weltordnung. Er wollte ihr geistiges Abbild von störenden Unstimmigkeiten reinigen. Er war davon überzeugt, daß seine Theorie den Ideen des göttlichen Weltbaumeisters noch näherkam und daß sie dem »wunderschönen Heiligtum« der Welt noch besser entsprach. Theorie, zumal die eigene, galt ihm auch weiterhin als Gottesdienst. »Unter vielen verschiedenen Beschäftigungen mit Wissenschaft und Kunst ... halte ich besonders die für ergreifens- und höchst eifrig betreibenswert, die es mit den schönsten und wissenswertesten Gegenständen zu tun haben. Derart sind die, welche von den göttlichen Weltumläufen und der Bahn der Gestirne, Größen, Entfernungen, Auf- und Untergang und den Gründen der übrigen Erscheinungen am Himmel handeln und endlich die gesamte Gestaltung darstellen.«

Doch schon von Anbeginn wird die fröhliche Wissenschaft vom Schatten des Zweifels begleitet. Es ist der Zweifel an der Zuträglichkeit eines Wissens, das den Menschen aus einem Vorstellungskreis herausreißt, der vielleicht voller Illusionen sein mag, jedoch eine geistige Unterkunft in lebbaren Verhältnissen gewährt. »Wer Erkenntnis mehrt, mehrt Leid!« heißt es beim Prediger Salomon. Diese warnenden, zweifelnden, sogar verzweifelnden Stimmen sind seither nicht verstummt. Pascal zum Beispiel konnte die kopernikanische Wende durchaus nicht mehr, wie Kopernikus selbst, als Gottesdienst empfinden. Er entsetzte sich vor diesem Weltbild, dem er doch zugleich einen Wahrheitswert zubilligen mußte. »Verschlungen von der unendlichen Weite der Räume, von denen ich nichts weiß und die von mir nichts wissen, erschaudere ich ... Das ewige Schweigen dieser unendlichen Räume erschreckt mich ... Wenn ich bedenke, daß das ganze Weltall stumm und der Mensch ohne Einsicht sich selbst überlassen ist wie ein Verirrter in diesem Winkel des Weltalls ..., dann überkommt mich ein Grauen.«

Was haben wir durch unsere Erkenntnisse gewonnen, fragt Pascal, und antwortet: Wir haben die unendlichen Räume entdeckt, die dem Menschen seine Unerheblichkeit aufdecken; wir bemerken die Teilnahmslosigkeit des Alls unseren Angelegenheiten gegenüber; und wir hören das Schweigen des Alls, das uns keine frohe Botschaft mehr zuträgt. Wohl antwortet die Natur, aber ihre Antworten sind ›Gesetze‹, die den Menschen zwingen, sich selbst als bedeutungsloses Atom in diesen unermeßlichen Räumen anzusehen.

Es handelt sich hier nicht um Zweifel an dem Wahrheitswert der Wissenschaft, sondern um Zweifel am Wert dieser wissenschaftlichen Wahrheiten. Ähnlich erging es Montaigne. Auch er bestreitet nicht den Wahrheitswert der neuen Wissenschaft, aber er bezweifelt bisweilen den Wert der Wahrheit für das Leben: »Wen überkommt nun aber nicht ein Mißtrauen gegen die Wissenschaften und ein Zweifel, ... wenn er sieht, welchen Gebrauch wir davon machen ...« Deshalb bestreitet Montaigne den Satz, daß die Wissenschaft die Mutter aller Tugend und jede Untugend eine Ausgeburt der Unwissenheit sei. »Wollt ihr einen gesunden Menschen, wollt ihr, daß er gelassen, sicher und fest auf seinen Beinen stehe? Hüllt ihn in Finsternis, Trägheit und Dumpfheit.«

Solche Zweifel nehmen das Motiv der Verzweiflung an der Erkenntnis auf, die bereits in der Sündenfallgeschichte ein Thema ist. Und diese Verzweiflung machte sich auch schon bemerkbar bei dem sonst so erkenntnisfrohen Griechentum. Nicht umsonst hatte Platon die Tragödie als eine mit der Philosophie konkurrierende Macht angegriffen. Für die antike Tragödie ist es durchaus nicht so gewiß – wie für die Philosophie –, daß Erkenntnis befreit und ins Heil führt. Für die tragische Weltsicht gibt es Daseinsmächte, die einen um so unerbittlicher zerreißen, je genauer man sie erkennt. Die Tragödie kennt die Versöhnung durch Erkenntnis nicht. Der tragische Konflikt, wenn er begriffen wird, wird noch tiefer, noch verzweifelnder erlebt. Ödipus ist ein klassisches Beispiel dafür. Unwissentlich begeht er schlimme Verbrechen, tötet seinen Vater, schläft mit seiner Mutter. Die dramatische Spannung erwächst daraus, daß sein Wille zum Wissen ihn schließlich mit dem Schrecklichen konfrontiert, vor dem ihn das Nichtwissen bewahrt hat. Indem Ödipus sich blendet – also das Organ der *theoria* zerstört –, drückt er die ganze Ambivalenz des Wissens aus: es bringt Licht, Helligkeit; aber es ist ein Abgrund, der dadurch sichtbar wird. Mit feinem Gespür hat sich deshalb Schopenhauer in seinem berühmten Brief an Goethe den Ödipus zum Schutzpatron erwählt, als er mit der philosophischen Tradition der guten Gründe brach: »Der Muth keine Frage auf dem Herzen zu behalten ist es der den Philosophen macht. Dieser muß dem Ödipus des Sophokles gleichen, der, Aufklärung über sein eignes schreckliches Schicksal suchend, rastlos weiter forscht, selbst wenn er schon ahndet daß sich aus den Antworten das Entsetzlichste für ihn ergeben wird.«

Es war Sigmund Freud, der schließlich einen ganzen Katalog des Entsetzlichen zusammenstellte, das durch die Wissenschaft entdeckt worden ist. Allerdings spricht Freud mit moderatem Ton, bei ihm ist nicht vom Entsetzlichen, sondern von den »großen Kränkungen« die Rede. Er nennt die »kosmologische Kränkung«, die die Welt kosmisch aus dem Mittelpunkt gerückt hat; die »biologische Kränkung«, die besagt, daß der Mensch vom Tier abstammt und im wesentlichen Tier geblieben ist; und schließlich die »psychologische Kränkung«, nach der der Mensch selbst als Bewußtseinswesen nicht Herr im eigenen Hause ist und vom Unbewußten beherrscht wird.

Diese Liste der Kränkungen könnte man unschwer fortführen und sie ist auch fortgeführt worden. Man spricht beispielsweise von der »ökologischen Kränkung«, die dem Menschen seine notorische Unfähigkeit bemerkbar macht, sich in die komplexen Naturzusammenhänge einzufügen. Schließlich gibt es neuerdings auch noch die Kränkung durch das Computermodell des Geistes, welches den menschlichen Geist zu einer digitalen Rechenmaschine versachlicht.

Kränkend sind solche Einsichten, die ja zugleich Triumphe der Erkenntnis darstellen, für die Selbstwahrnehmung des Menschen in seiner Sonderrolle gegenüber der Natur, für seine besondere Wertbestimmung. Gemeinsam ist ihnen, daß sie den Menschen radikal in den Naturzusammenhang hineinziehen. Der Mensch wird ›naturalisiert‹ und damit zugleich entspiritualisiert. Jedenfalls wirken diese Erkenntnisse so im öffentlichen Bewußtsein. Dort verschwindet zunehmend das Bewußtsein der Differenz zwischen dem Menschen und der übrigen Natur. Der Mensch wird für sich selbst zu einem Ding unter Dingen, ein Sachverhalt der Natur. Selbsterkenntnis bedeutet dann nur noch: den Code der Natur knacken. Diese Entwicklung hatte Foucault ins Auge gefaßt, als er am Ende seines Hauptwerks DIE ORDNUNG DER DINGE die Vermutung wagte, »daß der Mensch verschwindet wie am Meeresufer ein Gesicht im Sand«.

Foucault meinte selbstverständlich nicht, daß der Mensch faktisch verschwindet (obwohl auch dies möglich ist), sondern daß jenes Bild vom Menschen verschwindet, das von der Differenz des Menschen im Vergleich zur übrigen Natur geprägt ist. Der Mensch in diesem emphatischen Sinne ist es, der da verschwindet.

Das allerdings wäre dann eine fast tragikomische Geschichte: Der Mensch richtete sich an seiner Erkenntnis auf; er nimmt sie zum Maß aller Dinge, um letztendlich im Universum der Dinge als ein insgesamt bedeutungsloses Atom unterzugehen. Darin liegt das Erschreckende der modernen Erkenntnis.

Für Nietzsche, auf den sich Hitler berufen wird, ist dieses Erschrecken ein Akt im Drama der Geschichte des abendländischen Nihilismus. In den achtziger Jahren des letzten Jahrhunderts lautet Nietzsches Diagnose, daß erstens der Nihilismus auf dem Höhepunkt seiner langen Geschichte angekommen und daß – zweitens – damit die Voraussetzung des Umschlags in ein anderes Denken gegeben sei; ein Umschlag, der sich, als Krise und Vollendung des Nihilismus, in seinem Denken ereignet habe. Der Nihilismus entdeckt sein eigenes Betriebsgeheimnis und beendet damit die Periode der Selbstlähmung.

»Was bedeutet Nihilismus? – Daß die obersten Werte sich entwerten. Es fehlt das Ziel; es fehlt die Antwort auf das ›Warum?‹« Die Entwertung der obersten Werte ist ein komplexer Vorgang. Legt man ihn im einzelnen auseinander, so ergeben sich folgende Momente, aus denen er sich zusammensetzt:

Es gibt eine fundamentale Dissidenz, ein Mangel an Übereinstimmung des Menschen mit seiner Welt, was mit dem Erwachen des Bewußtseins zusammenhängt. Denn das Bewußtsein trennt, es ist die Ur-Teilung. Das Selbst und die Welt hören auf, selbstverständlich zu sein, woraus das Bedürfnis nach ausdrücklicher Affirmation und Wertschätzung entspringt.

In der abendländischen Geschichte von Platon bis zum Christentum – Christentum nennt Nietzsche »Platonismus fürs Volk« – ist diese Wertschätzung mit Hilfe der Erfindung des Ideenhimmels und des christlichen Gottes erreicht worden. Die Welt bekam ihren Wert als Abbild der Ideen oder als Schöpfung. Der Mensch lernte, sich zu lieben – nicht um seiner selbst willen, sondern um der Idee oder Gottes willen. Dieser Umweg über Gott oder die Idee ist für Nietzsche eine geniale Erfindung. Eine umwegige Selbstvermittlung, weil es der Mensch sonst offenbar nicht mit sich und seiner Welt ausgehalten hätte.

Doch das Bewußtsein ist sich endlich auf die Schliche gekommen, das Illusionäre des ganzen Vorgangs wurde erkannt. Dabei zeigte sich, daß die religiösen Wertakzente nicht in den Dingen selbst liegen, sondern von der Einbildungskraft in sie hineingelegt worden sind. Jetzt werden sie wieder herausgezogen. Das Bewußtsein kann sich das leisten, weil es mit den praktischen Erfolgen der Naturwissenschaft einen neuen Halt gewonnen hat. Und doch: Der Werteschleier um die Dinge und den Menschen zerreißt. Nun steht die Wirklichkeit nackt da. Die Wirklichkeit, in der sich der Mensch vorfindet, ist absolut. Sie ist alles. Aber unter dem Gesichtspunkt des Wertes ist sie – nichts. Sie ist ein Sein, aber sie bedeutet nichts im Sinne der Frage: Wozu das Ganze?

Die Geschichte des Nihilismus beginnt aber nicht erst, wenn dieses Nichts an Bedeutung entdeckt wird, sondern schon mit der ersten fundamentalen Dissidenz zum Sein, wenn das Sein dem Bewußtsein fraglich wird, wenn das Leben sich als etwas entdeckt, das sich nicht selbst genügt, wenn es zu schwach ist, um aus seinem unmittelbaren Sein die nötige Selbstaffirmation zu beziehen. Der Nihilismus lauert als Drohung bereits in dem Umweg über Gott und die Ideen. Er beginnt, wenn das Leben den eigenen Schwerpunkt verliert und sich nach einer beglaubigenden Instanz umsieht, nach einem obersten Wert, der nicht in der Unmittelbarkeit des Lebens gründet, sondern in der Idee oder in Gott. Insofern ist die Erfindung Gottes bereits ein Ausdruck des geschwächten Lebens und damit bereits das erste Kapitel in der Geschichte des Nihilismus. Denn mit Gott wird das Leben nur noch mittelbar geheiligt. In seiner Unmittelbarkeit wird es entwertet.

Ist nun, da der Gotteswert aus der Welt entweicht, der Augenblick der Befreiung gekommen? Hat das Leben damit den Mut, die Kraft und Freude zu sich selbst gefunden? Ist der Nihilismus, wie Gottfried Benn sagt, ein neues

Lustgefühl? Wird das Leben dadurch stark, blühend, entfaltend?

Man könnte auch daran verzweifeln, sich nach Ersatzwerten und Göttern umsehen, oder sich mit den »Wonnen der Gewöhnlichkeit« (Thomas Mann) begnügen, wenn es sie denn gibt. Was also geschieht, wenn Gott tot ist? Nietzsche antwortet darauf mit der eindrucksstarken Szene vom »tollen Menschen«.

»Habt ihr nicht von jenem tollen Menschen gehört, der am hellen Vormittag eine Laterne anzündete, auf den Markt lief und unaufhörlich schrie: ›Ich suche Gott! ... Wohin ist Gott? ... Ich will es euch sagen! *Wir haben ihn getötet* – ihr und ich! Wir alle sind seine Mörder! Aber wie haben wir dies gemacht? Wie vermochten wir das Meer auszutrinken? Wer gab uns den Schwamm, um den ganzen Horizont wegzuwischen? Was taten wir, als wir diese Erde von ihrer Sonne losketteten? Wohin bewegt sie sich nun? Wohin bewegen wir uns? Fort von allen Sonnen? Stürzen wir nicht fortwährend? Und rückwärts, seitwärts, vorwärts, nach allen Seiten? Gibt es noch ein Oben und Unten? Irren wir nicht wie durch ein unendliches Nichts? Haucht uns nicht der leere Raum an? Ist es nicht kälter geworden? Kommt nicht immerfort die Nacht und mehr Nacht? Müssen nicht Laternen am Vormittage angezündet werden? ... Wie trösten wir uns, die Mörder aller Mörder? Das Heiligste und Mächtigste, was die Welt bisher besaß, es ist unter unsern Messern verblutet – wer wischt dies Blut von uns ab? Mit welchem Wasser könnten wir uns reinigen? Welche Sühnefeiern, welche heiligen Spiele werden wir erfinden müssen? Ist nicht die Größe dieser Tat zu groß für uns? Müssen wir nicht selber zu Göttern werden, um nur ihrer würdig zu erscheinen?‹ ... Hier schwieg der tolle Mensch und sah wieder seine Zuhörer an: auch sie schwiegen und blickten befremdet auf ihn. Endlich warf er seine Laterne auf den Boden, daß sie in Stücke sprang und erlosch. ›Ich komme zu früh‹, sagte er dann, ›ich bin noch nicht an der Zeit. Dies ungeheure Ereignis ist noch unterwegs und wandert – es ist noch nicht bis zu den Ohren der Menschen gedrungen. Blitz und Donner brauchen Zeit, Taten brauchen Zeit, auch nachdem sie getan sind, um gesehn und gehört zu werden. Diese Tat ist ihnen immer noch ferner als die fernsten Gestirne – *und doch haben sie dieselbe getan!*‹« –

Gott ist tot. Es ist die historische Stunde des Nihilismus. Aber diejenigen, die ihn getötet haben – die nicht mehr an Gott glauben –, haben noch gar nicht bemerkt, was der Tod Gottes bedeutet. Was aber bedeutet es, wenn man noch nicht weiß, was der Tod Gottes bedeutet? Dann weiß man auch nicht, wie es überhaupt dabei zugeht, wenn wir ›Werte‹ schaffen. Nietzsche erläutert, wie es dabei zugeht: Schon immer haben die Menschen etwas als ›Wert‹ angesehen, wenn es der Erhaltung und Steigerung des eigenen Willens zur Macht oder zur Abwehr von Übermächten dienen konnte. Hinter jeder Wertsetzung und Wertschätzung steht also der Wille zur Macht. Das gilt auch für die »obersten Werte« – Gott, die Ideen, das Übersinnliche. Aber dieser Wille zur Macht hat über lange Zeit sich selbst nicht begriffen. Man hat dem Selbstgemachten einen übermenschlichen Ursprung angedichtet. Die Menschen glaubten, sie hätten selbständige Wesenheiten gefunden und haben sie doch bloß erfunden – kraft des Willens zur Macht. Sie haben ihre eigene wertschaffende Energie verkannt, sie blieben in einem Mißverständnis befangen, indem sie sich das, was sie getan haben – die Wertsetzung –, als etwas vorspiegeln, was in den Dingen selbst liegt. Sie wollten offenbar lieber Opfer und Beschenkte als Täter und Schenkende sein – vielleicht aus Angst vor der eigenen Freiheit. Diese grundsätzliche Entwertung der eigenen wertschaffenden Energie wurde noch forciert durch die Art der übersinnlichen Werte. Vom Übersinnlichen her wurden das Diesseits, der Körper und die Endlichkeit entwertet. Es fehlte offenbar am Mut zur Endlichkeit. Und insofern sind jene übersinnlichen Werte, erfunden als Schutzwall gegen die Bedrohung durch Nichtigkeit und Endlichkeit, selbst zur Kraft der nihilistischen Entwertung des Lebens geworden. Unter dem Ideenhimmel sind die Menschen nie richtig zur Welt gekommen. Diesen Ideenhimmel will Nietzsche nun zum Einsturz bringen – als Vollendung des Nihilismus –, damit endlich gelernt werden könne, was es bedeutet, »der Erde treu zu bleiben«. Erst wenn man diese Lektion gelernt hat, ist der Nihilismus wirklich überwunden.

Gott ist tot, aber die Demutsstarre ist geblieben, so lautet Nietzsches Diagnose, und das »Ungeheure«, von dem er spricht, besteht nun in der Überwindung dieser Demutsstarre, im Durchbruch zum berauschenden, euphorischen Ja zum dionysischen Leben. Auf die Heiligung des Diesseits kommt es Nietzsche an. Das ist der Unterschied zum Nihilismus der bloßen Ernüchterung. Der moderne Nihilismus verliert ein Jenseits, ohne das Diesseits zu gewinnen. Nietzsche aber will in der Kunst unterweisen, wie man gewinnt, wenn man verliert. Alle Ekstase, alle Beseligungen, die Himmelfahrten des Gefühls, alle Intensitäten, die sich vormals ans Jenseits hefteten, sollen sich im diesseitigen Leben sammeln, die Kräfte des Transzendierens bewahren, aber umlenken in die Immanenz. Überschreiten und doch »der Erde treu bleiben« – das ist es, was Nietzsche seinem Übermenschen, dem Menschen der Zukunft zumutet. Der Übermensch, wie ihn Nietzsche entwirft, ist frei von Religion, aber nicht in dem Sinne, daß er sie verloren hat; er hat sie in sich selbst zurückgenommen. Auch Nietzsches Lehre von der ewigen Wiederkunft des Gleichen gehört zu dieser Feier des Lebens. Der kreisende Zeitumtrieb soll das Geschehen nicht zur Sinnlosigkeit und Vergeblichkeit entleeren, sondern bei Nietzsche soll der

Gedanke der Wiederkehr verdichten, sein Imperativ: Du sollst den Augenblick so leben, daß du wünschen kannst, daß er dir ohne Grauen wiederkehrt. Da capo!

Nietzsche wollte die traditionelle Metaphysik zum Einsturz bringen, indem er von einem zutiefst metaphysischen Satz ausging, der in der Schellingschen Formulierung lautet: »Wollen ist Ursein«. Doch Nietzsche versteht den Willen anders als die Tradition, die noch bis zu Schopenhauer reicht. Wille ist nicht Begehren, dumpfer Trieb, sondern er ist »Befehlenkönnen«, eine Kraft, das Sein wachsen zu lassen. »Wollen überhaupt ist soviel wie Stärker-werden-wollen, wachsen-wollen.«

Wille ist der Wille zur Steigerung der Lebensmacht. Für Nietzsche ist Selbsterhaltung nur in der Logik der Steigerung möglich. Was nur die Kraft zur Selbsterhaltung aufbringt, geht unter. Es erhält sich nur, wenn es sich steigert, intensiviert, ausdehnt. Das Lebendige hat keinen transzendenten Sinn, aber einen immanenten Richtungssinn: Es ist auf Intensitätssteigerung und auf Gelingen aus und versucht, das Fremde in die eigene Machtsphäre und die eigene Gestalt zu integrieren. Das Lebendige waltet, indem es überwältigt. Das ist ein energetischer Prozeß und als solcher ›sinnlos‹, weil auf keinen übergeordneten Zweck bezogen.

Ist das nicht der reine Nihilismus? Ja, sagt Nietzsche, das ist Nihilismus in seiner Vollendung. Mit immer neuen Formulierungen hebt er das Erschreckende, Erkältende, das Amoralische dieser Ansicht der Dinge hervor. Er spricht davon, daß diese Sicht die Widerstände des »Herzens« gegen sich habe. Doch man muß diese Widerstände überwinden. »Es giebt nichts am Leben, was Werth hat, außer dem Grade der Macht – gesetzt eben, daß Leben selbst der Wille zur Macht ist. Die Moral behütet die Schlechtweggekommenen vor Nihilismus.«

Die kraftvollen Naturen brauchen den Nihilismus, die Sinnlosigkeit, nicht zu fürchten, weil aller Sinn bereits in dem liegt, was sie verkörpern. Sie sind selbst der Sinn und brauchen ihn deshalb nicht anderswo zu suchen. Allenfalls müssen sie sich selbst suchen, sich selbst ergreifen. Eine Moral, welche die Schwachen schützt und sie vor den Zumutungen der Sinnlosigkeit bewahrt, können diese Starken nicht gebrauchen. Der Wille zur Macht bringt seine eigene Moral hervor. »Gesetzt aber, Jemand nimmt gar die Affekte Hass, Neid, Habsucht, Herrschsucht als lebenbedingende Affekte, als Etwas, das im Gesamt-Haushalte des Lebens grundsätzlich und grundwesentlich vorhanden sein muß, folglich noch gesteigert werden muss, falls das Leben noch gesteigert werden soll, – der leidet an einer solchen Richtung seines Urtheils wie an einer Seekrankheit.«

Nietzsche ermuntert zur Seefahrt. »Jetzt tüchtig die Zähne zusammengebissen! die Augen aufgemacht! die Hand fest am Steuer! – wir fahren geradewegs über die Moral *weg*, wir erdrücken, wir zermalmen vielleicht dabei unsren eigenen Rest von Moralität, indem wir dorthin unsre Fahrt machen und wagen, – aber was liegt an *uns*! Niemals noch hat sich verwegenen Reisenden und Abenteurern eine *tiefere* Welt der Einsicht eröffnet.«

Nietzsches Genealogie der Moral soll eine solche Welt der tieferen Einsicht eröffnen. Dort führt er die landläufige moralische Unterscheidung Gut/Böse – bei der Rücksicht, Altruismus, Selbstlosigkeit, Milde, Bescheidenheit usw. als ›gut‹ und das Gegenteil als ›böse‹ gilt – auf das Ressentiment der Schwachen und »Zukurzgekommenen« zurück. Es ist überhaupt die Frage, wer die Definitionsmacht in den Fragen der Moral besitzt. In der herkömmlichen Wertung von Gut/Böse wird von unten, von den Schwachen her gewertet. Das wird deutlich, erklärt Nietzsche, wenn man die ältere Unterscheidung Gut/Schlecht ins Auge faßt. Bei dieser Unterscheidung gelten als ›gut‹ die »Vornehmen, Mächtigen, Höhergestellten und Hochgesinnten«, welche sich selbst und ihr Tun als gut, nämlich ersten Ranges empfanden. ›Schlecht‹ dagegen bedeutete ›schlicht‹ im Sinne von »die Niedrigen, Gemeinen und Pöbelhaften«. Die Unterscheidung Gut/Schlecht bezeichnet also einen Rangunterschied und wertet ›von oben‹. Die Unterscheidung Gut/Böse macht aus dem Rangunterschied eine Frage der Moral und kehrt dabei die Bewertung um. Das ehemals ›Gute‹, verstanden als das Starke, Rücksichtslose erscheint nun als das ›Böse‹, und das ehemals ›Schlechte‹ wird zum ›Guten‹.

Es ist der Sieg der Sklavenmoral. Sie setzt Güte, Demut, Gehorsam, Geduld und Verzeihung als oberste Werte an. Alle diese Werte aber sind, weil sie das Ausleben hindern, unnatürlich, so Nietzsche. Das Ausleben wird zurückgedrängt mit Hilfe des Gewissens. Die Sklavenmoral versteht es, den Starken ein schlechtes Gewissen zu machen. So verkehrt sich schließlich auch die Macht der Starken. Die Instinkte, welche sich nicht nach außen »entladen«, wenden sich nach innen. »Dies ist das, was ich die *Verinnerlichung* des Menschen nenne: damit wächst erst das an den Menschen heran, was man später seine Seele nennt. Die ganze innere Welt, ursprünglich dünn wie zwischen zwei Häute gespannt, ist in dem Maße auseinander- und aufgegangen, hat Tiefe, Breite, Höhe bekommen als die Entladung des Menschen nach außen gehemmt worden ist.«

Nietzsche versteht die herkömmliche Moral als Hemmung der Lebenskraft. Moral hat für ihn den Geruch einer schlecht gelüfteten Innerlichkeit. Sie entspricht nicht der wahren Natur und wirkt deshalb degenerierend.

Doch Nietzsche ist – im Unterschied zu manchen seiner Gefolgsleute – zu wach, um nicht die Widersprüche zu bemerken, in die er sich verwickelt. Er war vom radikalen Perspektivismus ausgegangen und hatte jede Erkenntnis auf einen bestimmten Standpunkt bezogen und damit als Erfindung relativiert, als eine mögliche Option, die Dinge zu sehen und zu bewerten. Die These vom Willen zur

Macht (und die daraus abgeleitete Moral) ist jedoch nichts anderes als eine solche ›Erfindung‹. Sie entwickelt ein bestimmtes Bild der Natur. Und deshalb muß er seine grundlegende Relativierung aller Sichtweisen, den Perspektivismus also, auch auf seinen eigenen Naturalismus des Willens zur Macht anwenden. Er kommt nicht umhin, seine Gewaltphantasien und Brutalismen, die ihn von der »Vernichtung des Parasitischen und Entarteten« und von der »prachtvoll nach Beute und Sieg lüstern schweifenden blonden Bestie« sprechen lassen, wieder zu mildern.

Den zum Welterklärungsprinzip emporgewuchteten Willen zur Macht gibt es bei ihm auch im Kammerton. Dann versteht er darunter den Willen zur Macht über sich selbst, verstanden als ein Prinzip der Selbstgestaltung. »Du sollst Herr über dich werden, Herr auch über die eigenen Tugenden. Früher waren sie deine Herren; aber sie dürfen nur deine Werkzeuge sein. Du sollst Gewalt über dein Für und Wider bekommen und es verstehen lernen, sie aus und wieder einzuhängen je nach deinem höheren Zweck.«

Es gibt in Nietzsches Leben Augenblicke, da reckte er sich zum moralischen Revolutionär der Menschheit empor. Aber dann sieht er sich sogleich wieder ironisch zu und bezeichnet diese Pose und dieses Pathos als Maske. »Alles, was tief ist, liebt die Maske«, sagt er. Hinter den Masken lebt ein Denken, das sich seinen Reichtum an Perspektiven, seine Wachheit, seine Lust am Spiel, das »Versucherische« bewahren will gegen die Zudringlichkeit und Gewalt eines Denkens, welches das Vornehme, Subtile, Besondere, Unverwechselbare einebnet. Nietzsche hatte sich auch zu wehren gegen eine Moral, die ihm das Leben einpferchte. Es ist die bigotte Pastorenmoral von Naumburg; es ist die Moral des späten 19. Jahrhunderts, gegen die auch andere ankämpften, wie Sigmund Freud oder Arthur Schnitzler. Er mußte das verneinen, was ihn verneinte. Als Prinz Vogelfrei unter der südlichen Sonne tanzen –

das war es, was er eigentlich wollte und was ihm in den beschwingtesten Augenblicken wenigstens des Schreibens und Denkens bisweilen gelang. »In der That, wir Philosophen und ›freie Geister‹ fühlen uns bei der Nachricht, dass ›der alte Gott todt‹ ist, wie von einer neuen Morgenröthe angestrahlt ... endlich dürfen unsere Schiffe wieder auslaufen, auf jede Gefahr hin auslaufen, jedes Wagnis des Erkennenden ist wieder erlaubt, das Meer, unser Meer liegt wieder offen da, vielleicht gab es noch niemals ein so ›offenes Meer‹.«

Nietzsches Denken bleibt auch dort, wo es moralisch zugeht, im Kern ein ästhetisches Denken. Das Schöpferische des Ästhetischen lebt von der spielenden, experimentierenden, umgestaltenden Kraft. Es muß wohl auch rücksichtslos und herrisch sein, wenn es zur Gestalt finden will. Der Wille zur gestalteten Form ist der künstlerische Wille zur Macht. Wenn aber, wie bei Nietzsche geschehen, der ästhetische den moralischen Gesichtspunkt dominiert und schließlich auslöscht, dann kann es zu jenen Vernichtungs- und Gewaltphantasien kommen, von denen der späte Nietzsche schließlich überwältigt wird. Damit läßt sich, nachdem Hitler einige der wüsten Phantasien in die Tat umgesetzt hat, nicht mehr spaßen. Das ästhetisch-existentielle Laboratorium Nietzsches hat seine Unschuld verloren. Nietzsche ist ein Abgrund. Das hat er selber gewußt, und deshalb hat er, in seinen klarsten Augenblicken, vor dem Mißverständnis eines falschen Ernstes gewarnt. »Es ist durchaus *nicht* nötig, nicht einmal *erwünscht*, Partei für mich zu nehmen: im Gegenteil, eine Dosis Neugierde, wie vor einem fremden Gewächs, mit einem ironischen Widerstande, schiene mir eine unvergleichlich *intelligentere* Stellung zu mir ...«

Es ist Nietzsches persönliche Tragik, daß er diesen »ironischen Widerstand« gegen sich selbst, seine schönste und tiefste Weisheit, schließlich verlor.

FÜNFZEHNTES KAPITEL

Goethes Begriff des Dämonischen. Der Schatten Hitlers. Negativer Gründungsmythos Auschwitz. System statt Pogrom. Heiße Gewalt, kalte Gewalt. Lüge und Wahrheit in der Politik. Die Machtergreifung der Einbildungskraft. Der Tod Gottes und die Menschenwürde.

Im letzten Kapitel von DICHTUNG UND WAHRHEIT fügt Goethe eine nur lose mit dem sonstigen Gang der Darstellung verknüpfte Betrachtung über das »Dämonische« ein. Zu einem Zeitpunkt, es ist das Jahr 1813, da sich die Epoche Napoleons ihrem Ende nähert, will er offenbar einen Hinweis geben auf dunkle Triebkräfte der Geschichte, seiner eigenen wie auch der politischen. »Am furchtbarsten aber erscheint dies Dämonische, wenn es in irgendeinem Menschen überwiegend hervortritt. Während meines Lebensganges habe ich mehrere teils in meiner Nähe, teils in der Ferne beobachten können. Es sind nicht immer die vorzüglichsten Menschen, weder an Geist noch an Talenten, selten durch Herzensgüte sich empfehlend; aber eine ungeheure Kraft geht von ihnen aus, und sie üben eine unglaubliche Gewalt über alle Geschöpfe, ja sogar über die Elemente, und wer kann sagen, wie weit sich eine solche Wirkung erstrecken wird? Alle vereinten sittlichen Kräfte vermögen nichts gegen sie; vergebens, daß der hellere Teil der Menschheit sie als Betrogene oder als Betrüger verdächtig machen will, die Masse wird von ihnen angezogen. Selten oder nie finden sich Gleichzeitige ihresgleichen, und sie sind durch nichts zu überwinden, als durch das Universum selbst, mit dem sie den Kampf begonnen ...«

In diesem Sinne war Hitler eine »dämonische« Gestalt. Von ihm ging eine »ungeheure Kraft« aus. Die »vereinten sittlichen Kräfte« vermochten seinen Aufstieg nicht zu hindern, auch wenn der »hellere Teil« der Menschen in ihm den Betrüger erkannte. Die Massen waren angezogen. Allerdings war es nicht das »Universum«, das unerklärliche Schicksal also, das Hitlers Untergang herbeiführte. Doch es bedurfte immerhin der vereinten Kraft einer Völkergemeinschaft, um diesem Grauen ein Ende zu bereiten.

Hitler bedeutet einen Bruch in der neueren Geschichte. Auschwitz ist zu einem negativen Gründungsmythos geworden. Die mörderischen und barbarischen Kräfte, die in einer menschlichen Zivilisation schlummern, haben sich beispiellos offenbart, ein Abgrund hat sich geöffnet. Seit Auschwitz ist die Kultur des Westens vom Nihilismus gezeichnet. Daß Kulturen vergänglich sind, wußte man schon früher. Aber der Glaube an eine hintergründige Ordnung der Welt war stets erhalten geblieben. Später hatte dann der Glaube an den historischen Fortschritt für Verläßlichkeit sorgen sollen. Nach Auschwitz aber blickt die Kultur auf ihre eigenen Errungenschaften im Kontrast zu dem, was sich in Auschwitz gezeigt hat. Seit Auschwitz mißt man den Fortschritt der Kultur an dem Abstand, den die Kultur zu den ihr inhärenten grauenhaften Möglichkeiten gewonnen hat. Man mißt ihn also nicht mehr an einer Idee des vollkommenen Seins, sondern am möglichen Nichts des moralischen Infernos.

Die Feststellung, daß Hitler ein Bruch in der neueren Geschichte bedeute, muß ergänzt werden: Hitler hat zwar mit einem ganzen moralischen Universum gebrochen, aber er konnte das nur, weil seit der Mitte des 19. Jahrhunderts im Zeichen der biologistischen und naturalistischen Wissenschaftsgläubigkeit eine beispiellose Verrohung und Verwüstung des Denkens über den Menschen begonnen hatte. Daß Individuen, Klassen und Völker sich verfeinden und erbittert gegeneinander kämpfen und dabei vor Gewalt und Grausamkeit nicht zurückschrecken – das hatte es immer gegeben. Daß aber die Idee aufkommen konnte, es müsse ein bestimmtes Volk, eine »Rasse« umgebracht werden, um das weitere Gedeihen der Menschheit zu gewährleisten, daß man also der Menschheit dient, indem man einen Teil der Menschheit umbringt – solche Ideen des »Angriffs auf den Menschen« (Hannah Arendt) hat erst die Moderne hervorgebracht. Und die Moderne hat es auch möglich gemacht, daß diese Ideen an die Macht kommen und die Maschinerie einer hochmodernen Gesellschaft dafür einsetzen konnte, sie planmäßig zu verwirklichen.

Aber Hitler hatte Schatten vorausgeworfen. In seinen bösen Träumen ahnt das 19. Jahrhundert etwas von der Heraufkunft einer Gestalt wie der seinen. E. T. A. Hoffmann hat sie antizipiert in der Figur des »Magnetiseurs«, der das Prinzip des hemmungslosen Willens zur Macht verkörpert; einer Macht, die aufhört, ein Mittel zu sein und dafür zum Zweck selbst wird. Solange sie noch ein Mittel ist, bleibt sie auf einen außerhalb liegenden Sinn bezogen, dem sie dient. Hoffmanns dämonischer Magnetiseur Alban jedoch verzaubert, indem er das ganze bisherige Universum von Sinn und Moral entzaubert. An die Stelle der Sinngebung des Lebens tritt die Lust an der Macht. Die Welt verwandelt sich in ein Labyrinth von Machtbeziehungen – ohne Sinn, aber dynamisch. Ein halbes Jahrhundert vor Nietzsche läßt Hoffmann seinen Alban bereits die ganze Philosophie des Willens zur Macht verkünden: »Alle Existenz ist Kampf und geht aus dem Kampf hervor. In einer fortsteigenden Klimax wird den Mächtigen der Sieg zuteil, und mit dem unterjochten Vasallen vermehrt er seine Kraft.« Der Magnetiseur kann so mächtig werden, weil er vollkommen enthemmt ist. Deshalb kann der Strom der zirkulierenden Energien – das »Fluidum«, sagte man damals – durch ihn hindurchgehen. Er fokussiert einen Magnetismus, dessen Spannung an dem einen Pol die Machtlust und an dem anderen den Ich-Verlust erzeugt. Hoffmann hatte den »Magnetiseur« auf die Gestalt Napoleons projiziert. In einer Vision läßt er ihn auftreten in der »furchtbaren Öde des leeren Raums«. Der Himmel ist ohne Zauber, es bleibt nur die Magie der Macht, die Verzauberung durch das Tier aus dem Abgrund. Nicht mehr Gott ist das Schicksal, sondern eine magische Politik. »Wahnsinnige, was sucht ihr über meinem Haupt? – Über mir nichts! – Öde ist der finstere Raum da droben, denn ich selbst bin die Macht … und ihr sinkt vernichtet in den Staub!«

In seiner Analyse des Hitlerismus – eine der eindringlichsten zu diesem Thema – weist Harry Mulisch darauf hin, daß die »Bilder« schon da waren, längst ehe sie von Hitler verwirklicht wurden. Es sei aber das »Talent« gewesen, das die Poeten gerettet habe. Da es ihnen gelang, aus ihren Obsessionen Kunst zu machen, war es für sie nicht mehr nötig, zur Tat zu schreiten. »Weniger begabte Brüder, wie Hitler selbst, konnten ihr Heimweh nur durch tatsächliche Vernichtung stillen«, schreibt Mulisch.

Auch Nietzsche hatte einiges vorgedacht. Am Ende seines wachen Lebens wird er von Gewalt- und Vernichtungsphantasien heimgesucht und bezeichnet folgendes als die Aufgabe der Zukunft: »Jene ungeheure Energie der Größe zu gewinnen, um, durch Züchtung und andererseits durch Vernichtung von Millionen Mißratener, den zukünftigen Menschen zu gestalten und nicht zugrunde zu gehen an dem Leid, das man schafft und dessengleichen noch nie da war.« Aber Nietzsche graute es auch vor dem, was er da verkündet. »Mir besteht mein Leben jetzt in dem Wunsche«, schreibt er an seinen Freund Overbeck, »daß es mit allen Dingen anders gehen möge, als ich begreife; und daß mir jemand meine ›Wahrheiten‹ unglaubwürdig mache.« Es gibt also Augenblicke, da wollte Nietzsche durch die Wirklichkeit widerlegt werden. Die Wirklichkeit aber hat ihn nicht widerlegt, es ist tatsächlich so gekommen, wie Nietzsche vorhergesagt hatte. Seine »Wahrheiten« sind wahr gemacht worden. Und da es nun einmal geschehen ist, kann es wieder geschehen. Hitler hat eine Tür aufgestoßen und eine Schwelle überschritten. Etwas Unwiderrufliches ist geschehen, das Bild des Menschen hat sich seitdem verändert. Deshalb bleibt Auschwitz eine Vergangenheit, die nicht vergehen kann – ein Menetekel der entfesselten Moderne.

Es ist bekannt, daß der Massenmord an den Juden nicht als Pogrom, sondern industriell durchgeführt wurde. Der polnische Philosoph und Soziologe Zygmunt Bauman hat jüngst wieder auf die ganze Tragweite dieses Sachverhaltes hingewiesen. Es gehörte eine moderne und effiziente Verwaltung dazu, wissenschaftlicher Erfindergeist, Organisation, entwickelte Technik, industrielle Kapazität und vor allem ein Personal, das geübt war in Effizienz, Sachlichkeit und Pflichterfüllung – diesen Sekundärtugenden der industriellen Gesellschaftsmaschine. Die Institutionen und Organisationen des Massenmordes funktionierten nicht nur *wie* eine Industrie, sondern waren eine Industrie, verzahnt mit dem übrigen industriellen Komplex. Was Max Weber als Kennzeichen der Moderne bezeichnet hatte – Bürokratisierung, Arbeitsteilung, Ausdifferenzierung der Wertsphären, Versachlichung der Verwaltung, Entmoralisierung der Arbeit und Wissenschaft, Reduzierung der Moral auf die Privatsphäre –, all dies galt auch für die Organisation des Massenmordes. Es handelte sich um ein modernes Projekt. Das gilt vor allem für die Ersetzung der Moral durch zweckrationales Denken und Handeln. Der Pogrom wurde durch Organisation und System ersetzt. Bereits 1919 erklärte Hitler, es sei notwendig, den Antisemitismus als »bloße Gefühlserscheinung« zu überwinden. So aber ließe sich die »Rassentuberkulose der Völker« nicht erfolgreich bekämpfen. Man müsse vielmehr systematisch und rational vorgehen. Hitler fordert einen »Antisemitismus der Vernunft«, der in einer genau kalkulierten Abfolge von Schritten zum letzten Ziel hinlenkt: »die Entfernung der Juden überhaupt«. Die Nazis haben dann auch darauf geachtet, daß der Massenmord in dieser versachlichten, ›rationalisierten‹ Weise betrieben wird. Was die moralische Hemmschwelle dabei sinken ließ, war genau diese industriell-verwaltungsmäßige Durchführung. Daran zeigt sich, wie bedrohlich eine Mentalität der bloßen Effizienz und Sachlichkeit sein kann. Der technisch-industrielle Komplex und die an sie angepaßte Mentalität läßt die Moral verkümmern. Schließlich wird es sogar möglich, das industrielle Potential für die Massenproduktion von Toten einzusetzen. Das ist keine Horrorvision, sondern ein Faktum, wie der Nationalsozialismus zeigt. Während der Nazi-Diktatur haben die Institutionen bewiesen, wozu sie imstande sind. Sie haben geleistet, was Gehlen von ihnen erwartet hat: Sie entlasten den Einzelnen von moralischen Reflexionen und verwandeln das Verbrechen in einen Arbeitsvorgang, der schließlich mit Routine erledigt werden kann.

Das NS-Regime und der Massenmord sind ein Beispiel für die Verwandlung der Gewalt und Barbarei unter modernen Bedingungen. Deshalb läßt sich in René Girards Theorie des Gewaltmechanismus, vorgetragen in seinem Buch Das Heilige und die Gewalt, die nationalsozialistische Wirklichkeit nur zum Teil wiedererkennen. Girard beschäftigt sich mit dem Phänomen der ›heißen Gewalt‹, mit dem Pogrom, der wild um sich greifenden Blutrache, dem Exzeß, dem Blutrausch. Und er skizziert die Genese einer Zivilisation, der es gelingt, die Gewalt einzudämmen und im Opferritual zu kanalisieren, in der Aussonderung von Sündenböcken und schließlich im Mechanismus des staatlichen Gewaltmonopols. Das nationalsozialistische Regime hat nun aber genau dieses staatliche Gewaltmonopol zum Zweck des Massenmordes eingesetzt. Es handelt sich um eine ›kalte Gewalt‹. Eine Beobachtung Girards allerdings ist geeignet, bestimmte Vorgehensweisen der Nazis zu erklären. Girard hat darauf hingewiesen, daß die Gewaltbereitschaft tief sitzt und ebenso angsterregend wie ansteckend ist. Wie ein Virus pflanzt sie sich im Gesellschaftskörper fort und kann schließlich zur allgemeinen Raserei ausarten. Für die Nazis kam es darauf an, diese unkontrollierbare Evasion zu verhindern. Statt der Produktionsmittel, wie die Marxisten es anstrebten, hatte der Nationalsozialismus die Menschen ›verstaatlicht‹ und damit auch das Verbrechen. Es ist deshalb auch nicht erstaunlich, daß während des NS-Regimes die Kriminalitätsrate absank. Die potentiellen Verbrecher holte man von der Straße. Sie befanden sich nun im Staatsdienst.

Noch ein weiterer Aspekt der Girardschen Analyse rührt an die schaurige Dimension des Massenmordes. Die Vernichtung der Juden wurde als ›heiliges Werk‹ bezeichnet. »Indem ich mich der Juden erwehre, kämpfe ich für das Werk des Herrn«, erklärte Hitler. Das ›Heilige‹ definiert Girard als einen ausgegrenzten Bereich, in dem andere Regeln gelten als im üblichen gesellschaftlichen Leben, ein Ort des Erhabenen, schrecklich und ehrfurchtgebietend zugleich. Im ›Heiligen‹ werden stellvertretend Blutopfer dargebracht, zuerst wirklich, dann symbolisch, welche die Gesellschaft entlasten und ›reinigen‹ sollen. Bei diesem ›heiligen Werk‹ kann deshalb auch nicht die gesellschaftlich übliche Moral gelten. Wer solche ›Werke‹ vollbringt, stellt sich in der Regel als jemand dar, der sich selbst aufopfert. Er opfert seine Normalität und ihre Sicherheit und nimmt die Anstrengung des Ungeheuren auf sich. Deshalb beriefen sich die Nationalsozialisten auf eine ›Hypermoral‹ (Gehlen), welche das ›heilige‹ Vernichtungswerk legitimiert. »Von euch«, erklärt Himmler in einer Ansprache vor Mitgliedern der SS-Einsatzgruppen, »werden die meisten wissen, was es heißt, wenn 100 Leichen zusammenliegen, wenn 500 daliegen oder wenn 1000 daliegen ... Dies durchgehalten zu haben und dabei ... anständig geblieben zu sein, ... (das ist) ein niemals geschriebenes und niemals zu schreibendes Ruhmesblatt unserer Geschichte.«

Die Strukturen der industriellen Moderne sind selbstverständlich noch keine hinreichende Bedingung für den planmäßig organisierten und ›kalt‹ exekutierten Massenmord. Etwas Entscheidendes mußte hinzukommen, und zwar eben die Entscheidung. Es mußte einen ›bösen‹ Willen geben, der den Massenmord plante, ins Werk setzen wollte und deshalb nach der Macht strebte. Es gibt keinen gleitenden Übergang zwischen der gewöhnlichen Tradition des Antisemitismus und der nationalsozialistischen Vernichtungspolitik. Diese Politik ist nicht ›organisch‹ aus den herkömmlichen Strukturen hervorgewachsen. Es handelt sich um einen Bruch im Kontinuum der Zeit. Es mußte jemand wie Hitler auftreten, von dem offenbar eine »ungeheure Kraft« (Goethe) ausging und durch den sich die in der historischen Situation gebundenen Kräfte und Tendenzen umgruppierten und zu einer explosiven Konstellation zusammentraten.

In der Krise der Massendemokratie kam Hitlers Partei an die Macht. Dafür gab es, wie wir wissen, einige Voraussetzungen wie Arbeitslosigkeit, Inflation, die Lähmung der demokratischen Institutionen, nationale Demütigung. Die großen Krisen nahmen in den anderen Ländern einen anderen Verlauf. In Deutschland siegte Hitler. Das Denken in Strukturen und gemäß einer historischen Logik hat dazu beigetragen, daß die Rolle des Einzelnen in der Geschichte gering veranschlagt wird. Aber die Machtergreifung des Nationalsozialismus wird man so nicht begreifen können.

Ohne Hitler kein Nationalsozialismus, und ohne das Wahnsystem Hitlers kein Holocaust.

Seine Ideen waren dem Männerheimbewohner Hitler in Wien gekommen, als er nicht nur antisemitisches und rassistisches Schrifttum veschlang, sondern sich auch mit den populären Versionen ›wissenschaftlicher‹ Weltanschauungen, wie zum Beispiel Ernst Häckels WELTRÄTSEL, beschäftigte. Dabei war er von einem Haß auf eine Welt getrieben, in der er seinen Platz nicht fand. Hier muß man einige biographische Voraussetzungen resümieren. Hitler scheitert an der weiterführenden Schule, ein bürgerliches Leben mit Arbeit, Zielstrebigkeit und Familiensinn lehnt er ab. Er fühlt sich als ›Künstler‹, aber die Wiener Kunstakademie nimmt ihn nicht auf. Daraufhin verbringt er einige Jahre in einer Art »sozialer und seelischer Boheme« (Th. Mann). Zeitweilig lebt er im Männerasyl. Er ist nacheinander und gleichzeitig Postkartenzeichner, Gelegenheitsarbeiter, Tagträumer, Projektemacher, will ein Theaterstück schreiben, ein alkoholfreies Getränk erfinden, entwirft Pläne für eine Stadterneuerung, für einen deutschen Idealstaat. Er bewundert Richard Wagner. Der Rausch der Musik, die große Gebärde, die Bezauberung der Masse, die Theatereffekte, das Weihespiel – das alles ist nach seinem Geschmack. Wagners Schriften, zeitgenössische Pamphlete und eine Massenstimmung im Vorkriegs-Wien ›zeigen‹ ihm, wer schuld daran hat, daß ihm das eigene Leben nicht gelingt: die Juden. Das Ressentiment des bürgerlich Gescheiterten sucht nach einer Entlastung. Er fühlt sich als verkannter Herrenmensch, von einer degenerierten Umwelt an der Verwirklichung seiner Berufung gehindert. Der Entwurzelte findet bei Ausbruch des Ersten Weltkriegs ein Zuhause in der deutschen Armee. Die Niederlage und die Revolution traumatisieren ihn, er verliert seinen geistigen und gesellschaftlichen Halt. Die Auflösung der traditionellen Ordnung und ihrer Werte wie ›Vaterland‹, ›Volk‹, ›Befehl und Gehorsam‹, die Anarchie, der Bürgerkrieg, materielles Elend erfüllen ihn mit panischer Angst. Überall sieht er »Zersetzung« am Werk. In dieser Situation greift er auf jenes Mittel der Selbstbehauptung zurück, das ihm schon immer zu Gebote stand: Er erklärt sich die beängstigende und erniedrigende Situation mit Hilfe von Wahnsystemen, in die er sich einspinnt. Doch anders als in den Wiener Jahren bleibt er jetzt nicht allein. Seine rednerische Begabung und die allgemeine Zeitstimmung ermöglichen es, daß er mit seinem privaten Wahn zum Exponenten des kollektiven Wahns wird. Er baut die NSDAP auf und schreibt nach dem gescheiterten Münchener Putsch vom 9. November 1923 in München während der Haft in Landsberg MEIN KAMPF, das Drehbuch einer Geschichte, die er dann Schritt für Schritt realisieren wird. Dieses Buch wurde wenig gelesen, aber Hitler hat mit ihm die Geschichte gemacht. Dort schreibt er: »Wer den Nationalsozialismus nur als politische Bewegung versteht, weiß fast nichts von ihm. Er ist mehr noch als Religion: er ist der Wille zur neuen Menschenschöpfung.«

Die suggestive Wirkung, die von Hitler insbesondere nach seiner Haftzeit ausging, hängt auch damit zusammen, daß er die neue »Menschenschöpfung« an sich selbst teils erfahren, teils aktiv vorgenommen hatte. Seine gesamte Persönlichkeit wird von dem aufgezehrt, was er seine »Mission« nennt. Er ist ein Besessener. So haben ihn fast alle in seiner näheren Umgebung erlebt. Charakteristisch war für Hitler der jähe Wechsel zwischen Apathie und hysterischen Ausbrüchen, Abwesenheit und bedrohlicher Präsenz. Man könnte Hitler, so berichtet ein früher Vertrauter, nur mit der »alten Metapher« beschreiben: »der Geist fährt in ihn« (W. von Miltenberg).

Hitler konnte kein Gespräch im üblichen Sinne führen. Darin war er unbeholfen, fast schüchtern, ihm fiel nichts ein. Wenn ihn aber irgend etwas ansprach und aufreizte, dann redete er mit einem sich steigernden Furor, aber so, als spräche er zu einer großen Menge. Wenn er zum Ende kam, sank er wie erschöpft in sich zusammen und verstummte. Rudolf Diels, ehemaliger Chef der Geheimen Staatspolizei, erinnert sich: »Ich traf ihn oft in Phasen der Ermattung, in denen er wie leblos vor sich hin starrte ... Es gehörte scheinbar zu dem Automatismus ... seines Wesens, daß er die Stadien streng geschieden durchlebte, in denen er seine Energie sammelte und in denen er sie verströmen und explodieren ließ.« Auch Albert Speer hat diesen eigenartigen Wechsel zwischen Besessenheit und Apathie an Hitler beobachtet und darüber reflektiert: »Er wirkte geradezu wesenlos. Vielleicht war er jedoch darin immer der gleiche geblieben. Zurückblickend frage ich mich mitunter, ob diese Ungreifbarkeit, diese Wesenlosigkeit ihn nicht von früher Jugend bis zu seinem gewaltsamen Tode gekennzeichnet hat. Um so heftiger konnte, so scheint mir dann, die Gewalttätigkeit von ihm Besitz ergreifen; denn keine menschliche Regung wirkte ihr entgegen. Niemandem konnte es gelingen, seinem Wesen nahezukommen, eben weil es tot, weil es leer war.« Hermann Rauschning geht noch weiter. Seinem Eindruck nach wirkt Hitlers Obsession als dämonische Magie: »Was jeder, der mit Hitler in Berührung kam, empfinden mußte: Hitler lieferte sich Kräften aus, die ihn mit fortrissen. Kräfte dunkler und zerstörerischer Gewalt ... Im Grunde seines Wesens ist er schlaff und apathisch und bedarf nervöser Reize, um aus einer chronischen Lethargie sich zu krampfhaften Willensimpulsen zu steigern. Er wählte den bequemeren Weg, er ließ sich fallen, er lieferte sich den Kräften aus, die ihn im Absturz forttrugen.«

Man hat sich angewöhnt, von Hitlers »wirrem« Gedankengebräu zu sprechen. Tatsächlich aber sind seine Gedanken nicht »wirr«. Das Erschreckende daran ist vielmehr die unerbittliche Folgerichtigkeit, mit der aus einigen wahnhaften Prämissen ein ganzes System und eine Handlungsstrategie entwickelt wird.

Die Natur ist »grausam«, erklärt Hitler in MEIN KAMPF. In der Arena des Lebens kann sich nur der Starke behaupten, die Natur ist mitleidlos gegen die Schwachen, sie müssen untergehen. Sollten die »pazifistisch-humanen Ideen« zur Herrschaft gelangen, so wäre Degeneration die Folge. Die mitleidige Menschheit würde sich selbst den Untergang bereiten. »Es mag hier natürlich der eine oder andere lachen, allein dieser Planet zog schon Jahrmillionen durch den Äther ohne Menschen, und er kann einst wieder so dahinziehen, wenn die Menschen vergessen, daß sie ihr höheres Dasein nicht den Ideen einiger verrückter Ideologen, sondern der Erkenntnis und rücksichtslosen Anwendung eherner Naturgesetze verdanken.« Die Natur ist moralisch indifferent und sie vergibt keine Prämien für gute Gesinnungen. Ihre Gesetze sind grausam, so Hitler. Es gelten die Gesetze der Selbsterhaltung und der Selektion der Stärkeren im mörderischen Daseinskampf. »Am Ende siegt ewig nur die Sucht der Selbsterhaltung. Unter ihr schmilzt die sogenannte Humanität als Ausdruck einer Mischung von Dummheit, Feigheit und eingebildeter Besserwisserei wie Schnee in der Märzsonne. Im ewigen Kampf ist die Menschheit groß geworden – im ewigen Frieden geht sie zugrunde.«

Doch Hitler begnügt sich nicht mit diesem Bild eines sinnentleerten Daseinskampfes. Die durch den Lebenskampf vorangetriebene Evolution hat nämlich eine besonders hochentwickelte Menschenrasse hervorgebracht: den Arier. »Er ist der Prometheus der Menschheit, aus dessen lichter Stirn der göttliche Funke des Genies zu allen Zeiten hervorsprang, immer von neuem jenes Feuer entzündend, das als Erkenntnis die Nacht der schweigenden Geheimnisse aufhellte und den Menschen so den Weg zum Beherrscher der anderen Wesen dieser Erde emporsteigen ließ.«

Dieser Typus Mensch ist sogar ein Beweis dafür, daß die Schöpfung noch nicht am Ende ist. Denn der Mensch steht biologisch am Scheidepunkt. Neue Spielarten beginnen sich abzuzeichnen. Die eine wird unter das bisherige Menschentum heruntersinken, die andere wird darüber hinaussteigen. »Gottmensch und Massentier möchte ich die beiden Spielarten nennen ... Götter und Tiere, so steht die Welt heute vor uns und wie elementar einfach wird alles.« Damit aber dieser »Gottmensch« zur Vorherrschaft gelangen kann, muß man ihn schützen vor rassischer »Verunreinigung« und ihm genügend Lebensraum zur Verfügung stellen. Politik ist im Kern Bio-Politik. Die Geopolitik – also der Plan zur Eroberung von Lebensraum im Osten – und alle anderen politischen Kalküle sind davon abgeleitet. Hitler entwirft eine Politik, die sich als Geburtshelfer einer biologischen Evolution versteht. In diesem Sinne hatte auch Nietzsche die Notwendigkeit einer »Großen Politik« verkündet – im Delirium seiner Machtphantasien. Auf der Bühne dieser »Großen Politik« sieht sich Hitler agieren.

Mit seiner »biologischen Politik« hat Hitler ein Projekt, von dem das späte 19. Jahrhundert bereits geträumt hatte, in die Tat umgesetzt. Daß Hitler die Schwelle zur Bio-Politik überschritt, läßt das NS-Regime zu einer Vergangenheit werden, die nicht vergehen kann. Denn wir werden noch erleben, wie die modernen Bio-Wissenschaften die Politik in Versuchung führen werden. Die Projekte der Umwandlung, Züchtung und ›Verbesserung‹ des Menschen werden wieder Auftrieb bekommen. Weniger eine Neuauflage des National-Faschismus, als vielmehr ein moderner ›Bio-Faschismus‹ bildet die Bedrohung der Zukunft. Bio-Faschismus bedeutet: Arbeit am Menschenmaterial im Geiste grenzenloser Machbarkeit. Auf neuem technologischen Niveau und vor dem Hintergrund der

Überbevölkerung könnten Eugenik und die Vernichtung von ›lebensunwertem Leben‹ erneut zum Thema werden.

Das 19. Jahrhundert hatte, wie gesagt, von der biologischen Arbeit am Menschenmaterial zu träumen begonnen. Damals schon begann man, ermuntert vom Siegeszug der Naturwissenschaften, an die ›wissenschaftliche‹ Endlösung sozialer Probleme zu glauben und war bereit, das traditionelle Verhältnis zwischen Wissenschaft und Moral umzukehren: Die Moral soll nicht mehr die Wissenschaft behindern, sondern ihr folgen und sich darauf beschränken, nachträglich moralische Begründungen zu ersinnen.

Hitler ist mit seiner Bio-Politik, mit seinem »Willen zur neuen Menschenschöpfung« eine Ausgeburt des ›wissenschaftlichen‹ Zeitalters. Es mischen sich bei ihm Biologie, kosmisches Pathos und eine schwarze Gnosis: Da die Natur, so erklärt er, keinen Stillstand kennt, gibt es nur Fortbildung oder Rückbildung bis hin zur schließlichen Verödung des Planeten. Wenn also die Steigerung des Lebendigen durch die kulturschaffende Tat des ›Ariers‹ unterbleibt oder gehemmt wird, dann wird es dahin kommen, daß der Planet wieder verloren und sinnlos in der »Weltraumnacht« kreist. Hitler beschwört das manichäische Hell-Dunkel eines kosmischen Titanenkampfes: die arische Lichtgestalt hat einen luziferischen Widersacher, die Juden. Sie verkörpern das lebenszersetzende Prinzip schlechthin, sie sind »Bazillen«, eine krankheitserregende Aussaat des Weltraums. Wenn man diesen »Krankheitskeim« nicht austilgt, so wird das ›höhere‹ Leben zugrunde gehen. Wenn man das zuläßt, frevelt man am »göttlichen Gesetz des Daseins« und hilft mit bei der erneuten »Vertreibung aus dem Paradies«.

Dieses Geschehen in der kosmisch-metaphysisch gedeuteten Hinterwelt hat, nach Hitler, einen aktuellen Aspekt. Denn der ›titanische‹ Kampf zwischen den Mächten des Lichtes und der Finsternis ist in diesem geschichtlichen Augenblick in seine entscheidende Phase getreten. Es droht der Untergang des Abendlandes. Hitler beschwört die Schrecken der Modernisierung, seine privaten Deklassierungsängste und die in der konservativen Kulturkritik geläufigen Phobien: Familiensinn und Treue sind der sexuellen Befriedigung und ihrer Ausartung gewichen; der Moloch der Stadt entwurzelt den Einzelnen; das Geld verdrängt den Geist, die Wirtschaftsgesinnung triumphiert. Das materialistische Denken hat die beiden riesigen Landmassen Rußland und Nordamerika bereits verknechtet, unter bolschewistischen und unter kapitalistischen Vorzeichen. Dahinter aber steht ein einheitliches Prinzip, eine gesammelte Kraft: die »jüdische Weltverschwörung«.

Hitler weiß sehr wohl, daß der rassische Begriff des Judentums nicht ausreicht, um das alles zu begründen. Deshalb erklärt er im Gespräch mit Rauschning, daß es vom streng »genetischen Standpunkt« aus gesehen keine jüdische Rasse gibt; es handele sich vielmehr um eine »Gemeinschaft des Geistes«, um eine geistige Eigenart, die nicht allein von der Biologie determiniert sei. Um die Identifikation dieses ›geistigen‹ Prinzips, das »ausgemerzt« werden muß, kreist das Denken Hitlers.

Gunnar Heinsohn hat in einer noch längst nicht genügend beachteten Untersuchung der Voraussetzungen von Auschwitz diese Intentionen Hitlers in den Mittelpunkt seiner Analysen gestellt. Seine These lautet: Hitler wollte im planetarischen Maßstab das ›Recht‹ auf Völkerausrottung wiederherstellen, weil er es im Selbstbehauptungskampf der völkischen und rassischen Menschengruppen angesichts einer Situation der angeblich schrumpfenden Lebensräume für unverzichtbar hielt. Die Juden als ›geistige‹ Rasse treten in diesem Kampf nicht nur als Konkurrenten auf, sondern viel schlimmer: sie versuchen die überlebensnotwendige Kampfbereitschaft zu lähmen – mit Hilfe des in den Zehn Geboten verkündeten Tötungsverbotes. Vor der »Aufrichtung einer universalen Ethik der Lebensheiligkeit und des Fremdenschutzes« (Heinsohn) herrschten nach Hitlers Überzeugung andere Normen, und es werden, bei Strafe des Untergangs der Menschheit, wieder dieselben grausamen Normen herrschen müssen. Hitler will das jüdische Tötungsverbot nicht nur im Einzelfall übertreten, sondern er will es systematisch überwinden. Heinsohn zitiert eine einschlägige Passage aus Hitlers Gesprächen mit Rauschning: »Wir stehen vor einer ungeheuren Umwälzung der Moralbegriffe und der geistigen Orientierung des Menschen. Mit unserer Bewegung ist erst das mittlere Zeitalter, das Mittelalter, abgeschlossen. Wir beenden einen Irrweg der Menschheit. Die Tafeln vom Berg Sinai haben ihre Gültigkeit verloren. Das Gewissen ist eine jüdische Erfindung.« Hitler wollte eine Moral vernichten, indem er ihre ›Erfinder‹ und ›Träger‹, die Juden, physisch ausrottete. Und diese Moral mußte vernichtet werden, um die anderen geplanten und dann auch verwirklichten Mordaktionen großen Stils in den Ostgebieten, die ›ethnischen Säuberungen‹, möglich zu machen. »Wir haben die Pflicht zu entvölkern, wie wir die Pflicht der sachgemäßen Pflege der deutschen Bevölkerung haben. Es wird eine Technik der Entvölkerung entwickelt werden müssen. Was heißt entvölkert, werden Sie fragen. Ob ich ganze Volksstämme beseitigen wolle? Jawohl, so ungefähr, darauf wird es hinauslaufen. Die Natur ist grausam. Darum dürfen wir es auch sein ...«

Die Authentizität der Gesprächsaufzeichnungen Rauschnings ist bestritten worden. Die Diskussion darum ist unfruchtbar-akademisch, einfach deshalb, weil Hitler bekanntlich nichts unversucht gelassen hat, um alle in diesen Gesprächen entwickelten Pläne und Ideen in die Tat umzusetzen. Hitlers Politik selbst ist der Authentizitätsbeweis dieser Gespräche.

Wie erwähnt, ist Hitlers System folgerichtig aus bestimmten Prämissen entwickelt worden. Man muß hinzufügen, daß diese Prämissen, wie die von der Höherwertigkeit der arischen und der Bazillen-Natur der jüdischen Rasse, selbstverständlich wahnhaft sind. Mit ›Wahrheit‹ hat das alles nichts zu tun. In Hitlers Triumph zeigt sich der vollkommene Bankrott der ›Wahrheit‹ in der Politik. Hitlers Politik gründet auf keiner Wahrheit, sondern ist der erfolgreiche Versuch, einen Wahn wahr zu machen, indem man ihn verwirklicht. In diesem Sinne hat Hitler seine Weltanschauung verifiziert. Er hatte sich ein Bild von der Wirklichkeit gemacht und dann versucht, die Wirklichkeit nach diesem Bild zu gestalten. Das ist ihm gelungen, als er eine ganze Gesellschaft mit ihren Institutionen und Apparaten in seine Hand bekam. Die Menschen, über die er Macht gewann, wirkten mit an seiner Inszenierung und Exekution der Geschichte, als Gläubige, als Befehlsempfänger, als willige Helfer, als Eingeschüchterte, als Gleichgültige. Die »vereinten sittlichen Kräfte« (Goethe) dieser Gesellschaft vermochten jedenfalls diesem Treiben kein Ende zu setzen. Üblicherweise trennt der Wahn einen Menschen von seiner Umgebung, er isoliert und schließt ein. Das Ungeheure des Falles Hitler liegt darin, daß er die Einsamkeit des Wahns überwand, indem er seinen Wahn erfolgreich vergesellschaftete. Es hat verschiedene Motive gegeben, Hitler zu folgen, aber das ändert nichts an dem Ergebnis, daß hier eine ganze Gesellschaft daran beteiligt war, ein Wahnsystem in die Wirklichkeit umzusetzen.

Nietzsche, der am Ende in der Höhle seiner Innerlichkeit von Gewaltphantasien überwältigt wurde, betrieb die lediglich imaginäre Vernichtung einer Welt, die nicht zu der seinen paßte. Es sei, so verkündet er, die Aufgabe des künftigen Übermenschen, »jene ungeheure Energie der Größe zu gewinnen, um, durch Züchtung und andererseits durch Vernichtung von Millionen Mißratener, den zukünftigen Menschen zu gestalten«. Auch Hitler endet im Bunker unter der Reichskanzlei in einer Art Höhle. Aber seine Gewaltphantasien sind wirklich geworden, sie sind nach außen explodiert. Er hat tatsächlich eine ganze Welt vernichtet, die nicht zu der seinen paßte. Ein zerstörtes Europa, Millionen Kriegstote, Millionen Ermordete.

Hitler hat zwar nicht den millionenfachen Mord an den Juden bis ins einzelne geplant. Das ›Wie‹ dieser Ermordung überließ er dem wohlorganisierten Verwaltungsapparat, der wissenschaftlichen und planenden Intelligenz, der industriellen Kapazität und der militärischen Schlagkraft. Aber daß der Massenmord stattzufinden habe – das war das unverrückbare Ziel seiner Pläne. Hitler ließ die Mechanismen und die jeweiligen ›Sachzwänge‹ für die Verwirklichung seiner Pläne arbeiten. Und als dann alles verloren war, vermerkte er in seinem politischen Testament mit großer Genugtuung, daß er der Menschheit einen großen Dienst erwiesen habe mit der Ausrottung der Juden.

Wenn heute Historiker von der »kumulativen Radikalisierung« (H. Mommsen) durch das Gegeneinander- und Zusammenwirken der einzelnen Entscheidungsträger und Funktionsbereiche sprechen, so wandeln sie den entschlossenen Willen zur Vernichtung wieder in einen anonymen Effekt des Systems um. Auf diese Weise verwandelt man Geschichte wieder in ein Geschehen und geht der beunruhigenden Einsicht aus dem Weg, daß Geschichte bisweilen auch gemacht wird durch Gestalten, die Goethe »dämonisch« nannte. Aus volkspädagogischen Gründen hat man diesen Gedanken zeitweilig zurückgewiesen: man wollte damit verhindern, daß die Verantwortung abgeschoben wird. Doch um das zu verhindern, reicht es aus, an dem Grundsatz festzuhalten, den Hannah Arendt einmal so formuliert hat: Der Einzelne ist auch für seinen Gehorsam verantwortlich.

Hannah Arendt war es auch, die in bezug auf Eichmann, den Administrator der ›Endlösung‹, von der »Banalität des Bösen« gesprochen hat. Sie hat damit jene geschäftsmäßige, sachliche, bürokratische, dienstbeflissene Manier kennzeichnen wollen, mit der Menschen von bestürzender Normalität die Mordmaschine in Gang gehalten haben. Die industrielle und administrative Betriebsförmigkeit des Mordens und der ›höhere Befehl‹ haben es diesen Normalbürgern erlaubt, ein ›reines Gewissen‹ zu behalten. Faßt man diesen ganzen Betrieb also ins Auge, dann kann man mit Recht von einer Banalität des Bösen sprechen. Aber die ›höheren Befehle‹ wurden gegeben aus Gründen, für die die Bezeichnung ›banal‹ wohl doch das falsche Wort ist. Hitler setzte seine Vernichtungspolitik ins Werk, aus Gründen einer Art ›politischen Theologie‹.

Hitlers ›Erfolg‹ ist ein extremes Beispiel dafür, in welchem Maße die Geschichte vom Wahn, man kann auch sagen: vom Imaginären, gesteuert wird. Hitler ist die finstere Variante eines Religionsstifters. Er ist der Charismatiker einer totalen Mobilisierung, die ihre Energie in Krieg, Zerstörung und Völkermord umsetzte, und dabei einem Phantasma folgte. Hitler fokussierte die dunklen Aspekte der gesellschaftlichen Imagination.

Hannah Arendt bezeichnete es als ein Merkmal der totalitären Systeme dieses Jahrhunderts, daß sie in einem bisher unbekannten Ausmaß die Lüge zum Fundament ihrer verbrecherischen Politik gemacht haben. Aber sind die Phantasmen des Hitlerschen Wahnsystems – und um ein ›System‹ handelt es sich dabei ja tatsächlich – mit dem Begriff der Lüge zureichend erfaßt?

Der Gegensatz zur Lüge ist nicht die Wahrheit, sondern die Wahrhaftigkeit. Wer selbst von dem überzeugt ist, was er sagt und wovon er einen anderen überzeugen will, lügt auch dann nicht, wenn er sich mit seinen Aussagen im Irrtum befindet. Zur Lüge gehört – darauf hat schon Augustin hingewiesen – die Absicht, jemanden in die Irre zu führen. Der Lügner kennt den wahren Sachverhalt und betreibt eine Vorspiegelung falscher Tatsachen, aus welchen Gründen auch immer. Man kann jemanden sogar mit Wahrheiten in die Irre führen. Entscheidend ist in erster Linie die Absicht. Lügen ist ein intentionaler Akt. Er gründet in der Freiheit, also darin, daß menschliches Bewußtsein die Wirklichkeit überschreiten, distanzieren, verhüllen und verwerfen kann. Ein Bewußtsein kann dem anderen etwas vormachen und so aus einem Nichts ein Sein wie auch umgekehrt ein Sein zu Nichts werden lassen.

Selbstverständlich ist Hitlers Politik in diesem Sinne voller Lügen. Er hat sich skrupellos jeder Demagogie bedient. Und er hat in MEIN KAMPF ausdrücklich die Lüge als Mittel zur Durchsetzung übergeordneter Zwecke gerechtfertigt. Diese Zwecke selbst aber – das antisemitische Wahnsystem und seine praktische Umsetzung: das Vernichtungsprogramm – waren für ihn kein Lügengewebe. Er hat daran geglaubt und andere daran glauben gemacht und so die Bereitschaft zu morden geschaffen.

In Hitlers Politik zerstört der Wahn die Wirklichkeit. Das ist mehr als Lüge im Sinne von Negation der Wahrhaftigkeit, das ist mehr auch als absichtliche Irreführung. Das ist die Katastrophe der Freiheit.

Zur Freiheit gehört die Fähigkeit, die Wirklichkeit zu verändern nach Maßgaben, die selbst nicht aus der Wirklichkeit stammen, sondern aus einer Welt des Imaginären. Was ist Imagination? Ist sie nur der Stoff, aus dem die Kunst gemacht wird? Die imaginierte Welt ist eine, die man sich ›einbildet‹. Sie ist ein Bild, das nicht abbildet, sondern sich an die Stelle der Wirklichkeit setzt. Sie ist eine zweite Welt, die das Verhalten in der ersten steuern und sogar dominieren kann. Die Einbildungskraft bedient sich der Materialien, aus denen man lebt: Erfahrungen, Eindrücke, Obsessionen, Wünsche. Aber was sie daraus erzeugt, ist etwas Neues, das sich der sonstigen Wirklichkeit auch entgegensetzen kann. Das Denken ist mit dem Problem der Bilder niemals fertig geworden und wird heute, da in den Bilderfluten des modernen Medienzeitalters Imagination und Wirklichkeit durcheinandergewirbelt werden, noch weniger damit fertig.

Es würde alles viel einfacher sein, wenn das Bewußtsein nichts anderes wäre als bewußtes Sein. Wenn das Bewußtsein sich nicht losreißen könnte und sich nicht seine eigene Welt einzubilden vermöchte. Aber das Bewußtsein ist auch in diesem Sinne ›frei‹. Es lebt in der wirklichen Welt und in vielen möglichen Welten, ohne sie sicher unterscheiden zu können. Insofern ist Bewußtsein ein »Mangel an Sein« (Sartre), besitzt aber zugleich eine überbordende Produktivität. Es kann sein gottähnliches ›fiat‹ sprechen und aus dem Nichts eine Wirklichkeit ins Leben rufen. Die Juden waren nicht das, was Hitler in ihnen ›sah‹. Aber er hat sie dazu gemacht; er hat sie als Bazillen ›gesehen‹ und hat sie als Bazillen umbringen lassen. Und diejenigen, die dabei mitwirkten oder es gleichgültig geschehen ließen, haben sie dann ebenfalls so ›gesehen‹, zumindest aber dieser Sichtweise entsprechend gehandelt. Früher nannte man das ›Verblendung‹.

In MEIN KAMPF leugnet Hitler ausdrücklich die Möglichkeit einer objektiven Wahrheit. Der Objektivismus gilt ihm als typische »Humanitätsduselei«. Es gibt auch in Erkenntnisdingen nur die mehr oder weniger machtvoll ausgelebte Subjektivität, die ihrerseits in der Kontingenz der Rassenzugehörigkeit gründet. Max Weber hatte als Kennzeichen der Moderne den Umstand bezeichnet, daß in dem Maße, wie die Rationalität der Mittel zunimmt, deutlich wird, daß die Zwecke selbst in keiner verbindlichen Rationalität mehr wurzeln. Sie gehören den privaten Hausgöttern und Dämonen. Und es kann gut sein – diese Gefahr hat Max Weber gesehen –, daß die Dämonen aus ihren privaten Höhlen hervorbrechen und die Welt der rationalen Mittel in Regie nehmen. Der entzauberten Moderne droht die Wiederverzauberung mit rationalen Mitteln. Aus Obsessionen werden Missionen, die mit kühler Berechnung nach den Medien greifen.

Kant hatte bei dem Versuch, die Aufklärung über sich selbst aufzuklären, bereits an die nichtvernünftigen Grundlagen der Vernunft gerührt, als er bei der Durchmusterung der Vernunft und ihres Regelwerkes die Einbildungskraft entdeckte. Nicht als ein Vermögen neben der Vernunft, sondern als schwindelerregender Grund der Vernunft. Warum schwindelerregend? Weil die Einbildungskraft eben kein Grund, sondern ein Abgrund ist. Der Abgrund der Einbildungskraft irrealisiert alle vermeintlich wohlbegründeten Wirklichkeitsbezüge. In der Einbildungskraft streift die Vernunft an den Wahn und vermengt sich sogar mit ihm. Ist die Vernunft vielleicht nur der ›geregelte‹ Wahn? Sollte dies so sein, wodurch geregelt? In der wissenschaftlichen Vernunft durch die Bereitschaft, auf den Beifall der Dinge zu hören? In der moralischen Vernunft durch die Bereitschaft, leben und leben zu lassen?

Bleiben wir noch einen Augenblick bei der Moral. Wenn man sie auf die Einbildungskraft gründet, zeigt sie sich als eine lebensdienliche Fiktion. Die Letztbegründung der Moral ist der Wille zu ihr. Man muß sie sich einbilden wollen, damit sie das Leben führt und orientiert. Nehmen wir beispielsweise den ›Wert‹ der Menschenwürde. »Alle Menschen sind frei und an Würde und Rechten gleich geboren«, verkündet der Artikel 1 der Allgemeinen Erklärung der Menschenrechte. Aber wird der Mensch tatsächlich mit Würde so wie mit Gliedmaßen ausgestattet geboren? Selbstverständlich nicht. Die ›Würde‹ wird zuerkannt, aber durch welche Instanz? Heute sagen wir: durch die Gesellschaft. Die Gesellschaft bildet sich den Grundsatz ein und macht ihn verpflichtend, daß man den Menschen, und zwar alle Menschen, als Wesen behandelt, die eine ›Würde‹ haben. Mit Recht aber empfindet man die Gründung der Menschenwürde in einer gesellschaftlichen Übereinkunft als zu schwach. Sie macht aus der Menschenwürde etwas Kontingentes. Kontingenz heißt: was es gibt, könnte es genauso gut auch nicht geben, es ist nicht notwendig. ›Würde‹ soll nicht auf dem Treibsand von Übereinkünften und wechselnden Mehrheiten gründen. Beim Hitlerismus hat sich ja gezeigt, daß es möglich ist, einer bestimmten Kategorie von Menschen diese Würde abzusprechen und sie wie Ungeziefer auszurotten. Und es hat sich weiterhin gezeigt, daß man dafür in einer modernen Gesellschaft sogar Mehrheiten mobilisieren und einen hochkomplizierten Gesellschaftsmechanismus als Instrument einsetzen kann. Menschenwürde also *gibt* es nicht, sondern sie *gilt*. Und nur solange und wo sie gilt, gibt es sie auch. Wenn das Grundgesetz der Bundesrepublik die Würde des Menschen »unantastbar« nennt und sie ausdrücklich nicht einer demokratischen Mehrheitsentscheidung anheimstellt – dann ist das ein Versuch, in einer säkularen Welt ein heiliges Tabu zu errichten. Eine gesellschaftliche Entscheidung wird in eine Angelegenheit umgewandelt, die in Zukunft der gesellschaftlichen Entscheidung entzogen bleiben soll. Das ist ein Versuch, die Würde eben nicht nur in der gesellschaftlichen Einbildungskraft gründen zu lassen – sondern in Gott, genauer: in dem, was von Gott übriggeblieben ist, eine Instanz der Letztbegründung, eine Art Machtwort der moralischen Vernunft.

Doch es bleibt eine gesellschaftliche Macht, die eine solche Vernunft ihre Machtworte sprechen läßt. Man kann das Problem drehen und wenden, wie man will, die Formel von der Unantastbarkeit wird immer auch zugleich enthüllen, daß die Unantastbarkeit eine Verpflichtung darstellt. Die Würde wird für unantastbar erklärt, gerade weil es sich gezeigt hat und immer noch zeigt, wie sehr sie angetastet werden kann. Der Hitlerismus hat die grausamen Konsequenzen gezogen aus Nietzsches Kennzeichnung der Menschenwürde als »Begriffs-Halluzination«. Wenn es eine Entscheidung für die Menschenwürde gibt, dann ist auch eine Entscheidung gegen die Menschenwürde möglich. Und diese Entscheidung hat Hitler gefällt, nicht heimlich, sondern in einer »Konspiration am hellichten Tag« (Hannah Arendt), auf offener Bühne und unter dem Applaus eines großen Teils der Nation.

Hitler ist die letzte Enthemmung der Moderne. Seitdem kann jeder wissen, wie bodenlos die menschliche Wirklichkeit ist: daß es in ihr Verpflichtungen nur gibt, wenn man sie gelten läßt, daß Versprechungen das Leben nur unter der Voraussetzung erhalten, daß sie gehalten werden; daß man sich von seinem Leben nur etwas versprechen kann, wenn man den Zuspruch der anderen bekommt. Seitdem kann man aber auch ahnen, was der »Tod Gottes« eigentlich bedeutet. Wenn man von den guten Geistern verlassen ist und die guten Gründe verloren hat, muß man alles selbst hervorbringen. Wenn man aufhört, an Gott zu glauben, bleibt nichts anderes mehr übrig, als an den Menschen zu glauben. Dabei kann man die überraschende Entdeckung machen, daß der Glaube an den Menschen womöglich leichter war, als man noch den Umweg über Gott nahm.

SECHZEHNTES KAPITEL

Der Großinquisitor. Der Nihilismus der Macht. Hiob – eine Gestalt der jüdischen Selbstvergewisserung nach dem Holocaust. Hiob und die Folgen. Epikurs Atheismus. Die Theodizee des Leibniz. Kants Solidarität mit Hiob. Der unbekannte Grund, aus dem man lebt.

Daß es den Hitlerismus geben konnte, bleibt die ständige Anfechtung jedes Glaubens an den Menschen. Denn Hitler hatte verwirklicht, was Kafka im PROZESS als das vollkommen Entsetzliche beschrieb: »Die Lüge wird zur Weltordnung gemacht.«

Die obersten Zwecke, denen sich Hitler verschrieb – Vernichtung des Judentums, Unterwerfung und Ermordung der Völker im Osten, Züchtung der ›arischen Rasse‹ – sind in sich selbst barbarisch und, gemessen an den fundamentalen Werten der abendländischen Zivilisation, eine ›Lüge‹. Im Sinne der absichtsvollen Irreführung allerdings sind sie es nicht. Denn genau diese Zwecke wollte Hitler erreichen, sie waren keine Vorspiegelung. Jedes Mittel dazu war ihm recht, auch die Lügen der Demagogie. Die Massen wollen in der »unverschämtesten Weise belogen sein«, erklärt Hitler in MEIN KAMPF.

Paßt das von Dostojewski entwickelte Modell des Großinquisitors auf Hitler – was Peter Sloterdijk einmal erwogen hat? Für den Großinquisitor gilt die Formel ›der Zweck heiligt die Mittel‹. Der »Zynismus der Mittel« dient dem »Moralismus der Zwecke«. Die Zwecke selbst gelten als etwas ›Heiliges‹ und nur deshalb können sie dann auch die Mittel heiligen. Der Großinquisitor will das ›Beste‹ für den Menschen. Er ist bereit, den wiedergekehrten Christus zu verbrennen, weil er zu wissen glaubt, daß der Mensch mit der Freiheit eines Christenmenschen und dem Liebesgebot überfordert ist. Was Christus, in dessen Namen der Großinquisitor herrscht, den Menschen gebracht hat, ist nicht dieses ›Beste‹, weil es zu gut für ihn ist. Denn die Menschen fürchten nichts so sehr wie ihre Freiheit. Lieber wollen sie Sicherheit. »Rettet uns vor uns selbst«, rufen sie den Hütern der Institution zu. Im Gespräch mit dem wiedergekehrten Christus erklärt der Großinquisitor: »Ich schwöre Dir, der Mensch ist schwächer und niedriger, als Du gedacht hast ... In Deiner hohen Achtung vor ihm hast Du so gehandelt, als hättest Du kein Mitleid mehr mit ihm ...« Der Botschaft Christi, »Der Mensch lebt nicht vom Brot allein«, mangelt es am wahren Mitleid. Man hat Mitleid mit dem Menschen, wenn man ihm Brot gibt – ein größeres Verlangen kennt er nicht. Und wenn dieses Verlangen nicht gestillt wird, zerbricht das gesittete Leben. Der Großinquisitor argumentiert wie jene, die mit dem Hinweis auf das Elend der Arbeitslosigkeit die Menschen entschuldigen, die Hitler gefolgt sind. Man soll sich keiner Illusionen hingeben: Der Mensch wird die schlimmsten Verbrechen begehen, nur um sein Brot essen zu können. Auf der Grundlage dieser Überzeugung handelt der Großinquisitor und verteidigt die Institution, weil er die Menschen vor Überforderung bewahren will. Er verteidigt die Institution also anders, als etwa Augustin, den man auf den ersten Blick vielleicht in seine Nähe rücken könnte, die Notwendigkeit der Kirche begründet hatte. Augustins Kirche sollte dem Warten auf Erlösung und dem Pilgerzug ans Ende der Zeiten Rückhalt geben und dem Seelenaufschwung irdische Dauerhaftigkeit verleihen. Augustin nahm die menschliche Freiheit in Anspruch und wollte sie auf die großen Ereignisse einstimmen. Der Großinquisitor aber möchte die Menschen nicht mehr zu großen Projekten aufstacheln, sondern ihnen zu einem bescheidenen Glück verhelfen. Sie dürfen die Herdentiere bleiben, die sie in seinen Augen sind.

Damit aber wollte sich auch Hitler nicht begnügen. Er wollte Massen gewinnen für sein ›großes‹ Projekt. Die Vision des Großinquisitors, daß am Ende der Geschichte »Tausend Millionen glücklicher Kinder« die Erde bevölkern, beherrscht von einigen wenigen, die sie in ihr bescheidenes Paradies gelockt haben – diese Vision ist nicht die Hitlers. Ihm war solches Behagen reiner Nihilismus. Der oberste Zweck ist für ihn nicht das Glück, sondern die siegreiche Gewalt in der Arena der Geschichte. Er wollte den »Tanz ums goldene Kalb« beenden, die »Majestät des Geldes« brechen, »Sitte und Recht, gute Verwaltung und Kultur« mögen »schöne Dinge« sein, sagt er, aber letztlich seien sie doch nichtig. Im Kampf der Völker den »Wanderpokal« der Weltherrschaft zu erringen, ist das einzige, was zählt. Gegen den gewöhnlichen Nihilismus setzte Hitler die mörderischen Machtspiele, den vollendeten Nihilismus. Anders als beim Großinquisitor bleibt bei Hitler vom Moralismus der Zwecke nichts mehr übrig. Hitler will die ganze moralische Welt vernichten. Der oberste Zweck ist die Macht und die Gewalt. Nichts anderes. Er ist davon überzeugt, daß die mörderischen Spiele der Macht Einblick gewähren ins Betriebsgeheimnis der Geschichte. Nur starke Naturen halten das aus. Kurz vor seinem Selbstmord erklärt Hitler mit vollem Ernst, das deutsche Volk habe sich nicht als würdig erwiesen, die ihm zugedachte Aufgabe zu erfüllen.

Ich erinnere noch einmal an die Worte, die E. T. A. Hoffmann seinen Tyrannen im Augenblick einer finsteren Epiphanie sagen läßt: »Wahnsinnige, was sucht ihr über meinem Haupt? – Über mir nichts! – Öde ist der finstere Raum da droben, denn ich selbst bin die Macht … und ihr sinkt vernichtet in den Staub!«

Wie aber verhält es sich mit dieser Geschichte, wenn der

finstere Raum da droben nicht leer ist oder wenn doch wenigstens ein Glaube sich gegen diesen *horror vacui* auflehnt, ein Glaube, der stark genug ist, sich ad absurdum führen zu lassen –?

»Das Buch Hiob, das Schicksalsbuch unseres Volkes, ist, wenn irgend etwas, das je auf Erden geschrieben wurde, ein Buch des Lebens und des Vertrauens zum Leben, jenseits der eisernen Klammern von Leid und Lust, jenseits von allem Gut und Böse, das dem Menschen fester Besitz ist.« Diese Sätze schreibt Margarete Susman in ihrer 1946 veröffentlichten Schrift DAS BUCH HIOB UND DAS SCHICKSAL DES JÜDISCHEN VOLKES. Es ist ein Dokument jüdischer Selbstvergewisserung nach dem Holocaust, eine Meditation über Hiob und die Frage, ob nicht in diesem »Augenblick der Weltkatastrophe« auch der Gott Israels verbrannt ist. Margarete Susman stellt noch einmal die Fragen Hiobs an einen Gott, der sich entzieht. Hiob hockt in der Asche seines Lebens und verzweifelt an der Ordnung der Dinge. Diese Verzweiflung, nicht mehr und nicht weniger, ist für Margarete Susman der unverzichtbare Rest der Treue zu einem Gott, der ins Dunkle zurückgetreten ist, und zu einer Weltordnung, die sich verwirrt hat. »Die Welt ist am Übermaß des Bösen erblindet«, schreibt Susman und meint damit: das große Entsetzen angesichts des Grauens ist ausgeblieben.

Mit Hiob kehren wir noch einmal zu den alten Geschichten zurück.

In der Sündenfall-Geschichte liegt das Böse in der Entfremdung von Gott. In der zweiten Geschichte, der von Kain und Abel, liegt sie in der Verfeindung zwischen den Menschen. Kain erschlägt seinen Bruder Abel aus Neid. Während beim Sündenfall Gott den menschlichen Frevel lediglich ›zuläßt‹, ist er in das Drama Kains stärker verwickelt. Warum nimmt er das Opfer Abels an, nicht aber das Opfer Kains? Die Symmetrie von Opfer und Gnade ist gestört. Im Verhalten Gottes läßt sich keine Gerechtigkeit entdecken.

Ist die böse Tat Kains nicht auch eine Folge der Ungerechtigkeit Gottes? In der Noah-Geschichte erscheint ein Gott, der wegen der Boshaftigkeit der Menschen an seiner Schöpfung verzweifelt. Sie reut ihn und er will sie in einer großen Sintflut vernichten und macht dann doch eine Ausnahme mit Noah.

Der Gott, der in diesen Geschichten waltet, ist nicht der »unbewegte Beweger« (Aristoteles), es ist kein Gott der lebensfernen Reinheit, sondern ein Gott, der alle Wirkungskräfte des Lebens, die dunklen und die hellen, die guten und die bösen, in sich vereinigt. Als einiger und alleiniger Gott umfaßt er das ganze Leben. In diesem Gott wird das Leben in seiner Ambivalenz und Abgründigkeit geheiligt, in seinen ängstigenden und beglückenden Aspekten, in seinem Gelingen und Scheitern. So verhält es sich vor allem mit dem Gott Hiobs.

Hiob war ein frommer Mann, »gottesfürchtig und mied das Böse«. Ein Mensch von Wohlstand und Wohlergehen. Gott ist stolz auf diesen »Knecht«. Er brüstet sich sogar ein wenig mit ihm vor einer Versammlung im Himmel, wo auch Satan zugegen ist. Dieser Satan ist kein Widersacher Gottes, sondern ein skeptischer Gehilfe. Er stiftet Gott zu einem Experiment an. »Meinst du«, sagt er zu Gott, »daß Hiob umsonst Gott fürchtet? Hast du doch ihn, sein Haus und alles, was er hat ringsum verwahrt. Du hast das Werk seiner Hände gesegnet, und sein Gut hat sich ausgebreitet im Lande. Aber recke deine Hand aus, und taste an alles, was er hat: was gilt's, er wird dir ins Angesicht absagen?«

Gott läßt sich auf eine Art Wette ein. Er setzt auf Hiobs Frömmigkeit, der Satan darauf, daß diese Frömmigkeit unter dem Druck des Leidens keinen Bestand haben wird.

Das Experiment am Menschen kann also beginnen. Die Herden Hiobs, die Schafe, Rinder und Kamele werden vernichtet, die Knechte kommen um, ebenso die Söhne und Töchter. Hiob verliert alles und am Ende auch seine Gesundheit. Der Körper ist entstellt von »bösen Schwären von der Fußsohle an bis an seinen Scheitel«. Hiob sitzt in der Asche und schabt sich. Nur seine Frau ist ihm noch geblieben. Sie aber ist ihm keine Hilfe, sie stößt ihn von sich, sie sagt: »Hältst du noch fest an deiner Frömmigkeit? – Sage Gott ab, und stirb!«

Zunächst erträgt Hiob das Leiden mit Standhaftigkeit. »Ich bin nackt von meiner Mutter Leibe gekommen, nackt werde ich wieder dahinfahren. Der Herr hat's gegeben, der Herr hat's genommen; der Name des Herrn sei gelobt!« Von diesem ersten Akt des Menschenexperimentes heißt es, daß Hiob »nichts Törichtes wider Gott« tat. Doch das ändert sich. Zunächst beklagt Hiob sein Schicksal mit den litaneiartigen Variationen des Satzes: besser wäre es, nicht geboren worden zu sein. Aus dieser Klage wird eine Anklage gegen Gott in dem Augenblick, als drei Freunde auftreten und ihn mit einer Theologie des gerechten Gottes traktieren. Sie behaupten, daß Hiobs Unglück – wie überhaupt alles Übel in der Welt – eine Strafe Gottes für begangenes Unrecht sei. Sie fordern Hiob auf, sein Klagen einzustellen und sich auf seine Sünden und seine Schuld zu besinnen. Für die theologischen Freunde kann Gott nicht anders als gerecht sein. Also muß die Schuld bei Hiob liegen. Dagegen empört sich Hiob, und deshalb werden seine Klagen zu Anklagen. Das Leiden will er ertragen, nicht aber das Bewußtsein, es verdient zu haben. »Sage ich, daß ich gerecht bin, so verdammt er mich doch; bin ich unschuldig, so setzt er mich doch ins Unrecht. Ich bin unschuldig!«

Indem sich Hiobs Klage in eine Anklage verwandelt, wird sein Fall zu einem Fall der Welt. Hiob klagt Gott an, weil er eine moralisch verkehrte Welt zugelassen habe:

Warum leben denn »die Ruchlosen«, werden alt und nehmen zu an Gütern? Und warum hungern die Armen? Doch nicht deshalb, weil sie gottlos sind, sondern weil die Reichen sie auspressen. Sie lassen die Nackten ohne Kleider gehen und nehmen den Hungrigen die Garben. Sie müssen fremdes Öl mahlen und behalten nichts zurück. Sie treten ihre eigenen Kelter und leiden doch Durst. »Sie machen die Leute in der Stadt seufzend und die Seele der Erschlagenen schreiend, und Gott stürzt sie nicht … Wenn der Tag anbricht, steht auf der Mörder, und erwürgt den Armen und Dürftigen; und des Nachts ist er wie ein Dieb.« Das läßt doch nur einen Schluß zu: »Der Böse wird erhalten am Tage des Verderbens, und am Tage des Grimms bleibt er.« Gott läßt umkommen, die Gerechten und die Ungerechten, ohne Ansehen der Person. Keine Genugtuung widerfährt dem Gerechten, er wird zerbrochen »wie ein fauler Baum«.

Dagegen nun argumentieren die theologischen Freunde. Statt mit ihm in der Asche zu sitzen und mit ihm zu verzweifeln, bringen sie ihre guten Gründe vor. Für Hiob ist die Weltordnung zerrüttet, die Freunde aber, da sie noch nicht geprüft wurden, halten daran fest. Das Übel, so erklären sie, kann nur eine Strafe sein. Hiob soll sich seine Vergehen eingestehen, er soll ablassen von seiner Selbstgerechtigkeit. Die theologischen Freunde sprechen von einem gerechten Gott. Hiob aber kann die Gerechtigkeit Gottes nicht mehr entdecken. Ist Gott ungerecht, willkürlich, tobend –? Auf jeden Fall ist er ein unergründlicher Gott, der in seinem Verhalten dem berechenbaren Zusammenhang von Vergehen und Strafe widerspricht. Dieser Gott verbirgt sich, er ist nicht mehr ansprechbar. »Wenn ich ihn schon anrufe, und er mir antwortet, so glaube ich doch nicht, daß er meine Stimme höre …«

Für Hiob hat sich dieser Gott so weit in seine Unergründlichkeit zurückgezogen, daß es fast schon den Anschein hat, als gäbe es ihn gar nicht. Gewiß aber gibt es ihn nicht so, wie ihn sich die theologischen Freunde vorstellen. Das Übel, das Hiob erleidet, wird für ihn zum Bösen, weil er es als eine ungerechte Schickung empfinden muß. Das Bild des unerklärlich Bösen und des unergründlichen Gottes gehen ineinander über. Gott ist vom Grund zum Abgrund geworden. Über die Reden seiner theologischen Freunde sagt Hiob: »Eure Denksprüche sind Aschensprüche, eure Bollwerke werden wie Lehmhaufen sein.«

Wollte Hiob am Bild des gerechten Gottes festhalten, müßte er schließlich seinen Glauben an Gott preisgeben, denn offensichtlich hat dieser Gott das Land den »Gottlosen« überlassen.

Nun aber tritt am Ende des Hiob-Gedichtes Gott selbst noch einmal auf. Ein merkwürdiger Auftritt. Denn Gott versucht nicht die Gerechtigkeit der Welt zu erweisen, vielmehr prunkt er mit seiner Macht. Er kleidet sich in die dämonische Gewalt eines Naturgottes. Unter dem Gesichtspunkt der Ungerechtigkeit, die Hiob beklagt, ist dieses Prunken mit der Allmacht nichts anderes als ein Alibi. Gott weicht aus, er antwortet nicht auf die Anklage Hiobs, freilich fegt er auch die Verteidigungsreden der theologischen Freunde beiseite.

Gott antwortet aus dem Wettersturm. Er antwortet auf Hiobs Fragen mit einer Kaskade von Gegenfragen. Alle sind sie auf den einen Ton gestimmt: »Wo warest du, da ich die Erde gründete? Sage an, bist du so klug! Weißt du, wer ihr das Maß gesetzt hat, oder wer über sie eine Richtschnur gezogen hat ...«

Hiob hatte zuvor seinen Lebenswandel Punkt für Punkt beleuchtet und moralisch bewertet. Auf dieses moralische Register antwortet Gott, indem er alle Register seiner Naturmacht zieht. Er beschwört eine Welt, die furchterregend, erhaben, gewalttätig ist – eine Welt, die alles ist, nur eines nicht: sie ist keine auf den Menschen hin geordnete.

Sie ist ein gnadenloses, sinnverlassenes Universum, wie es nicht besser von einem Materialisten und Naturalisten beschrieben werden könnte. Deshalb spricht Ernst Bloch in seiner Hiob-Betrachtung von dem »sittlichen Atheismus« dieser Gottesrede. Zum Erweis seiner Majestät führt Gott Nilpferde, Wasserbüffel, Nashörner an und wiederholt den Refrain: »Hast du einen Arm wie Gott, und kannst mit gleicher Stimme donnern, wie er tut?«

Daß Gott donnern kann, hat Hiob geahnt, wissen aber wollte er, ob dieser Gott, wenn nicht schon ein gerechter, so wenigstens ein gnädiger Gott ist. Aber dieser Gott schwelgt in der Schilderung seiner fürchterlichen Tierwelt. Besonders mit dem Lindwurm will er Eindruck machen, er geht in die Details: »Wer kann die Kinnbacken seines Antlitzes auftun? Schrecklich stehen seine Zähne umher.«

Vor diesem Herrn der Schrecken kapituliert Hiob. Aber das kann nicht seine »Frömmigkeit« sein, von der er gesagt hatte, daß er von ihr nicht »weichen« wolle. Das ist nichts weiter als Einschüchterung durch die blinden Naturmächte, in denen Gott waltet – ebenfalls blind, weil ohne Ansehen der Person. Und doch bleibt Hiob, trotz aller Schrekken, fromm. Diese Frömmigkeit hat keine guten Gründe, sie erhält sich über einem Abgrund. Es ist eine Frömmigkeit, die sich ebenso auf einen Gott bezieht wie sie sich vor ihm schützt. Mit seiner Frömmigkeit versucht Hiob einen Widerspruch in Gott zu schlichten. Er nimmt Gott vor sich selbst in Schutz. Er will ihn davor bewahren, zum Naturdämon herabzusinken.

Die Hiob-Geschichte ist einer der späten Texte des Alten Testamentes, entstanden vermutlich im 3. oder 4. vorchristlichen Jahrhundert. Es ist die Zeit des hellenischen Geistes und der jüdischen Aufklärung. Zugrunde liegt dem Hiob-Gedicht allerdings eine ältere Überlieferung, die teilweise in die Textgestalt, wie sie jetzt vorliegt, eingearbeitet worden ist.

Die Konturen der Hiob-Gestalt werden scharf, wenn man sie vor dem Hintergrund der hellenischen Welt sieht. Dort triumphierte die Philosophie Epikurs, der ein Theodizeetribunal – d. h. die Verhandlung über die Rechtfertigung Gottes angesichts der Übel in der Welt – eröffnet hatte, das zuungunsten Gottes ausgegangen war. Epikur hatte die Götter aus der Welt entfernt – gerade wegen der Übel in der Welt. Die Übel treffen Gerechte und Ungerechte, Fromme und Nichtfromme gleichermaßen. Also läßt sich in den Übeln, die den Menschen widerfahren, kein gerechter Sinn erkennen. Epikur argumentiert, es gebe, logisch gesehen, vier Möglichkeiten. Entweder will Gott die Übel beseitigen und kann es nicht. Oder er kann es und will es nicht. Oder er kann es nicht und will es nicht. Oder er kann es und will es.

Nun geht Epikur diese vier Möglichkeiten durch.

Wenn Gott die Übel beseitigen will, aber es nicht kann, dann ist er schwach, dann ist er nicht allmächtig und eben darum kein Gott.

Die zweite Möglichkeit: Gott könnte das Übel beseitigen, aber er will es nicht. In diesem Falle wäre er ein mißgünstiger Gott. Er wäre selbst ein Übel, das schlimmste Übel sogar. Ein solches Wesen mag man nennen, wie man will, ein Gott aber ist es nicht.

Die dritte Möglichkeit: Wenn Gott die Übel weder beseitigen will noch sie beseitigen kann, dann wäre er sowohl mißgünstig als auch schwach. Es wäre überhaupt nichts mit ihm.

Die vierte Möglichkeit – daß Gott die Übel aus der Welt nehmen will und dies auch vermag – scheidet aus dem einfachen Grund aus, weil sie der Wirklichkeit widerspricht. Es gibt die Übel. Also kann es einen Gott, der sie beseitigen will und es auch kann, nicht geben.

Wenn man die vier logischen Möglichkeiten durchgeht, zeigt sich also: es gibt keinen Gott, weder einen schwachen noch einen mißgünstigen noch einen schwachen und mißgünstigen. Epikur schwächt diese Folgerung allerdings ab, indem er immerhin noch Götter zuläßt, die ihr eigenes Leben führen und sich um das unsere überhaupt nicht kümmern. Weder beunruhigen sie die Menschen, noch spenden sie Trost. Wenn es sie gibt, so sind sie doch ohne Belang. Es ist sinnlos, Gebete an sie zu richten. Epikur kommentiert das mit der witzigen Bemerkung: »Wenn Gott die Gebete der Menschen erfüllen würde, wären schon lange alle Menschen zugrunde gegangen, da sie andauernd viel Schlimmes gegeneinander erbitten.«

Epikur war Materialist, Atomist. Er stützte sich auf Demokrits Naturphilosophie. Dort herrscht ein Gestöber von winzigen Materieteilchen, die sich zusammenklumpen, woraus dann nach dem Zufall ihrer Agglomeration die Dinge und Lebewesen entstehen. Sind sie einmal entstanden, dann entwickelt sich das Weitere nach Notwendigkeit. Es ist aber eine blinde, von keinem ›Sinn‹ durchwaltete Notwendigkeit, ein blinder Mechanismus, der von keiner Vorsehung und Schickung bestimmt wird. Die Weltordnung insgesamt ist ohne moralische Bedeutsamkeit. Von moralischer Bedeutung sind allein die Lebenstechniken, mit deren Hilfe sich der Mensch seine Insel des Glücks inmitten des sinnverlassenen Kosmos schafft. In einem Weltall ohne Sinn behauptet sich die kleine Sinnwelt der Menschen, aber ohne einen Gott, der alles durchwaltet. Es gibt nur soviel Gerechtigkeit, wie die Menschen untereinander zulassen. Eine gerechte Weltordnung mit übermenschlicher Garantie gibt es nicht.

Von Epikur zurück zu Hiob. Hiob, dem soviel Übles widerfährt, verzweifelt an Gott – doch ohne an ihm zu zweifeln. Hiob beharrt auf seiner Frömmigkeit. Noch einmal also die Frage: Von welcher Art ist diese Frömmigkeit?

Ernst Bloch hat darauf eine Antwort versucht: Der Gott, an dem Hiob festhält, ist nicht derselbe Gott, den er anklagt. In Hiobs Klagen wird dem alten Jahwe, diesem Wüsten- und Feuergott, diesem göttlichen Irrwisch, eine Absage erteilt. Dem alten Gott wird der Kredit aufgekündigt und verwiesen wird auf einen kommenden Gott. Blochs pointierte Formulierung: »Nach dem Exodus Israels aus Ägypten, Jachwes aus Israel, geschieht nun ein Exodus Hiobs aus Jachwe.« An welchen Gott aber wendet sich Hiob, welchem Gott ist er fromm?

Bloch nimmt sich die berühmte Stelle vor, wo Hiob ausruft: »Aber ich weiß, daß mein Erlöser lebt; und als der letzte wird er über dem Staube sich erheben.« Die Bibelforschung seit dem Ende des letzten Jahrhunderts, auf die sich Bloch stützt, hat herausgefunden, daß das hebräische Wort ›goel‹ nicht mit ›Erlöser‹ übersetzt werden kann. ›Goel‹ bedeutet in diesem Zusammenhang vielmehr: der nächste Verwandte, der die Pflicht hat, einen Ermordeten zu rächen. Im Buch Moses ist ›goel‹ der ›Bluträcher‹. Hiob ruft in seiner Verzweiflung nach einem rächenden Gott, der die verrückte Weltordnung wieder ins Lot bringt und Hiob Gerechtigkeit widerfahren läßt. Bloch: »Der Freund, den Hiob sucht, der Verwandte, der Rächer kann nicht der gleiche Jachwe sein, gegen den Hiob den Rächer anruft.«

Hiob, so Bloch, ist diesem mit seiner Naturmacht prunkenden Gott, diesem ›feindlichen Gott‹ nicht fromm, sondern er lehnt sich auf, wird rebellisch. Seine Frömmigkeit aber bewahrt er sich, indem er hinter und jenseits dieses Gottes einen anderen, einen wiederherstellenden, gerechten und gnädigen Gott sich hervordenkt, den er anruft und auf den er seine Zuversicht gründet. Hiob setzt auf einen kommenden Gott, auf einen Messias.

So paßt die Hiob-Geschichte gut in Blochs messianische Philosophie des Exodus aus der entfremdeten Welt. Aber man muß sich fragen, ob das nicht eine zu einfache Lösung des Problems darstellt. Die Aufspaltung des Gottesbildes in einen ›wilden‹, dämonischen, den Ansprüchen einer gerechten Weltordnung gegenüber gleichgültigen oder sogar feindseligen Gott auf der einen Seite und den erlösenden Gott, der ein Rächer der Ungerechtigkeit ist, ein Messias, ein kommender Gott, auf der anderen Seite – verdeckt diese Aufspaltung nicht gerade das, was die Hiob-Geschichte festhalten will: nämlich das Bild des *abgründigen Gottes*, in dem alle Kräfte des Lebens, die guten und die bösen, die hellen und die dunklen, vereinigt sind? Ist es nicht dieser abgründige Gott, auf den sich Hiob mit dem schlichten Satz bezieht: »Haben wir Gutes empfangen von Gott, und sollten das Böse nicht auch annehmen?«

So verstanden wäre Hiobs Frömmigkeit keine Frömmigkeit des gerechten Tausches – des Tausches von Glaubensgehorsam gegen Glück und Belohnung; keine Frömmigkeit des Gebens und Nehmens, sondern der Verausgabung, der Hingabe. Hiob würde sich einem Gott zugehörig fühlen, auch wenn er an ihm verzweifelt. Man kann verzweifeln, ohne zu zweifeln. Das erfüllt den Tatbestand der Leidenschaft. Es ist eine Leidenschaft, die Hiob mit seinem Gott verbindet; eine Leidenschaft, die tatsächlich auch Leiden schafft. Diese leidenschaftliche Frömmigkeit hat ihren Grund jedenfalls nicht in dem Bewußtsein, daß sie sich auszahlt.

In der Hiob-Geschichte wird sie sich am Ende auszahlen, aber das ahnt Hiob noch nicht, während er leidet. Die Wiedergutmachung am Ende – »Und der Herr gab Hiob zwiefältig so viel, als er gehabt hatte« – nimmt die Radikalität dieser Geschichte zurück. Dieser abgründige Gott, an dem Hiob in seiner Verzweiflung festgehalten hat, verwandelt sich am Ende in einen *deus ex machina*, der die verrückte Welt wieder zurechtrückt.

Doch es ist nicht dieses harmonische Ende, das so mächtig nachgewirkt hat in der abendländischen Geschichte mit Gott und dem Bösen in der Welt, sondern beispielgebend wirkte Hiobs Verzweiflung an Gott und seine Zurückweisung der von den Freunden vorgebrachten theologischen Rechtfertigungen.

Zu den Klagen Hiobs gehört auch die folgende: »Denn er (Gott) ist nicht meinesgleichen, dem ich antworten könnte, daß wir vor Gericht miteinander kämen. Es ist zwischen uns kein Schiedsmann, der seine Hand auf uns beide lege.« Genau dieses Schiedsgericht zwischen Gott und dem Menschen etabliert die Theodizee des vernunftfrommen Gottfried Wilhelm Leibniz am Anfang des 18. Jahrhunderts. Es ist ein Gerichtshof der Vernunft, vor dem Gott und die ganze Weltordnung geprüft werden und sich rechtfertigen müssen. Leibniz erfindet zwischen Gott und dem Menschen jenen »Schiedsmann«, den Hiob so schmerzlich vermißte. Da aber der Gott, der hier vor die Schranken der Vernunft gezogen wird, einer ist, den die Vernunft sich zurechtgemacht hat, so wird Kant später von diesem Theodizee-Prozeß sagen können, daß die Vernunft hier in allen drei Rollen auftritt: sie ist – als Gott der Vernunft – der Beklagte; sie ist der Ankläger und sie ist schließlich auch der Verteidiger. Man könnte sagen, daß sich Leibniz gegenüber Hiob auf die Seite der theologisierenden Freunde schlägt, allerdings mit modernisierten Argumenten.

Leibniz antwortet mit seinem Buch Die Theodizee. Von der Güte Gottes, der Freiheit des Menschen und dem Ursprung des Übels von 1710 auf den französischen Philosophen Pierre Bayle, der seinerseits an Epikurs These anknüpft, wonach die Übel in der Welt die Existenz eines allmächtigen und gütigen Gottes ausschließen. Bayle erinnert an Epikur nicht, um die Existenz Gottes zu leugnen, aber er will sie einem Erfahrungsbereich zuordnen, der von der Vernunft prinzipiell nicht erreicht werden kann. Die rationale Konstruktion der Welt und der offenbarte Glaube treten auseinander. Für die nachrechnende Vernunft kann angesichts der Übel in der Welt und des Bösen im Menschen Gott nicht zugleich der Allmächtige und Gerechte sein. Nur der Glaube kann, so Bayle, mit Widersprüchen leben, die der Vernunft absurd erscheinen müssen. Vor Pierre Bayle hatte bereits Blaise Pascal darauf hingewiesen, als er den »Gott Abrahams, Isaaks und Jakobs« gegen den »Gott der Philosophen« ins Felde führte.

Doch Leibniz geht mit seiner Vernunft aufs Ganze. Er will den Gott der Vernunft, den »Gott der Philosophen« noch einmal hervordenken. Er will sich mit diesem Dualismus zwischen Glaube und Vernunft nicht abfinden. Bei ihm ist die religiöse Bindung zwar noch so stark, daß es sich zu lohnen scheint, sie zu festigen; aber sie ist nicht mehr stark genug, um diese Festigung aus reinen Glaubensgründen leisten zu können. Die Vernunft muß dem Glauben beistehen. Sie ist in ihrem Selbstbewußtsein so erstarkt, daß sie sich das zutraut. Mithin wird die Verteidigung Gottes – also die Theodizee – zugleich auch eine Logodizee, eine Verteidigung des Logos. Die Vernunft schickt sich an zu beweisen, daß sie das Ganze der Welt, eingeschlossen das Böse und Gott, begreifen kann. Die Theodizee mag zu Ehren Gottes entworfen sein, aber sie ist auch das Werk einer triumphierenden Vernunft. Deshalb auch der wohlgelaunte Ton dieser Schrift über ein düsteres Thema.

Leibniz ist ein metaphysischer Geist, aber er repräsentiert auch das ganze Universum des naturwissenschaftlichen und mathematischen Wissens im frühen 18. Jahrhundert. Deshalb kennt er sehr genau eine Bedrohung, die er zwar nicht das ›Böse‹ nennt, aber die doch den eigentlichen Anstoß für seine Theodizee gegeben hat. Es ist die Gefahr, daß das naturwissenschaftliche Denken das Sinnlose in den Grund der Welt verlegt. Die exakten Naturwissenschaften sind schon dabei, ein Kausalitätsprinzip zu statuieren, das keine Zweckursachen mehr kennt, sondern nur Wirkursachen. Das ergibt das Bild einer Welt, in der zwar alles mit erklärbarer Notwendigkeit geschieht, aber ohne Sinn und Zweck. Es ist die ›blinde‹ Notwendigkeit. Solche ›blinde‹ Notwendigkeit berührt sich unter dem Aspekt der Sinnverlassenheit mit dem Prinzip Zufall. Es ist die Möglichkeit einer sinnverlassenen Welt, von der sich Leibniz herausgefordert fühlt. Sie ist die eigentliche Herausforderung, man könnte auch sagen: das eigentlich Böse. Deshalb argumentiert Leibniz gegen einen Gott, in welchem er nur eine Verkleidung des Prinzips ›blinde Notwendigkeit‹ oder ›Zufall‹ sieht. Das ist zum einen der Gott der Notwendigkeit, wie ihn Spinoza gefaßt hat, ein Gott der »blinden Allmacht, aus welcher alles mit Notwendigkeit entspringt«. Oder der Gott des Zufalles, des Willkürgottes, wie ihn sich beispielsweise Calvin ausgedacht hat. Leibniz: »Aber ein Wille, der sich immer von dem Zufall treiben ließe, wäre für die Weltregierung kaum besser als das zufällige Zusammenwirken der Atome, ohne Existenz irgendeiner Gottheit.«

Der göttliche Weltgrund darf nicht blinde Notwendigkeit, aber auch nicht eine mächtige Willkür sein. Er muß ein freier Gott sein, und das schließt ein: er ist nicht nur die Wirkursache von allem, sondern er verfolgt bestimmte Zwecke. Diese Zwecke aber dürfen nicht ›willkürliche‹ sein, sondern müssen der vernünftig nachvollziehbaren ›Natur Gottes‹ entsprechen. Die Natur Gottes wird als ›Güte‹ definiert. Also bringt Gott in einer Art Selbstbindung – aber aus Freiheit – eine gute Welt hervor. Es gibt, auch wenn die Weltverhältnisse im einzelnen dem widersprechen mögen, einen guten Weltgrund, jenseits von blinder Notwendigkeit und Willkür. Und diesen Weltgrund soll man nicht nur glauben, sondern auch begreifen können.

Nun macht es einen großen Unterschied, ob man den ›Sinn‹ und die ›Güte‹ der Welt verteidigt gegen den Naturalismus und Mechanismus, also gegen die theoretische

Leugnung der Sinnhaftigkeit der Welt, oder ob man solche sinnverteidigenden Argumentationen aufbietet gegen die Verzweiflung eines Menschen, der – wie Hiob – ungerechtfertigt leidet und deshalb an seinem Gott verzweifelt. Es gibt eine heiße, existentielle Verzweiflung an der göttlichen Weltordnung, und es gibt eine kalte, theoretische Beantwortung der Frage nach dem Gutsein der Welt.

Offensichtlich reicht die Argumentation von Leibniz nicht an diese heiße Verzweiflung heran. Wohlgelaunt und mit kühlem Kopf nimmt sie sich den theoretischen Zweifel vor. Dem Verzweifelten aber wird kaum geholfen sein mit dem Gedanken, daß der einzelne im Vergleich zum Erdball oder gar zum »ungeheuren Raum der Sternenregion« ein »Beinahe-Nichts« ist und daß die ihn angehenden Übel deshalb ebenfalls zum »Beinahe-Nichts« schrumpfen »im Vergleich zu den Gütern, die im Universum vorhanden sind«. Den Verzweifelten wird ein solcher Gedanke eher empören, denn der persönliche Schmerz verdunkelt ihm diesen ganzen übrigen Weltraum, und er wird sich um so verzweifelter fragen, warum denn in der großen Sphärenharmonie ausgerechnet ihn die Dissonanz trifft.

Man wird also der Argumentation von Leibniz nur folgen können, wenn man von sich selbst absieht, sich wegdenkt. Folgerichtig empfiehlt Leibniz, den Übeln so wenig Beachtung wie möglich zu schenken.

Kein Leiden an der Welt, sondern eine Leidenschaft der Vernunft veranlaßt die große Konstruktion eines harmonischen Zusammenhangs aller Dinge. Man denkt sich in die Rolle des Weltbaumeisters hinein, wenn man, wie Leibniz, im begrifflichen Nachvollzug der Zusammenhänge schließlich erklärt: diese Welt ist die »beste aller möglichen Welten«.

Damit ist gesagt: Die Welt ist nicht etwa rundum ›gut‹, sondern in ihr gibt es eine optimale Proportion zwischen den ›guten‹ und den ›üblen‹ Dingen. Leibniz stellt sich

Gott wie einen Programmierer vor. Er schafft nicht alle Einzelheiten der Welt, sondern in seinem Geist bildet er mögliche Programme und wählt unter ihnen das ›beste‹ aus. Jedes mögliche Programm hat seine eigene Logik, eine jeweils notwendige Verteilung von Licht und Schatten, Gütern und Übel, Handeln und Leiden. Die einzelnen Elemente dieser ›Programme‹ können variieren, die Verknüpfungsregeln aber bleiben konstant. Gott hätte auch eine Welt schaffen können, in der Cäsar nicht von Brutus ermordet worden wäre, dann aber wäre die ganze Konstellation zuvor und danach eine andere gewesen. In seinem unendlichen Verstand prüft Gott alle möglichen Programme und wählt das beste aus.

Gott wählt ein ›Programm‹ bedeutet: er bindet sich an die innere ›Logik‹ des jeweiligen Programms. (Leibniz denkt die Gedanken Gottes mathematisch, und es ist kein Zufall, daß er als Mathematiker zu einem der Begründer der Programmierwissenschaft wurde.) Da sich Gott an diese Logik bindet, kann er zwar alles vorhersehen, verzichtet aber darauf, alles im einzelnen vorherzubestimmen.

Daß Gott alles vorhersieht, ohne alles vorherbestimmen zu wollen, erweist sich für Leibniz gerade am Problem der menschlichen Freiheit. In der Freiheit entdeckt Leibniz eine »wunderbare Spontaneität«, ein wirkliches Göttergeschenk, aber mit dem Risiko behaftet, daß der Mensch irren, scheitern und sich sogar gegen Gott wenden kann. Das hat Gott zwar nicht vorherbestimmt, denn es geschieht aus Freiheit, aber er hat es doch vorhergesehen. Wenn er es aber vorhergesehen hat, warum hat er es dann nicht verhindert? Er hätte es nur verhindern können, wenn er dem Menschen die Freiheit vorenthalten hätte. Wenn er ihm aber die Freiheit geben wollte, so mußte er es »zulassen«, daß der Mensch seine Freiheit auch zum eigenen Unheil benützen konnte. Der Begriff des »Zulassens« ist bei Leibniz entscheidend. Gott läßt das Übel »begleitungsweise«

zu, wenn es mit einem Gut notwendig verbunden ist. Er gibt viele Beispiele dafür: wir würden das Licht nicht genießen können, wenn es nicht Finsternis gäbe; daß die Gesundheit ein ›Gut‹ ist, merken wir erst, wenn wir einmal krank gewesen sind. Die Finsternis muß also das Licht und die Krankheit die Gesundheit begleiten. Und die Freiheit ist begleitet vom Risiko der Selbstverfehlung des Menschen. Gott ist also nicht verantwortlich für das Böse, das der Mensch anrichtet; er läßt es nur zu, weil er dem Menschen die Freiheit gewährt. Man kann es auch so ausdrücken: Die Bindung an die innere Logik der Freiheit verlangt, daß die möglichen Risiken dieser Freiheit ›zugelassen‹ werden.

Die Welt ist möglichst gut, nicht vollkommen gut. Denn Vollkommenheit ist nur in Gott. Wenn Gott sich, in der Schöpfung, zum weltlichen Sein macht, kann das nur in der Form der Verminderung geschehen. Es wird da immer ein Mangel an Sein bleiben. Diesen Mangel bezeichnet Leibniz als »Trägheit«. Die Güte Gottes wirkt überall gleich, aber in der Welt gibt es Unterschiede hinsichtlich der Trägheit, also hinsichtlich des spezifischen Eigengewichts der Bestandteile der Welt. Manches ist schwerer, träger und weniger empfänglich als anderes. Das hinterläßt den Eindruck, daß die Dinge unterschiedlich stark von Gott bewegt und berührt werden, was man dann auch als Ungerechtigkeit empfinden könnte.

Mit einer eindrucksvollen Metapher, auf die er häufig zurückgreifen wird, illustriert Leibniz diesen Zusammenhang: Auf einem Strom treiben mehrere Fahrzeuge, die einen langsam, die anderen schneller. Warum die unterschiedliche Geschwindigkeit, da die bewegende Kraft doch dieselbe ist? Nun, die Fahrzeuge sind verschieden schwer beladen. Gott ist die Kraft der Bewegung, der Strom. Aber je nach ihrer eigenen Beschaffenheit, ihrer Schwere und Trägheit, werden die Dinge und Wesen anders bewegt. Und es kann sogar sein, daß die Trägheit des Herzens, die

Verstocktheit des Geistes und der schwere Sinn der Melancholie ein Wesen fast ganz zum Stillstand bringen. Man kann auch sterben, noch ehe man tot ist. Wer von solchem Wesen ist, wird versuchen, andere in sein unzeitiges Sterben zu verwickeln. So wird er böse. Zuletzt ist die Bosheit nichts anderes als eine Verstocktheit gegen den großen Strom des Lebendigen.

Die Theodizee von Leibniz machte damals Schule. Überall wurde sie besprochen und nachgeahmt. Es entstanden zahllose Betrachtungen, die zum Lobe des Schöpfers (und sicherlich auch der Amtskirche und der Obrigkeiten) bis ins kleinste die wunderbaren Zweckzusammenhänge und ihren Nutzen für den Menschen darzulegen suchen, wie z. B. das Werk eines gewissen F. C. Lessers von 1738, das den schönen Titel trägt: »Insecto-Theologia oder: Vernunfft- und schrifftmäßiger Versuch wie ein Mensch durch aufmercksame Betrachtungen der sonst wenig geachteten Insecten zu lebendiger Erkänntnis und Bewunderung der Allmacht, Weißheit, der Güte und Gerechtigkeit des großen Gottes gelangen könne.«

Doch dann ereignete sich am 1. November 1755, dem Allerheiligentag, das große Erdbeben, das Lissabon in Schutt und Asche legte und viele Gottesdienstbesucher unter den Trümmern von dreißig zerstörten Kirchen begrub. Das Ausmaß dieses Ereignisses erschütterte ganz Europa. Das Ereignis selbst wurde zum Symbol, besser noch: zum Argument. Wie konnte Gott so etwas zulassen! Unter der ›besten aller Welten‹ öffnete sich der Abgrund eines sinnlosen, dem Menschen gegenüber gleichgültigen Naturgeschehens. So jedenfalls kam es Voltaire vor, für den das Erdbeben von Lissabon eine Art Bekehrungserlebnis war, denn er war zuvor ein Anhänger von Leibniz gewesen. In seinem 1756 erschienenen Gedicht über das ›Desaster‹ von Lissabon heißt es: »Elemente, Tiere, Menschen, alles ist im Krieg. / Man muß es gestehen, das Böse ist in der Welt / … / Gequälte Atome auf diesem Haufen von Schlamm, / die der Tod verschlingt und deren Los ein Glücksspiel ist, / aber diese Atome sind denkbegabt, Atome, deren Augen, / vom Denken geleitet, den Himmel ausgemessen haben; / in die Tiefe des Unendlichen werfen wir unser Sein, / …«

Die Natur ist keine Quelle der Moral, und um die anderen Moralquellen, die im Menschen selbst entspringen, steht es auch nicht gut. Das schildert Voltaire in seinem berühmten Roman CANDIDE ODER DER OPTIMISMUS, worin ein satirisches Panorama des moralisch Bösen entfaltet wird. Candide wird durch die Welt vom Mord und Totschlag, Betrug und Heuchelei, Dummheit und Bosheit gejagt. Immer wieder begegnet er dabei Pangloß, seinem philosophischen Lehrer, der mit Leibniz-Zitaten um sich wirft, selbst aber auch Übles erduldet. Er wird betrogen und geschunden, am Galgen aufgehängt, bei lebendigem Leibe wieder abgehängt, landet auf dem Seziertisch eines Arztes und schließlich auf der Galeere. Bei alledem ist Pangloß der ›pan‹ ›glossa‹, der Allesschwätzer.

Voltaires Programm für ein Leben mit dem Bösen lautet: »Die Arbeit hält drei große Übel von uns fern: die Langeweile, das Laster und die Not … Arbeiten wir also, ohne viel zu grübeln, das ist das einzige Mittel, um das Leben erträglich zu machen.« Und so endet dann der Roman mit dem Satz von Candide: »Wir müssen unseren Garten bestellen!« Bei Benn wird später daraus: »Dumm sein und Arbeit haben – das ist das Glück.« Nach Voltaire veröffentlicht Kant 1791 seine Kritik der Theodizee: ÜBER DAS MISSLINGEN ALLER PHILOSOPHISCHEN VERSUCHE IN DER THEODIZEE.

Kants Hauptwerke – die großen KRITIKEN – waren zu diesem Zeitpunkt schon erschienen. Und es war klar, wie Kant bei diesem Theodizee-Tribunal eigentlich plädieren müßte: nämlich auf Nichtbefassung. Die menschliche Vernunft ist – das war ja ein Ergebnis der KRITIK DER REINEN VERNUNFT – damit überfordert, sich den Kopf des »Welturhebers« zu zerbrechen, so wie es Leibniz getan hatte. Unsere Vernunft, so hatte Kant gezeigt, ist zwar nicht nur auf die empirische Erfahrung verwiesen; sie geht darüber hinaus, indem sie mit Kategorien arbeitet – Raum, Zeit, Kausalität –, die ihr schon vor aller Erfahrung, a priori, gegeben sind. Solche Aprioris aber verknüpfen uns nicht mehr mit dem Himmel. Sie sind lediglich die Bedingungen unserer Erkenntnis. Sie liegen vor der Erkenntnis, nicht jenseits davon. Ein Transzendieren ist nur möglich auf der horizontalen Ebene (in die Richtung der Bedingung der Möglichkeit von Erkenntnis), nicht aber in vertikaler Richtung – im Stile der traditionellen Metaphysik, die, wie bei Leibniz, gewissermaßen die Gedanken Gottes vor der Schöpfung glaubt denken zu können.

Warum aber beschränkt sich Kant nicht darauf, in der Theodizeefrage auf Nichtbefassung zu plädieren? Warum mischt er sich doch ein in dieses Geschäft der Verteidigung Gottes, das er doch zugleich für ein unmögliches Geschäft erklärt?

Der Grund ist: Für ihn steht bei der Theodizeefrage letztlich nicht mehr Gott auf dem Prüfstand, sondern die menschliche Freiheit. Kant sieht in der Argumentation von Leibniz den Begriff der moralischen Freiheit gefährdet, und das fordert seinen Einspruch heraus. Der Welturheber werde bei Leibniz, so argumentiert Kant, angesichts des moralisch bösen Handelns der Menschen damit entschuldigt, »daß es nicht zu verhindern möglich gewesen war, weil es sich auf den Schranken der Natur der Menschen, als endlicher Wesen, gründe«.

Wenn aber Gott das böse Handeln zulassen muß, wie sollte dann der Mensch es verhindern können? Statt also die Zweifel an der »höchsten Weisheit des Welturhebers« zu beseitigen, handelt sich die spekulative Vernunft viel

Ärgeres ein, da sie die Freiheit des Menschen und damit seine Würde vernichtet, ohne doch die Gerechtigkeit Gottes dadurch plausibel zu machen. Die Theodizee will das Unmögliche – Gott verteidigen – und verfehlt das Mögliche: nämlich die Verteidigung der menschlichen Freiheit und damit der Moralität.

So kommt Kant zu dem Ergebnis, daß »alle bisherige Theodizee das nicht leiste, was sie verspricht«. Sie setzt wider ihre Absicht beide herab: Gott und den Menschen – Gott, indem sie seine Macht begrenzt; und den Menschen, indem sie seine Freiheit vernichtet.

Und doch findet er den Versuch von Leibniz nicht ganz verwerflich. Er verbündet sich mit Leibniz in der Kritik des demoralisierenden »Fatalismus« der »blinden Naturnotwendigkeit«. Doch dagegen, so Kant, hilft nicht der vernünftelnde Gott des Leibniz, sondern nur die Erfahrung der Freiheit und der Moralität. Das ist der ganze Unterschied zwischen Leibniz und Kant, ein Unterschied, der zugleich zwei Epochen voneinander trennt. Mit Kant beginnt unsere Gegenwart.

Die Versuche, den Willen Gottes aus seinen Naturwerken herauslesen zu wollen, nennt Kant »Phantome«. Die authentische Stimme Gottes hören wir nur in unserem Gewissen. Diese Stimme gibt den »Buchstaben seiner Schöpfung« erst ihren Sinn.

Hier nun läßt Kant seinen Hiob auftreten. Hiobs Klage ist gerade darin berechtigt, sagt Kant, daß sie in der Welt keine gerechte Ordnung mehr entdecken kann und darüber verzweifelt. Kant interessiert sich nur für den moralischen Charakter Hiobs: »Hiob spricht wie er denkt, und wie ihm zu Mute ist«, nämlich verzweifelt und von Gott verlassen. Daß aber Hiob von seiner Frömmigkeit trotzdem nicht lassen will, versteht Kant als Ausdruck seiner Treue zu sich selbst. Eine Treue, die sich nicht mehr auf Dogmen stützt, sondern allein auf ein moralisches Selbstverhältnis. Und so kann Kant im Anschluß an seine Hiob-Betrachtung einen Grundsatz formulieren, der auch sein eigener ist. Mit seiner Gesinnung bewies Hiob, schreibt Kant, »daß er nicht seine Moralität auf den Glauben, sondern den Glauben auf die Moralität gründete«.

Dieser auf Moralität gegründete Glaube kann nicht mit einer gerechten Weltordnung rechnen. Mit einem solchen Glauben fühlt man sich ziemlich einsam in der Welt und zumeist ohne Belohnung durch den äußeren Lauf der Dinge. Wenn die Natur mit Sinnentzug droht, läßt sich dagegen nur die Erfahrung der Freiheit und der Moralität aufbieten. Das ist alles. Für Kant aber ist es genug.

Aber war es genug für Hiob? Bleibt Hiob fromm, weil er moralisch ein guter Mensch bleiben will –? Wenn Gott für Hiob eine Leidenschaft ist, dann muß doch noch etwas anderes im Spiel sein.

Erinnern wir uns: Hiob war der erste Kritiker einer Theodizee im Sinne Leibniz'. Wenn Hiob erklärt, »bis daß mein Ende kömmt, will ich nicht weichen von meiner Frömmigkeit«, so hält er an einem Gott fest, obwohl doch alles – die Übel, die ihm widerfahren und die ungerechte Weltordnung im ganzen – gegen die Existenz eines solchen Gottes spricht. Solche Frömmigkeit – worauf kann sie sich stützen? Jedenfalls nicht auf die vernünftigen Begriffe der Gerechtigkeit. Es bleibt für Hiob nur der Glaube an einen unergründlichen Gott. Wenn aber Gott unergründlich ist, so ist es auch die Welt. Dann geschieht in ihr das Böse, dann gibt es in ihr Übel, ohne daß es dafür gute Gründe gäbe, also Gründe, die auf eine gute Weltordnung zurückführen. Dann aber wird die Welt zum Abgrund, und die theologischen Reden der Freunde, also auch die Diskurse des Leibniz, diese Rechtfertigungsversuche Gottes aus der Vernunft, werden ins Unrecht gesetzt. Hiobs Frömmigkeit ist die vollkommene Entsprechung zum unergründlichen Gott, denn sie ist grundlos.

Die Hiob-Geschichte erzählt davon, wie Hiob mitten im Inferno der Übel und des Bösen das Schlimmste vermeidet: nämlich die Abkehr von Gott. Im Neuen Testament heißt das: die Sünde wider den Heiligen Geist.

Aber wie läßt sich dieses Böse, das für Hiob in der Abkehr von Gott liegt, in einer nichtreligiösen Sprache fassen? Man kann wohl nur soviel sagen: Hiob hält an Gott fest, weil er sich selbst – seine Leidenschaft für Gott – nicht aufgeben will. Die Vorstellung einer gerechten Welt ist schon zerstört. Aber würde er sich von Gott abkehren, so würde er auch sich selbst zerstören, und zwar jenes ›Selbst‹, zu dem es gehört, daß es sich nicht selbst gehört. Ein Selbst, das transzendieren kann und darin erst seinen Reichtum findet, das Menschenmögliche. Hiob weigert sich, es preiszugeben, er weigert sich, Transzendenzverrat zu begehen. Er hält damit an der Würde des Menschen fest. In diesem Sinne wäre Abkehr von Gott Selbstverrat. Hiob widersteht der Versuchung zum Selbstverrat, indem er nicht abläßt von seiner Leidenschaft für den unergründlichen Gott in einer abgründigen Welt. Diesen Gott allerdings muß Hiob zugleich finden und erfinden. C. G. Jung hat eindringlich darauf hingewiesen, daß Hiob mit seiner Leidenschaft für Gott jenem Gott überlegen ist, der mit Satan zusammen Menschenexperimente durchführt. Hiobs Frömmigkeit triumphiert über den Atheismus, der sich in der Religion selbst versteckt. Hiobs Gott ist seine Frage als Gestalt. Er ist so unbekannt, wie es der Mensch sich selbst ist. Er reicht nicht in seinen Grund. Man lebt aus ihm, aber nur so lange, wie er unbekannt bleibt.

Es wird besser sein, sich nicht nach diesem Grund umzublicken.

SIEBZEHNTES KAPITEL

Das Weltvertrauen und was einen daran hindern kann. Mephisto hilft, zur Welt zu kommen. Fausts Einbürgerung. Naturfrömmigkeit und ihre moderne Anfechtung: die Kontingenz. Über das Anfangen. Der Mut zu sein. Der Geist des Als-ob.

Hiob, der Schlimmes erdulden muß, bleibt fromm. Der Gott, der ihn prüft und mit Satan zusammen das Menschenexperiment durchführt, der donnert und mit seiner dämonischen Naturmacht prunkt, dieser Gott verbreitet Furcht. Aber warum man ihm mit Frömmigkeit anhängen soll, ist nicht ersichtlich. Denn das menschliche Eingeständnis der Ohnmacht, auf die es dieser Wettergott abgesehen hat, ist noch keine Frömmigkeit. Zwischen Hiobs Frömmigkeit und dem Bild Gottes gibt es eine Asymmetrie. Diese Frömmigkeit hat mehr mit Hiob zu tun als mit diesem Gott. Hiob hält seinem transzendierenden Selbst die Treue – auch wenn die Gestalt Gottes die Transzendenz nicht angemessen zu repräsentieren scheint. Hiobs Frömmigkeit ist der ›Mut zum Sein‹ trotz der widrigen Weltverhältnisse. Der Gott Hiobs ist nicht über ihm, sondern in ihm. Hiob lebt aus ihm. Solche Frömmigkeit hat, wie Paul Tillich einmal sagte, selbst offenbarenden Charakter. Sie offenbart ein Selbst, das sich nicht selbst gehört. Sie bedeutet Weltvertrauen auf Kredit. Weltlich gesehen ist solches Weltvertrauen grundlos.

Sigmund Freud hatte sich in seiner religionskritischen Schrift DIE ZUKUNFT EINER ILLUSION die Frage vorgelegt, ob er seine psychologische Kritik der »religiösen Märchen« unter die Leute bringen dürfe. Ist nicht die Religion angesichts der »erdrückenden Übermacht der Natur« und der »peinlich verspürten Unvollkommenheit der Kultur« eine wohltätige Illusion, die den Menschen das Gefühl eines Zuhause verschafft und darüber hinaus die Moral kräftigt? War Kant nicht vielleicht doch gut beraten, als er seinem Hausdiener Lampe zuliebe die in der Vernunft begründeten sittlichen Pflichten als göttliche Gebote auftreten ließ?

Gegen solche Bedenken, die den Glauben aus sozialtherapeutischen Gründen schonen wollen, führt Freud das Ethos der Mündigkeit an. Der Mensch müsse den Mut aufbringen erwachsen zu werden, auch wenn das zu der schmerzlichen Einsicht führen sollte, daß im Ganzen von Welt und Natur das Glück des Menschen eigentlich nicht vorgesehen ist.

Freuds Stoizismus als Alternative zur religiösen Weltverzauberung unterscheidet seine Religionskritik von der marxistischen, welche die Religion futuristisch überbieten wollte. »Die Kritik«, sagt Marx, »hat die imagnären Blumen an den Ketten zerpflückt, nicht damit der Mensch die phantasielose, trostlose Kette trage, sondern damit er die Kette abwerfe und die lebendige Blume breche.« Marx konnte nicht ahnen, welche »lebendigen Blumen« in seinem Namen gebrochen würden.

Auch Freud war, worauf ich schon hingewiesen habe, nicht frei von der Hoffnung, das Verschwinden der religiösen »Illusion« könnte durch eine Verbesserung der Wirklichkeit kompensiert werden. Er hält es für möglich, daß die Beherrschung der Natur in Zukunft ergänzt werden könnte durch die wachsende Fähigkeit zur geistigen Sublimierung der inneren Triebnatur. »Unser Gott«, bekennt Freud, »ist der Logos«. Er ist allerdings nicht allmächtig, er kann nur einen »kleinen Teil von dem erfüllen, was seine Vorgänger versprochen haben«. Zum Weltvertrauen, sagt Freud, besteht kein Anlaß. Eine kleine Chance für lebbare Verhältnisse liegt in der Trockenlegung der menschlichen Sümpfe: wo Es war, soll Ich werden. Auf dem Grundlosen aber das Vertrauen zu gründen, ist für den gewöhnlichen Menschen zuviel des Glaubens. Nur jemand wie Hiob ist dazu imstande.

Goethe hat in seiner Faust-Tragödie die Hiob-Geschichte fortgeschrieben. Auch er beginnt sein Drama mit einem Prolog im Himmel. Beidemal lassen sich Gott und Satan auf einen Handel ein. Der Satan darf Gottes »Knecht« prüfen. An Hiob soll überprüft werden, ob er fromm bleiben kann, auch wenn er alle Lebensgüter verliert, an Faust, ob er ein metaphysisches Tier bleibt, auch wenn ihm handfeste Genüsse geboten werden. Hiobs Satan zerstört die empirischen Gründe des Weltvertrauens. Goethes Mephisto verkörpert umgekehrt das Prinzip des Weltvertrauens. Mephisto will zur Welt verführen und damit eine Qual beenden, die aus der eigenartigen Stellung des Menschen zwischen Himmel und Erde resultiert. Mephisto argumentiert wie ein moderner Anthropologe, dessen Befund lautet: Der Mensch ist ein exzentrisches Wesen, er hat zuviel Himmel in sich, um ganz weltlich, und zuviel Welt, um ganz himmlisch werden zu können. Seine Weltbindung ist problematisch und er ist nirgendwo richtig zu Hause. »Vom Himmel fordert er die schönsten Sterne / Und von der Erde jede höchste Lust, / Und alle Näh' und alle Ferne / Befriedigt nicht die tiefbewegte Brust.« Mephisto verspricht eine Welteinbürgerung mit Haut und Haaren ohne störenden metaphysischen Rest. Er verspricht ein Leben, das sich trotz aller Mißlichkeiten von der Welt etwas versprechen kann. Er tritt an Faust heran, als dieser an seinem metaphysischen Verlangen verzweifelt: »Der Gott, der mir im Busen wohnt, / Kann tief mein Inneres erregen; / Der über allen meinen Kräften thront, / Er kann nach außen nichts bewegen; / Und so ist mir das Dasein eine Last, / Der Tod erwünscht, das Leben mir verhaßt.« Gegen solche

Verzweiflung empfiehlt Mephisto die Wonnen der Gewöhnlichkeit. Faust soll erkennen, daß er auch nur »ein Mensch mit Menschen« ist. Mephisto bietet für die einschlägigen Lektionen Hilfe an und verspricht den genußvollen Gebrauch des Menschen durch den Menschen. Faust willigt ein, doch er behält seinen metaphysischen Stolz, denn er möchte Mephisto beweisen, daß sein Verlangen größer ist als die Welt, auch wenn er seine vertikal gerichtete Strebung in die Horizontale umbiegen läßt. Wir werden also Zeugen der folgenreichen Umwandlung des metaphysischen Furors in eine Antriebskraft für die zivilisatorische Weltbemächtigung. Mit Mephistos Hilfe hat Faust Glück bei den Frauen, saniert Staatsfinanzen, schafft Brot und Spiele und wird schließlich zu einem Kolonisator großen Stils. Er gewinnt Land aus dem Meer und läßt Deiche bauen. Faust lernt es, der Erde treu zu bleiben. Sein abschließendes Resümee über den Menschen lautet: »Er stehe fest und sehe hier sich um; / Dem Tüchtigen ist diese Welt nicht stumm. / Was braucht er in die Ewigkeit zu schweifen!«

Der Tüchtige muß allerdings auch gewissenlos sein können. Faust möchte seinen Besitz arrondieren. Da gibt es aber noch eine kleine Kirche und das Häuschen von Philemon und Baucis. »Mein Hochbesitz, er ist nicht rein«, sagt Faust, und die Gehilfen des Mephisto sind eilends zur Stelle, um die Flurbereinigung gewaltsam zu erledigen. Kirche und Hütte gehen in Flammen auf, und die beiden Alten kommen darin um. Wie schon bei der Gretchen-Tragödie lädt Faust Schuld auf sich, die so schwer lasten könnte, daß man sich nicht mehr bewegen kann. Also muß man Handlungsketten abschneiden, die mit den Ungerechtigkeiten der Welt verknüpfen. Mit anderen Worten: Man muß vergessen können. Vergessen ist die Kunst, dort Anfänge zu finden, wo eigentlich keine sind. Faust hatte bei Gretchen einiges Unheil angerichtet, und es war nicht abzusehen, wie die Dinge weitergehen könnten. Goethe hat vielleicht auch nicht weitergewußt, und so hat er seinen Faust eingeschläfert; der Schlaf des Vergessens, der den Faust-Interpreten immer wieder den Schlaf raubt.

Der Heilschlaf wirkt Wunder, denn als Faust im zweiten Teil der Tragödie wieder aufwacht, ist das ein neuer Anfang, ein wahrhaftiger Sonnenaufgang. Es gelingt Faust, was Marx später der proletarischen Revolution zutrauen wird, nämlich »die ganze alte Scheiße« hinter sich zu lassen. Am Ende des zweiten Teils der Tragödie, nachdem das Anwesen von Philemon und Baucis niedergebrannt ist, entkommt Faust der schuldhaften Verstrickung durch eine zweite Einschläferung, die aber zugleich die Entrückung in höhere Regionen bedeutet. Faust ist durch sein tätiges Streben gerechtfertigt, denn es gilt der Satz: »es irrt der Mensch, solang' er strebt.« Das Weltvertrauen, zu dem Mephisto ermuntert, hat seinen Preis, aber es sind jeweils die Anderen, die ihn zahlen. So ist dafür gesorgt, daß sich die Zweifel an der gerechten Weltordnung erneuern. Es ist dieselbe Handlung, durch die hier Weltvertrauen gewonnen und dort verloren wird. Die weltvertrauensbildenden Maßnahmen der zivilisatorischen Großprojekte fordern ihre Opfer, so hat es Mephisto eingerichtet. Die Reinheit der Zwecke wird von den Mitteln beschmutzt: »Dem Herrlichen, was auch der Geist empfangen, / Drängt immer fremd und fremder Stoff sich an« – was aber Faust nicht daran hindert, vom Projekt einer planetarischen Politik zu träumen. In der Welt gibt es noch riesige, sumpfige Gebiete, die trockengelegt werden müßten, damit viele Millionen Menschen »tätig-frei« dort siedeln können. Faust träumt von einer gigantischen Arbeitsgesellschaft. »Solch ein Gewimmel möcht' ich sehn, / Auf freiem Grund mit freiem Volke stehn.«

Der ursprüngliche Sinn von Kultur wird beschworen, die Kultivierung der Natur und des Menschen, Eindämmung und Veredelung. So überwindet der Mensch das Böse in der Welt. Die Weltbemächtigung aus tätigem, schöpferischem Geist schafft Weltvertrauen. Für den in diesem Sinne Tätigen ist das Böse nichts anderes als die Trägheit oder Lähmung der schaffenden Natur des Menschen.

Aber es gibt doch noch die zerstörerischen Gewalten in der Natur? Diesen Bedrohungen kann man widerstehen. Nur wer auf dem »Faulbett« liegt, den verschlingt die Natur – die eigene und die äußere. Man muß sich nur ein Herz fassen, das tätige Herz der eigenen Natur, und man muß nur tief genug in die äußere Natur blicken, dann triumphiert die Bejahung. Mephisto, der nur zu gerne das Ganze in »Vernichtung« enden sehen möchte, resigniert schließlich vor der lebendigen Allmacht des Lebens. »Was sich dem Nichts entgegenstellt, / Das Etwas, diese plumpe Welt, / So viel als ich schon unternommen, / Ich wußte nicht ihr beizukommen, / Mit Wellen, Stürmen, Schütteln, Brand – / Geruhig bleibt am Ende Meer und Land! / Und dem verdammten Zeug, der Tier- und Menschenbrut, / Dem ist nun gar nichts anzuhaben: / Wie viele hab' ich schon begraben! / Und immer zirkuliert ein neues, frisches Blut.«

Das Sein hat das letzte Wort, nicht das Nichts. Durch Mephisto wird schließlich auch Faust wieder fromm, naturfromm. Natürlich braucht auch Faust Weltvertrauen. Er investiert in die Beweglichkeit, die Schwungmasse seiner Projekte trägt ihn über die Abgründe hinweg. Man darf aber nicht innehalten, sonst stürzt man ab. Das ›Stirb und Werde‹ der Natur kann plötzlich als ein ›Fressen und Gefressenwerden‹ erscheinen. Auch die Naturfrömmigkeit kennt ihre Anfechtung. Es ist die Sünde wider den Heiligen Geist der Natur, die schon aus dem verzweifelten Werther spricht: »Ich sehe nichts als ein ewig verschlingendes, ewig widerkäuendes Ungeheuer.«

Schwere Versuchungen hat die Naturfrömmigkeit in

unserer Zeit zu bestehen. Die modernen Naturwissenschaften, so hilfreich sie sind, eröffnen doch auch ein Panorama des Schreckens: Die Gene sind schlimme Egoisten und wollen nur ihre Erbinformation weitergeben, koste es, was es wolle. Im Tierreich hat man Mord und Totschlag entdeckt. Affenhorden führen regelrechte Kriege gegeneinander. Bei den Löwen richten neue Rudelführer unter den Jungen ein Blutbad an, Ameisenvölker rotten sich wechselseitig aus.

Überhaupt wird das ganze Lebenstheater durch das Entropiegesetz in das fahle Licht der großen Vergeblichkeit getaucht. Das Entropiegesetz ist bekanntlich eine Modifikation des Gesetzes von der Erhaltung der Energie. Es besagt, daß unter bestimmten Umständen die Energie zwar erhalten bleibt, aber Teile dieser Energie in einen Zustand überführt werden, der nicht mehr umgewandelt werden kann. Systeme mit hoher Entropie verlieren jene Energie, die sie zu ihrer Selbsterhaltung brauchen: ihre strukturbildenden Kräfte gehen verloren, lösen sich auf – wenn ihnen nicht von außen Energie zugeführt wird; je mehr Isolierung, desto mehr Entropiezunahme. Kein System aber, erklärt Prigogine, ist besser ›isoliert‹ als das Universum insgesamt, also wird am Ende die Entropie triumphieren. Die alte Theologie scheint das geahnt zu haben, als sie die Selbsterhaltungskraft der Welt bezweifelte und auf die Gnade setzte. Das Gesetz der Entropiezunahme jedoch ist gnadenlos. Im Universum wirkt, so könnte man sagen, eine Art thermodynamischer Todestrieb.

Das Entropiegesetz ist suggestiv genug, um zur Deutung anderer Lebensbereiche – der sozialen, ökonomischen, kulturellen – herangezogen zu werden. Wo Gesellschaft war, wird wieder sozialer Dschungel, aus Musik wird Geräusch, aus Gedanken Geschwätz. Der Mensch wird zur Erde und das Universum verwandelt sich in die Abwärme seiner selbst. Das Entropiegesetz ist darüber hinaus auch eine Art Fallgesetz: die Welt ist alles, was der Fall ist, denn sie fällt von der Höhe komplexer Strukturen wieder zurück in die große Simplizität.

Die Entropietheorien sprechen selbstverständlich nicht vom ›Bösen‹, aber sie gehen – wie übrigens auch die Chaostheorien – in den unterschwelligen Diskurs des Bösen ein, wo uralte Ängste und Beunruhigungen wieder zur Sprache kommen. Solche Ängste und Beunruhigungen beziehen sich auf Geschehnisse, die dramatisch über die individuellen Lebensfristen hinausgehen. Warum sollte die Entropie des Universums oder das Verlöschen der Sonne sonderlich beunruhigen, wo doch die moderne Zivilisation, wie man am Umgang mit den ökologischen Problemen täglich bemerken kann, sowieso schon die Haltung von Endverbrauchern begünstigt?

Und doch gibt es jenseits der Aktualität Beunruhigungen, die ans kollektive Gedächtnis und an alte Traumatisierungen rühren. Es handelt sich um Ängste, aus denen einst Religionen als die großen Versprechen eines guten Gelingens entstanden. Nach der Sintflut versprach Gott: »Ich will hinfort nicht mehr die Erde verfluchen um des Menschen willen; denn das Dichten des menschlichen Herzens ist böse von Jugend auf. Und ich will hinfort nicht mehr schlagen alles, was da lebt, wie ich getan habe. Solange die Erde steht, soll nicht aufhören Saat und Ernte, Frost und Hitze, Sommer und Winter, Tag und Nacht.«

Offenbar benötigt das Weltvertrauen ein solches Versprechen. Deshalb mußte sich der Schöpfergott zum Erhaltergott weiterentwickeln. Auf den Erhaltergott folgte dann die Entdeckung der Gesetze der Selbsterhaltung. Sie lassen sich plausibel machen, aber wie hat das alles angefangen, was sich dann im Folgenden erhält und wächst? Das Selbsterhaltungsgesetz setzt ja voraus, daß schon etwas da ist, das sich erhält. Die Gesetze der Erhaltung müssen an ihrem Anfang erhalten haben, was sie dann erhalten können. Es muß einen Anfang geben, und vor dem Anfang war ein Urknall, Urnebel – was schlechte Anfänge sind, weil sie immer schon angefangen haben, wenn es mit ihnen anfängt. An diesem Punkt, beim Anfang also, wird die eigenartige Abgründigkeit der biblischen Genesis – Gott schuf Himmel und Erde aus dem Nichts – spürbar. Da Gott durch nichts gezwungen war, eine Welt zu schaffen, wird man auch keine zwingenden Gesetze entdecken können, die dazu führen mußten, daß es diesen Kosmos mit seinem Urknall gegeben hat. Das ist – modern gesprochen – absolute Kontingenz. Das heißt: Was es gibt, das hätte es genausogut auch nicht geben können. Der Schöpfungsglaube weiß von dieser Kontingenz des Anfangs, aber er deutet sie als Akt der Liebe. Liebe ist der Seinsgrund – damit fängt alles an.

Wie aber kann man heute mit der Erfahrung der Kontingenz umgehen, wenn der Glaube an den Seinsgrund der Liebe abhanden gekommen und die davon angeregten geistigen Kunststücke ferngerückt sind?

Das Denken war über lange Jahrhunderte hin in das ehrgeizige Unternehmen verstrickt, das Ganze der Welt so zu denken, daß man schließlich doch wieder bei sich, beim denkenden Subjekt, ankam, nun aber mit dem ganzen Reichtum der Bestimmungen, die dem Subjekt seinen notwendigen Platz im Ganzen anwiesen. So wurde aus der eigenen zufälligen Existenz wieder etwas Notwendiges, weniger im Sinne der Kausalität – von ihr wollte man ja um der eigenen Freiheit willen gerne loskommen –, sondern im Sinne der Bedeutung. Es kommt auf das Gefühl an, ›gemeint‹ zu sein. Man wünscht, sich selbst wie einen Text lesen zu können, der etwas bedeutet. Seit ihren Anfängen wird Philosophie von diesem Verlangen nach Sinn umgetrieben. Und seitdem gilt auch das Böse als das Sinnabweisende, Sinnlose. Man nimmt Anstoß an diesem Skandal des Bedeutungslosen, der Kontingenz. Die Religionen, die Arbeit am Mythos und Logos sind Versuche, diese Kontingenz wegzuarbeiten, die vielleicht dem Gedanken erträglich ist, aber sich nur schwer in das alltägliche Lebensgefühl aufnehmen läßt. Denn der Mensch ist wohl doch ein Wesen, das ungern auf das Gefühl verzichtet, ›gemeint‹ zu sein. Damit hängt auch der Wunsch zusammen, daß der eigene Anfang etwas mit einem selbst zu tun haben möge.

Auf seine unnachahmliche Weise hat Kant das Problem formuliert, das sich dabei ergibt: Der Mensch entdeckt sich als Erdenbürger, an dessen Anfang eine »Untat der Eltern« steht. Sie haben eine »Person ohne ihre Einwilligung auf die Welt gesetzt und eigenmächtig in sie hinübergebracht«. Das Geschrei des neugeborenen Kindes müsse man deshalb als Ausdruck der »Erbitterung« und »Entrüstung« verstehen. Und aus diesem Grund seien die Eltern auch verpflichtet, diese kleine Person »mit diesem ihrem Zustand zufrieden zu machen«. Wie kann das gelingen? Nur so, daß sie in jener kleinen Person die Kräfte der Selbstbestimmung wecken, die eine Fremdbestimmung ablösen können. Das leistet die Vernunft. Mit ihr läßt sich der Skandal eines Anfangs, dessen man selbst nicht mächtig ist, kompensieren, einfach dadurch, daß man in seiner Vernunft die Freiheit des Anfangenkönnens entdeckt. Daß ich angefangen worden bin, ist nur erträglich, wenn ich lerne, selbst anzufangen. Deshalb beschreibt Kant auch das Erwachen – besser: das Erwecken – der Vernunft als eine zweite Geburt. Was aber jetzt das Licht der Welt erblickt, ist nicht mehr ein unfreiwilliger Ankömmling, sondern ein Anfänger, der selbst anfangen kann.

Doch zumeist bleibt einem die Erfahrung nicht erspart, daß man als Anfänger, der man ist, auch ziemlich alleine dasteht, wie in der Fremde. Die Freiheit setzt auch frei, sie entbindet. Deshalb auch spricht eine Tradition, die von der spätantiken Gnosis bis zu Heidegger reicht, vom ›Sturz‹, ›Fall‹ oder der ›Geworfenheit‹ des Menschen.

Solche Erfahrungen wollen die Ersatzreligionen und totalitären Ideologien einem ersparen, im Unterschied zur wirklichen Religion. So läßt sich vielleicht der Unterschied zwischen der Religion und ihren Surrogaten definieren. Die Religion bewahrt eine Ehrfurcht vor dem Unerklärlichen und der Unergründlichkeit der Welt. Im Lichte des Glaubens wird die Welt größer, denn sie behält ihr Geheimnis, und der Mensch versteht sich als Teil davon. Er bleibt sich selbst ungewiß. Für den Ideologen jedoch schrumpft die Welt, er sucht sie ab nach Bestätigung seiner Meinungen. Er will die Welt aus einem Punkt erklären und kurieren.

Die totalitären Ideologien dieses Jahrhunderts und die neueren Fundamentalismen geben schauerliche Beispiele. Sie behaupten zu wissen, was die Welt zusammenhält; sie wollen das Ganze begreifen und greifen nach dem ganzen Menschen; sie geben ihnen die Geborgenheit einer Festung mit Sehschlitz und Schießscharte; sie kalkulieren mit der Angst vor dem offenen Lebensgelände, vor dem Risiko der menschlichen Freiheit, die stets auch bedeutet: Ungeborgenheit, Alleinstehen, Ungewißheit. Sie wollen dem Menschen die Erfahrung ersparen, daß er mit einem Teil seines Wesens in der Fremde bleibt.

Es gehört offenbar zur schwierigen Würde des Menschen, die doppelte Fremdheit, sich selbst und seiner Welt gegenüber, anzunehmen. Diese Schwierigkeit meint Georg Büchner, wenn er seinen »Danton« sagen läßt: »Es wurde ein Fehler gemacht, wie wir geschaffen wurden; es fehlt uns etwas, ich habe keinen Namen dafür – aber wir werden es einander nicht aus den Eingeweiden herauswühlen, was sollen wir uns drum die Leiber aufbrechen?«

Bei anderen suchen, was man bei sich nicht findet, oder es dort zerstören, weil man es bei sich vermißt – das sind auch Quellen der Verfeindungsenergie zwischen den Menschen. Die Religion aber lenkt die horizontale Suchbewegung der Menschen in die Vertikale. Wenn es Gott gibt, sind die Menschen davon entlastet, füreinander alles sein zu müssen. Sie können aufhören, ihren Mangel an Sein aufeinander abzuwälzen und sich wechselseitig dafür haftbar zu machen, wenn sie sich fremd in der Welt fühlen. Sie brauchen auch nicht mehr so ängstlich um ihre Identität kämpfen, weil sie glauben dürfen, daß nur Gott sie wirklich kennt. Damit hilft die Religion dem Menschen, zur Welt zu kommen, indem sie das Bewußtsein der Fremde wachhält. Wahrhafte Religionen verhindern eine Einbürgerung mit Haut und Haaren. Sie erinnern den Menschen daran, daß er nur zu Gast ist, mit beschränkter Aufenthaltsgenehmigung. Die Religion mutet dem Menschen das Eingeständnis der Ohnmacht, Endlichkeit, Fehlbarkeit und Schuldfähigkeit zu. Und sie macht sie zugleich lebbar. Die Ideologien indes setzen auf die Selbstmächtigkeit des Menschen. Religion ist die spirituelle Antwort auf die Grenzen des Machbaren, sie läßt sich verstehen als »Kultur des Verhaltens zum Unverfügbaren« (Kambertel). Wenn diese Kultur schwindet, fallen die ökologischen und ökonomischen Maßhalteappelle auf wenig fruchtbaren Boden.

Aber an der Diagnose Max Webers vom Anfang dieses Jahrhunderts ist wohl nicht zu rütteln: Wir sind eingetreten ins Zeitalter eines säkularisierten Polytheismus. In der pluralistischen Gesellschaft gibt es viele Götter, viele Wertorientierungen, eine Vielzahl von religiösen und halbreligiösen Sinnbestimmungen. Der eine Gott, der einmal den geistigen Zusammenhang der Gesellschaft verbürgte, ist zersprungen in die vielen politisch neutralisierten kleinen Hausgötter. Und über Bemühungen, die Religion ihrer wünschenswerten Effekte wegen wieder ›herstellen‹ zu wollen, wie man auch andere Kulturbestände ›herstellt‹, hat Paul Tillich schon vor einigen Jahrzehnten das Notwendige gesagt: es handle sich um Versuche, »vom Sohn her die Mutter zu schaffen und den Vater aus dem Nichts zu rufen«.

Und doch: Ebenso wie die Religion dem Menschen die Freiheit enthüllt, ist es umgekehrt die Freiheit, welche die Religion findet und erfindet als ein spirituelles Kunstwerk der Bindung und Selbstbindung angesichts des Bösen, das eine Option der menschlichen Freiheit bleibt. Und es ist auch diese Freiheit, die dem Menschen erlaubt, seinem geräumigen, transzendierenden Wesen die Treue zu halten.

Coda

Die menschliche Freiheit bleibt rätselhaft. Das Denken der Menschheit ist nie davon losgekommen. Die philosophischen Systeme, die Religion, die Moral – das gibt es, weil die menschliche Freiheit erfinderisch ist und zugleich einen Halt braucht, als Selbstbindung.

Aber verschwindet heute in der technisch-wissenschaftlichen Zivilisation nicht in Wirklichkeit der Spielraum der Freiheit? Zwar gibt es nach wie vor individuelles Handeln, aber es ist so sehr in komplexe Systeme verwoben, daß zumeist ganz andere als die beabsichtigten Wirkungen daraus hervorgehen. Das war zwar schon immer so, aber heute wissen wir mehr darüber und haben die Unschuld des Nichtwissens verloren. Jedenfalls fragt man sich angesichts der Dynamik der technisch-wissenschaftlichen Zivilisation, was denn die Freiheit noch ausrichten kann und ob inzwischen nicht die Logik der Sachen gesiegt hat und man dabei ist, »von der eigenen Zivilisation verbrannt zu werden«, wie das Arnold Gehlen einmal formuliert hat.

Ist vielleicht dieser Zivilisationsprozeß selbst zu etwas Unheilvollem und deshalb Bösen geworden? Hat der Mensch sich mittels der Zivilisation von der Natur emanzipiert, damit nun die Zivilisation sich ihrerseits vom Menschen emanzipiert? Gibt es überhaupt noch dieses verursachende Supersubjekt ›Menschheit‹ hinter dem Prozeß, ein Supersubjekt, das die Dinge zum Guten oder zum Bösen lenken kann? Oder stecken wir inzwischen machtlos in diesen Prozessen wie in einer Lawine, die unaufhaltsam zu Tal donnert?

Wenn es sich so verhalten sollte, dann allerdings wäre das ein Drama, das die frühere metaphysische Spekulation schon einmal antizipierte, gewissermaßen als Prolog im Himmel. Damals hatte man von Gott gesagt, er habe, als Schöpfer der Welt, den Menschen gerade dadurch gottähnlich gemacht, daß er ihm die Freiheit gab. Der Mensch war dann, mittels seiner Freiheit, Gott aus dem Ruder gelaufen und hatte ihn schließlich sogar totgesagt. Soweit der Prolog im Himmel.

Nun haben die Menschen die wissenschaftlich-technische Zivilisation hervorgebracht: ihre Schöpfung. Und vielleicht wird die Zivilisation dem Menschen gegenüber ebenso frei, wie es der Mensch seinem Gott gegenüber war; vielleicht geht die Zivilisation ihre eigenen Wege.

Nach dem Tod Gottes nun also der Tod des Menschen als verantwortlich handelndes Wesen? Vielleicht triumphierte einst der menschliche Eigensinn über Gott und der Eigensinn der Zivilisation triumphiert nun über den altmodischen Menschen, der sich immer noch auf seine Freiheit etwas einbildet? Und was bedeutet es, wenn der Eigensinn der Zivilisation stärker ist als die Absicht der Menschen?

Vielleicht müssen wir erst noch begreifen, daß wir uns mit der Logik der wissenschaftlich-technischen Zivilisation auf Strukturen und Kräfte bezogen, die jenseits unserer Verfügungsgewalt liegen, auch wenn sie sich nur durch unsere Aktivität manifestieren. Wenn es aber die Strukturen und die Systemlogik sind, die uns bestimmen, so sind sie damit für uns zu einer neuen Art des Heiligen geworden, rational und numinos zugleich. Sie wirken durch uns, wir sind ihrer aber nicht mehr Herr.

Zu dieser Lage passen die Überlegungen der Systemtheoretiker, die von den unvorhersehbaren Entwicklungen der autopoietischen Systeme reden. Nachdem die Säkularisierung die Gnade Gottes hat verblassen lassen, hängen wir vielleicht jetzt von der Gnade dieser autopoietischen Systeme ab. Aber vielleicht ist der Unterschied dieser beiden Arten der gläubigen Zuversicht gar nicht so groß.

An diesem Punkt entdeckt man plötzlich, daß sich die Situation für die Freiheit des Menschen doch nicht so gravierend verändert hat. Wenn man heute menschliches Bewußtsein und Freiheit zum vordergründigen Theater erklärt, hinter dem sich angeblich die wirkliche Wirklichkeit der unbeherrschbaren großen und kleinen Prozesse verbirgt, dann ist man ebenso klug wie früher, als man sagte: Der Mensch denkt, Gott lenkt. Gott war, so würden wir heute sagen, das absolut Überkomplexe. Dieser Gott bestimmt alles, dachte man. Aber da man natürlich die Bestimmung nicht kannte, so mußte man eben doch so handeln, *als ob* man sein Leben selbst bestimmen könnte und müßte. Uns ergeht es heute ähnlich angesichts der komplexen Strukturen, von denen wir einiges wissen und das meiste nicht wissen.

Ob wir wollen oder nicht, wir handeln und nehmen dabei unsere riskante Freiheit in Anspruch. Dabei wird man auf Zuversicht kaum verzichten können. In prekären Situationen, sagt Kant einmal, gibt es eine Art Pflicht zur Zuversicht. Sie ist der kleine Lichtkegel inmitten der Dunkelheit, aus der man kommt und in die man geht. Eingedenk des Bösen, das man tun und das einem angetan werden kann, kann man immerhin versuchen, so zu handeln, *als ob* ein Gott oder unsere eigene Natur es gut mit uns gemeint hätten.

Bücher, die in diesem Buch eine Rolle spielen

Theodor W. Adorno / Max Horkheimer, Dialektik der Aufklärung. Frankfurt/M. 1969

Hannah Arendt, Eichmann in Jerusalem. Ein Bericht von der Banalität des Bösen. München 1986

Dies., Wahrheit und Lüge in der Politik. München 1987

Aristoteles, Metaphysik. Stuttgart 1970

Ders., Nikomachische Ethik. München 1991

Jan Assmann, Ägypten. Eine Sinngeschichte. München 1996

Augustin, Bekenntnisse. Leipzig 1924

Ders., Vom Gottesstaat. Zürich 1978

Georges Bataille, Die Literatur und das Böse. München 1987

Charles Baudelaire, Die Blumen des Bösen. München 1986

Zygmunt Baumann, Dialektik und Ordnung. Die Moderne und der Holocaust. Frankfurt/M. 1992

Isaiah Berlin, Freiheit. Vier Versuche. Frankfurt/M. 1995

Die Bibel

Maurice Blanchot, Sade. Berlin 1986

Ernst Bloch, Atheismus im Christentum. Frankfurt/M. 1968

Karl Heinz Bohrer, Das Böse – eine ästhetische Kategorie? In: K. H. B., Nach der Natur. München 1988

Albert Camus, Der Mythos von Sisyphos. Gütersloh 1956

Carsten Colpe / Wilhelm Schmidt-Biggemann, Das Böse. Frankfurt/M. 1993

Joseph Conrad, Herz der Finsternis. Stuttgart 1989

Mircea Eliade, Geschichte der religiösen Ideen. Freiburg/B. 1978, Bd. 1 u. Bd. 2

Epikur, Von der Überwindung der Furcht. München 1991

Die Federalist Papers (Hamilton, Madison, Jay), Darmstadt 1993

Sigmund Freud, Jenseits des Lustprinzips. Frankfurt/M. 1974. Studienausgabe Bd. III

Ders., Das Unbehagen in der Kultur (Bd. IX)

Ders., Die Zukunft einer Illusion (Bd. IX)

Arnold Gehlen, Der Mensch. Seine Natur und seine Stellung in der Welt. Wiesbaden 1986

Ders., Über die Geburt der Freiheit aus der Entfremdung. In:

A. G., Studien zur Anthropologie und Soziologie. Neuwied 1963
René Girard, Das Heilige und die Gewalt. Zürich 1987
Johann Wolfgang Goethe, Dichtung und Wahrheit. München 1982
Ders., Faust I, Faust II. München 1982
Ders., Die Leiden des jungen Werther. München 1982
Herbert Haag, Vor dem Bösen ratlos? München 1989
Jürgen Habermas, Kants Idee des ewigen Friedens – aus dem historischen Abstand von 200 Jahren. In: J. H., Die Einbeziehung des Anderen. Frankfurt/M. 1996
Georg Friedrich Wilhelm Hegel, Die Phänomenologie des Geistes. Frankfurt/M. 1990
Ders., Vorlesungen über die Philosophie der Religion. Frankfurt/M. 1990
Martin Heidegger, Schellings Abhandlung über das Wesen der menschlichen Freiheit. Tübingen 1971
Gunnar Heinsohn, Warum Auschwitz? Reinbek b. Hamburg 1995
Hesiod, Theogonie. Berlin 1994
Adolf Hitler, Mein Kampf. München 1933
Thomas Hobbes, Leviathan. Frankfurt/M. 1966
Homer, Odyssee. Basel 1953
Carl Gustav Jung, Antwort auf Hiob. München 1990
Franz Kafka, Betrachtungen über Sünde, Leid, Hoffnung und den wahren Weg, in: Hochzeitsvorbereitungen auf dem Lande und andere Prosa aus dem Nachlaß. Frankfurt/M. 1986
Immanuel Kant, Kritik der praktischen Vernunft. Frankfurt 1964 (Studienausgabe Bd. III)
Ders., Kritik der reinen Vernunft (Bd. III/IV)
Ders., Religion innerhalb der Grenzen der bloßen Vernunft (Bd. VIII)
Ders., Über das Mißlingen aller philosophischen Versuche in der Theodizee (Bd. XI)
Ders., Zum ewigen Frieden (Bd. XI)
Sören Kierkegaard, Der Begriff der Angst. Reinbek b. Hamburg 1960
Ders., Furcht und Zittern. Reinbek b. Hamburg 1961
Alexandre Kojève, Hegel. Frankfurt/M. 1988
Gottfried Wilhelm Leibniz, Die Theodizee. Von der Güte Got-

tes, der Freiheit des Menschen und dem Ursprung des Übels. Darmstadt 1985
Konrad Lorenz, Das sogenannte Böse. München 1974
Martin Luther, Von der Freiheit eines Christenmenschen. Stuttgart 1962
Odo Marquard, Entlastungen. Theodizeemotive in der neuzeitlichen Philosophie. In: O. M., Apologie des Zufälligen. Stuttgart 1986
Jack Miles, Gott. Eine Biographie. München 1996
Michel de Montaigne, Die Essais. Stuttgart 1953
Harry Mulisch, Strafsache 40/61. Eine Reportage über den Eichmann-Prozeß. Berlin 1987
Friedrich Nietzsche, Also sprach Zarathustra. München 1980 (Kritische Studienausgabe Bd. IV)
Ders., Die fröhliche Wissenschaft (Bd. III)
Ders., Die Geburt der Tragödie (Bd. I)
Ders., Jenseits von Gut und Böse (Bd. V)
Ders., Zur Genealogie der Moral (Bd. V)
Ders., Der Wille zur Macht. Frankfurt/M. 1992
Cees Nooteboom, Ein Lied von Schein und Sein. Frankfurt/M. 1994
Blaise Pascal, Über die Religion und über einige andere Gegenstände (Pensées). Berlin 1937
Platon, Phaidon. Frankfurt/M. 1991 (Sämtliche Werke Bd. IV)
Ders., Politeia (Bd. V)
Ders., Timaios (Bd. VIII)
Helmuth Plessner, Macht und menschliche Natur. In: H. P., Zwischen Philosophie und Gesellschaft. Frankfurt/M. 1979
Mario Praz, Liebe, Tod und Teufel. Die schwarze Romantik. München 1960
Hermann Rauschning, Gespräche mit Hitler. Wien 1973
Florian Rötzer (Redaktion), Das Böse. Göttingen 1995
Jean-Jacques Rousseau, Abhandlung über den Ursprung und die Grundlagen der Ungleichheit. München 1978 (Schriften Bd. I)
Ders., Rousseau richtet über Jean-Jacques (Bd. II)
Ders., Träume eines einsamen Spaziergängers (Bd. II)
Ders., Emile oder Über die Erziehung. Stuttgart 1963
Ders., Der Gesellschaftsvertrag. Frankfurt/M. 1978
Marquis de Sade, Justin und Juliette. Band 1. München 1990

Ders., Philosophie im Boudoir. Wiesbaden 1982
Jean-Paul Sartre, Der Ekel. Reinbek b. Hamburg 1992
Ders., Das Sein und das Nichts. Reinbek b. Hamburg 1993
Max Scheler, Der Genius des Krieges und der deutsche Krieg. Leipzig 1915
Ders., Der Mensch im Weltalter des Ausgleichs. In: M. S., Philosophische Weltanschauung. Bern 1954
Friedrich Wilhelm Schelling, Über das Wesen der menschlichen Freiheit. Frankfurt/M. 1975
Ders., Philosophie der Offenbarung. Hamburg 1992
Ders., Stuttgarter Privatvorlesungen. In: F. W. S., Schriften. Bd. 4. Frankfurt/M. 1985
Carl Schmitt, Der Begriff des Politischen. Berlin 1963
Arthur Schopenhauer, Die Welt als Wille und Vorstellung. Zürich 1988
Ders., Die beiden Grundprobleme der Ethik. Zürich 1988
Ders., Der handschriftliche Nachlaß. Bd. I. München 1985
Ders., Der Briefwechsel mit Goethe. Zürich 1992
Alexander Schuller / Wolfert von Rahden (Hg.), Die andere Kraft. Zur Renaissance des Bösen. Berlin 1993
Peter Sloterdijk, Kritik der zynischen Vernunft. Frankfurt/M. 1983
Ders., Weltfremdheit. Frankfurt/M. 1993
Othmar Spann, Religionsphilosophie auf geschichtlicher Grundlage. Wien 1947
Oswald Spengler, Der Untergang des Abendlandes. München 1968
Baruch de Spinoza, Die Ethik nach geometrischer Methode dargestellt. Darmstadt 1985
Margarete Susman, Das Buch Hiob und das Schicksal des jüdischen Volkes. Frankfurt/M. 1996
Paul Tillich, Der Mut zum Sein. Frankfurt/M. 1982
Alexis de Tocqueville, Über die Demokratie in Amerika. München 1976
Max Weber, Der Beruf zur Politik. In: M. W., Soziologie. Weltgeschichtliche Analysen. Stuttgart 1964
Ders., Theorie der Stufen und Richtungen religiöser Weltablehnung. In: M. W., Soziologie. Weltgeschichtliche Analysen. Stuttgart 1964

Danksagung

Ich danke Michael von Engelhardt, Hans Peter Hempel und Helmut Lethen, die das Manuskript mit kritischen Anmerkungen gelesen haben. Ich danke Gisela Maria Nicklaus für alles, was nicht nur in diesem Buch steht.